How to Power the
Golf Swing

高尔夫球
挥杆的科学用力

屈建平 覃立/著

北京·旅游教育出版社

图书在版编目（CIP）数据

高尔夫球挥杆的科学用力 / 屈建平，覃立著. --北京：旅游教育出版社，2023.2
ISBN 978-7-5637-4529-6

Ⅰ. ①高… Ⅱ. ①屈… ②覃… Ⅲ. ①高尔夫球运动－运动技术 Ⅳ. ①G849.319

中国国家版本馆CIP数据核字(2023)第003357号

高尔夫球挥杆的科学用力
屈建平　覃立　著

策　　划	李红丽
责任编辑	李红丽
出版单位	旅游教育出版社
地　　址	北京市朝阳区定福庄南里1号
邮　　编	100024
发行电话	（010）65778403　65728372　65767462（传真）
本社网址	www.tepcb.com
E - mail	tepfx@163.com
排版单位	北京旅教文化传播有限公司
印刷单位	鸿博昊天科技有限公司
经销单位	新华书店
开　　本	710毫米×1000毫米　1/16
印　　张	14.25
字　　数	198千字
版　　次	2023年2月第1版
印　　次	2023年2月第1次印刷
定　　价	150.00元

（图书如有装订差错请与发行部联系）

序 PREFACE

"不要发力"是高尔夫球场上人们送给击球失误的球友最常用的劝诫。其实，不发力的话，一般业余球员哪能将球击出200码以上的距离？职业球员做体能训练也正是为了增强身体爆发力以使击出球的距离更远。挥杆发力是必须的，关键是弄清楚如何正确发力；不同阶段有不同的发力方式，要弄清楚不同的发力方式之间如何转换、如何顺势而为等问题。

物体的任何有形运动都是符合科学规律的。对高尔夫球挥杆，特别是挥杆动作中的下杆，这种看似繁复而难以掌控的运动，是可以运用基本力学知识来找到它的规律性的。本书对高尔夫球挥杆过程中一些关键、疑难动作的科学用力方法进行分析和介绍，例如：下杆前期身体如何有效驱动，躯干和上肢肌群如何延迟释放，以及如何高效爆发肌肉的驱动力量；下杆后期如何叠加球杆相对左臂的转动；下杆过程手腕肌群力量的变化；沙坑击球的方式和原理；推杆击打和送杆方式等。

物体运动状况是能直接观察到的，但力却是无法直接观察的一种概念，所以力学抽象难学。特别是在体育运动中，球员的身体既要产生力量，又要受这些力量作用而运动，这比单纯研究物体在力作用下的运动更复杂。因此，大多数普通爱好者难以直接根据力学原理来理解挥杆动作的规律性。

然而，成年人日常生活中都有合理用力的经验，生活中简单的用力常识和经验可以帮助球员了解挥杆动作的科学用力规律，找到实现高效挥杆动作简单易记的控制办法。总之，有一定生活经验的爱好者都可通过本书，运用日常生活经验成为自己的高尔夫球教练。

要想打好高尔夫球，记住动作要领并模仿高手或教练的动作是必要的，但仅限于此还是不够。有些动作有的人能做出，有的人就是做不出；或者静态和慢速时能够摆出来，但实际所需要的快速动态就是做不出来。例如，上杆动作中有一个要领，左肩峰要尽量转动到下颌骨。就这样一个简单的要领，很多人有时能做到位，有时就怎么也做不到位。还有很多球员一段时间可以打得非常顺，另一段时间却莫名地完全找不到状态。打得好时我们说是找到了好的感觉，但感觉是不牢固的。

高尔夫球静态的各种姿势和挥杆的动作可以在各种教程中看到很多要领和标准，这些相对容易了解，但也有各种不同的说法，本书不再系统性重复这些内容，但希望能帮助读者理解和牢记那些动作要领。

成年业余高尔夫球爱好者都有一定的生活常识和运动经验，结合这些常识和经验有助于理解各种碎片化、繁杂的挥杆动作要领，分析击球失误的原因。理解并学会用意识控制关键挥杆动作，则可以让练球达到事半功倍的效果，而且还另有一番思考的乐趣。

高尔夫球是一项体育运动，也是一项智力运动。高尔夫球的爱好者都是一些既喜欢运动，又乐于挑战和思考的人。球员的每一洞、每一杆都在展示和证实自己，每一场球都是用力量和智慧在风景各异的18洞绿茵场上创作的独一无二的行为艺术作品。这正是高尔夫球运动的魅力所在。希望本书能为高尔夫球爱好者们的高球之路增光添彩。

欢迎读者将有关高尔夫球挥杆动作科学用力的问题和心得继续在新浪微博"@高尔夫挥杆的科学用力"社区探讨交流。

屈建平　覃立
2023年元月于中国深圳

目录 CONTENTS

第一章 日常生活和运动中的身体用力常识 / 1

第一节 身体形变及运动与驱动力的关系 / 1
　　一、肌群收缩是人体动作的驱动源泉 / 1
　　二、肌群的发力和受力 / 4
　　三、肌群的伸展及其控制 / 5
　　四、物件简化及其名词解释 / 8

第二节 影响直接驱动效果大小的主要因素 / 10
　　一、大肌群收缩才能产生大作用力 / 10
　　二、肌群斜向收缩的倾斜度影响扭转幅度 / 10
　　三、转动力矩越大则驱动物体转动的效应会越大 / 11
　　四、肌群伸展的幅度大则肌群收缩量大、收缩力度也大 / 12

第三节 提高系统驱动效果的优化驱动方式 / 14
　　一、系统动量向碰撞面传递得越多，系统碰撞效率越大 / 14
　　二、如何使自由端产生最大的移动 / 16
　　三、两个相连肢体相对转动时的近端制动与远端加速 / 18

四、和谐配套的驱动方式才能产生最大的驱动效应 / 23

五、身体重心的位置与身体平衡的关系 / 24

六、延迟释放产生加速运动的现象 / 26

七、四边形机构运动的变形规律 / 27

第二章　躯干如何产生强力的扭转驱动 / 30

第一节　上杆阶段为下杆积蓄力量 / 30

一、使肩轴大幅度旋转的动作顺序 / 30

二、上杆阶段身体扭转的动作顺序 / 31

三、上杆过程的动作要点 / 32

第二节　下杆前期的下肢驱动 / 34

一、下肢驱动过程中身体重心移动的平衡作用 / 34

二、下肢驱动过程中重心移动和左腿后蹬的驱动 / 37

三、下杆前期增大躯干扭转变形的作用 / 42

四、下肢驱动速度不能太快的原因 / 44

五、如何利用下肢的左拧增加躯干的扭曲变形 / 45

六、上杆时顶住右膝盖的预左拧作用 / 50

七、另需注意的动作要点 / 51

第三节　下杆后期的躯干驱动 / 52

一、制动式"扇耳光"击打方式 / 53

二、躯干驱动时下肢的制动方式 / 55

三、躯干驱动的方式 / 57

四、躯干扭转轴线及对脊椎的保护 / 62

五、躯干驱动的启动时机 / 65

第四节　身体驱动挥杆的练习 / 69

一、打击包置于身体正前方的大力击打练习 / 69

二、打击包置于身体正右侧时的大力击打练习　/70

三、身体面对打击包，向打击包右侧面大力击打练习　/71

四、身体面对球位的下杆击打练习　/74

第三章　手臂如何高效向球杆传输转动 / 76

第一节　肩–杆转动机构应该在同一个平面内　/76

一、转动传输的特点　/76

二、肩–杆传动机构必须在同一平面内才会有最大的转动传动效率　/77

三、杆头轨迹切线方向与杆面方向的区别　/77

四、如何将挥杆传动机构保持在挥杆平面内　/79

五、双平面挥杆在下杆前期的处理　/81

第二节　左臂带动球杆转动过程中叠加球杆相对左臂的转动　/82

一、手臂向球杆传输转动的特点　/83

二、手臂传输前期身体对手臂和球杆的驱动　/84

三、利用杆头离心力和惯性延迟释放躯干和上肢　/87

四、根据鞭打原理，叠加球杆相对手臂的快速转动　/92

五、根据平行四边形变形规律，叠加球杆相对左臂的转动　/105

六、三种叠加球杆相对左臂转动模式的比较　/110

七、顺势而为地驱动和传动　/111

八、用制动球杆握把的方式加速球杆转动　/114

九、送杆和收杆　/115

第三节　握杆用力的分布和手腕肌群的调控　/119

一、手臂与球杆的连接方式　/119

二、手腕运动的特性　/123

三、挥杆各阶段对手肘和手腕的控制 / 124

四、鞭打式挥杆练习 / 129

第四章 杆头击打方式的控制 / 131

第一节 影响杆头击打效果的主要因素 / 131

一、对两节杆连接的构件端头击打方向的控制 / 131

二、球杆和左臂不同转速对杆头轨迹弯曲程度和杆头击打力量的影响 / 133

第二节 "杆-臂"高效及方正击球的控制 / 136

一、保持左臂及球杆成弓曲线击球的原理 / 136

二、挥杆有效击打的动作要领 / 139

三、对"杆-臂"成弓曲线击球导致开杆面的调整 / 140

第三节 球位与杆面角对铁杆击球的影响 / 141

一、劈击球的安全控制 / 141

二、如何击出倒旋球 / 145

三、果岭边铁杆短距离切击/劈击的控制 / 150

第四节 沙坑球的处理 / 152

一、浅沙坑球的处理 / 152

二、果岭边中等深度沙坑击球 / 153

三、果岭边深沙坑救球 / 162

四、救出陷入沙层内的球 / 164

第五章 推杆技术的理论分析及应用 / 166

第一节 推杆的驱动和传动方式 / 166

一、两种推杆驱动方式的由来 / 166

二、弧线推杆法转动的特点　/168

三、直线推杆法转动的特点　/171

四、推杆动作的驱动　/172

五、握杆方式及主控制手的选择　/175

第二节　不同击打方式与球运动状况的关系　/177

一、球在站位正中位置的情况　/177

二、球放在偏左位置的情况　/179

三、球放在正中位置但击打时杆向上抬起的情况　/180

四、球放在偏左位置并下扣杆面的情况　/180

第三节　推杆动作中的距离控制　/182

一、推杆动作各阶段的驱动方式　/182

二、参考个人上杆幅度与推杆距离的经验控制击球距离　/183

三、参考球心初速度与路程的经验关系控制敲击球的距离　/184

四、参考球面初转速与球滚动路程的经验关系控制推击距离　/184

五、击球距离控制要点　/185

第四节　送杆动作中的方向控制　/188

一、送杆的作用　/188

二、推杆送杆方向与推杆整体运动方位的关系　/191

三、由核心持续驱动以控制送杆　/192

四、利用杆头标记调整身体运动定位系统以及控制送杆　/196

第五节　自由式直线推杆法　/203

一、推杆动作中肌群的作用　/203

二、推杆过程肌群作用的特点　/203

三、眼睛盯着球洞的自由式推杆法　/204

四、控制身体和球杆整体的机械式推杆方式　/205

五、自由式直线推杆法 /206

六、推杆启动前的屏住呼吸和启动开始时的放松调整 /210

致 谢 /211

第一章
日常生活和运动中的身体用力常识

第一节 身体形变及运动与驱动力的关系

人体从外形上可以分为头、颈、躯干和四肢。其中，四肢又可分为上肢和下肢，躯干可分为胸部、背部、腰部和腹部（本书将骨盆划分在腹部）。人体的动作就是这些身体部位相互有序作用及协调位移所产生的。

一、肌群收缩是人体动作的驱动源泉

1. 屈肘

屈肘来自关节一侧肌群收缩进而驱动相邻环节在关节处的转动，如图1-1-1所示。

图中表示肌群合力作用线和方向的箭头被称为肌拉力线。肌拉力线代表肌群驱动力的方向，是分析关节运动时常用的一条准线。

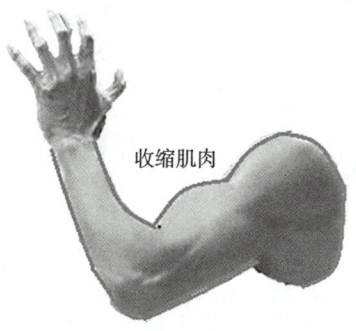

图1-1-1 屈肘

2. 卷腹

卷腹是腹肌纵向收缩进而驱动躯干的卷曲（见图 1-1-2）。

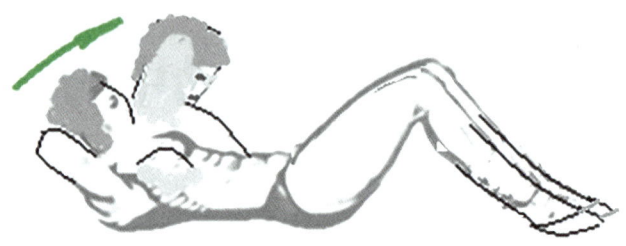

图 1-1-2　卷腹

3. 手臂绕臂轴扭转

前臂绕臂轴扭转是由前臂肘关节附近肌群的斜向收缩所驱动，其肌拉力作用线绕前臂垂直轴，如图 1-1-3(b) 所示；而上臂绕臂轴扭转由肩关节附近肌群斜向收缩所驱动，其肌拉力作用线绕上臂垂直轴，如图 1-1-3(a) 所示。

4. 躯干的扭转

躯干的扭转主要是腹内外斜肌收缩的结果。图 1-1-4 为躯干向右扭转时躯干前后肌肉拉力线的走向。可见，躯干正面肌拉力线向下向右收缩，而后背肌拉力线看上去是反对称的向下向左收缩。如果整体俯瞰，躯干前后肌群收缩的肌拉力线都是沿一个方向，即沿周边线顺时针方向的。

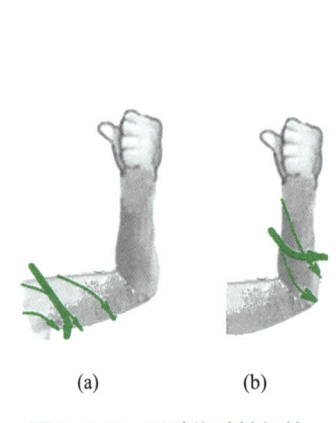

(a)　　　　(b)

图 1-1-3　手臂绕臂轴扭转

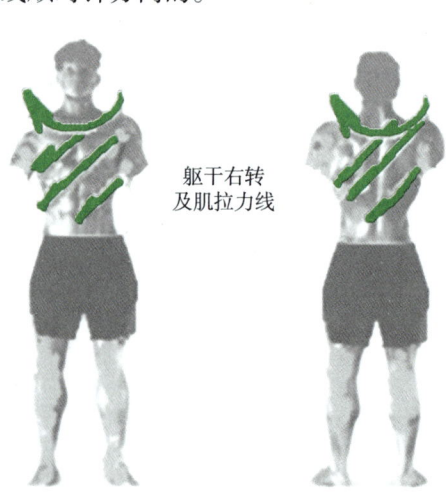

躯干右转及肌拉力线

图 1-1-4　躯干向右扭转时的肌拉力线

图 1-1-5 为躯干向左扭转时,躯干前后肌拉力线的走向。可见,躯干正面肌拉力线向下向左收缩,而后背肌拉力线看上去是反对称的向下向右收缩。如果整体俯瞰,躯干前后肌群收缩的肌拉力线也都是沿一个方向,即沿周边线逆时针方向的。

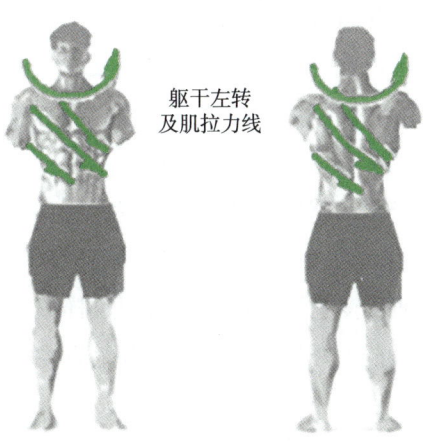

图 1-1-5　躯干向左扭转时的肌拉力线

5. 躯干外表肌群斜向肌拉力线与肩轴旋转的关系

通过上述比较可以发现,躯干肌拉力线倾斜方向与躯干上部扭转方向有这样的规律:躯干肌拉力线的指向,就是身体自由端部位相对固定端转动的方向。

例如:上杆时肩轴是向右扭转,躯干正面肌拉力线向右向下,背面肌拉力线方向正好与此反对称;下杆时肩轴是向左扭转,躯干正面肌拉力线向左向下,背面肌拉力线方向也正好与此反对称。

又例如:上杆时要使肩轴向右扭转,须使躯干肌拉力线向下和沿周边顺时针方向收缩;下杆时要使肩轴向左扭转,须使躯干肌拉力线向下和沿周边逆时针方向收缩。

为表述方便,本书中将使躯干前面形成向右向下肌拉力线同时使躯干后面形成向左向下肌拉力线的肌群,也就是使躯干上部呈顺时针方向转动的肌群,称为"右转收缩肌群",如前图 1-1-4 所示。

将使躯干前面形成向左向下肌拉力线同时使躯干后面形成向右向下肌拉力线的肌群,也就是使躯干上部呈逆时针方向转动的肌群,称为"左转收缩肌群",如上图 1-1-5 所示。

我们可以把这些收缩肌群想象成是身体驱动躯干上下端相对扭转的发动机。肌群的收缩就是发动机的驱动，肌群被预先伸展就是发动机的蓄能。

二、肌群的发力和受力

1. 肌群的收缩就是肌群的发力

肌群受神经的控制可以在自然松弛的状况下收缩，从而使受拉两端产生靠近运动。这是和橡皮筋的收缩不一样的地方，因为没有被预先拉伸的橡皮筋不会收缩。

肌群还可以在自然松弛的状况下被预先伸展然后再收缩，这时的再收缩使受拉两端产生更多的靠近运动，以及更快的运动速度。就像橡皮筋被张拉伸展后再收缩一样，这就是肌群受力以后的再发力，这样的发力更强大。

通常高尔夫球运动人群把被预拉伸肌群的收缩发力称为肌群的释放，就像受到张拉的橡皮筋被释放后能驱动物体运动一样。

2. 肌群的向心收缩

使两端产生靠近运动的肌群收缩通常被称为肌群的向心收缩。

当肌肉的一端被固定而另一端自由，肌肉的向心收缩就成为肌肉向固定端的收缩。

躯干的右转肌群向右下的收缩就是因为躯干下端是固定的而上端是自由的。同理，躯干左转肌群的向心收缩就是左转肌群的向下收缩。

3. 肌群的等长收缩

受外部拉伸时，肌群保持不被伸展也是肌群的一种发力，通常将保持肌群不被伸展的肌群收紧行为称为肌群的等长收缩。

在外部拉力的作用下，肌群具有不被伸展的能力，这是人的意识可以直接控制的一种肌群收缩行为。肌群在被拉伸过程中接受意识脉冲的指令，可以在瞬时实现由被拉伸到等长收缩的转变。

例如掰手腕保持僵持时肌群的发力。当外力作用要使手腕关节发生运动时，如果手腕受拉一侧的肌群保持不被伸展，也就是保持等长收缩，则手腕关节能保持不被继续转动（见图1-1-6）。

图1-1-6 掰手腕

肌群同等伸展量情况下，肌群等长收缩能承受的力量远远大过肌群收缩驱动的力量,掰手腕和拔河比赛时一定要先以静制动就是依据这个原理。

三、肌群的伸展及其控制

1. 通过控制肌群收缩来间接控制肌群伸展

肌肉伸展只能是其他肌肉收缩的结果,因为人的意识只有直接控制肌群收缩的机能,不能直接控制肌群的伸展。

肌肉在某个方向的伸展一定是被其两端别的部位施力的结果,或者是被从别的方向施力的结果。所以人的意识只能通过对肌肉周边的驱动作用使相关肌群伸展。

例如,背部肌群不能自行伸展,但是人通过收缩腹部肌群形成卷腹,即可同时形成背部肌群伸展(见图1-1-7)。

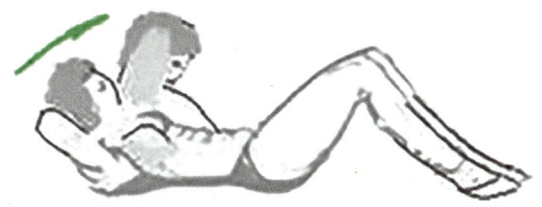

图 1-1-7　卷腹

身体某板块被扭转时,受板块结构具有交错变形特性的影响,板块上的肌拉力线具有一种交错伸缩的特性:某条对角肌拉力线缩短(即表明相应肌群收缩)的同时,在另一条对角的肌拉力线会被伸展(即表明相应肌群伸展)。

如图1-1-8所示,为了获得尽可能大的上杆转肩幅度,球员须在上杆时尽量向右上方放松并伸展前胸的肌群,同时尽量向左上方伸展后背的肌群。这时利用的就是肌群所在身体板块结构具有的交错变形的特点。也就是说,要想使左转驱动肌群最大程度伸展,以获得后续大幅快速的身体左向转动,最有效又可控的办法就是尽量收缩右转驱动肌群,即身体上部前胸肌群向右下方斜向收缩,身体后背肌群向左下方斜向收缩。

图 1-1-8　两条对角肌拉力线的关系

2. 肌群被放松才能被张拉

放松肌群就是不收缩肌群。

肌群虽然不能直接自行伸展，它的等长收缩机能却可以阻止肌群的伸展。所以，在需要被预伸展的时候，还须放松肌群；否则，肌群会阻止伸展，导致不能形成人们想要的更大的肌群伸展以及由此产生的更大向心收缩运动量和更快的速度。这是肌群与橡皮筋有所区别的地方。

很多高尔夫球教程和教练都会讲到上杆要扭转躯干，并且左肩峰要转到下颌的位置。但是，真实情况是初学者越想大幅度上杆越做不到位。这是因为球员肌群太过紧张而不能被伸展造成的。其实，球员上杆过程让左肩转过下颌，实质就是预先伸展身体左后背位置的斜向发力肌群。为此，球员一方面要放松这些肌群并前引左肩胛骨，另一方面要收缩右转驱动肌群，即身体上部前胸肌群向右下方斜向收缩，身体后背肌群向左下方斜向收缩，实现向右扭转上部身体，由此，这些左后背斜向肌群就会被尽量伸展，左肩会很轻松转到下颌的位置，见图 1-1-9。

图 1-1-9　后背斜向肌群放松—收缩关系示意

3. 相关肌群的等长收缩作用

通过对肌群周边的牵制，可以防止被伸展肌群因紧张导致提前收缩。

在运动过程中，身体有些肌群被预伸展后不应该马上收缩发力，需要维持预张拉一段时间，然后才收缩发力。通常情况下，我们想要大力做某个动作时会全身紧张，其结果是全身肌群的收缩，这会导致已经被伸展的肌群提前收缩，由此打乱用力节奏，就会出现常见的"心有余而力不足"的现象。所以，在身体某些部位发力时，已经被伸展的肌群在还没到该收缩发力时仍保持住伸展是必要的。

实际上，肌群本身既没有自行伸展的能力，也没有保持住预伸展的能力。球员要直接精准控制身体各部位的放松并非易事，特别是对业余新手而言。但是，控制各部位肌群紧张收缩却要简单一些，也更精准一些。所以，球员仍可以利用肌群的伸展由其他肌群收缩驱动这一特性，通过间接方式控制运动中一些肌群的维持预伸展。

例如，下杆启动后，在下肢转动到位之前，已经扭曲的躯干不能提前回扭，也就是说，已经伸展的左转收缩肌群要维持放松，而不能启动收缩。在下杆启动之后，直接控制这些已经伸展的肌群保持放松伸展状态非常难做到。最有效的办法是继续保持躯干右转驱动肌群的等长收缩状态，即保持身体上部前胸肌群向右下方斜向收缩，保持身体后背肌群向左下方斜向收缩，特别是右肩胛骨上肌群的收缩。因为这些肌群等长收缩，被它控制的左转驱动肌群就难以无意识收缩（见图1-1-10）。当然，另外的有效办法是通过下杆时杆头的离心力对左臂的拉拽，来防止躯干左转肌群的提前释放，这将会在后面章节中介绍。

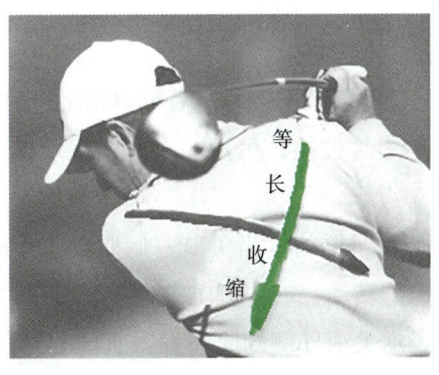

图1-1-10　后背斜向肌群等长收缩示意

需要注意的是，当球员调整动作的时候，也要关注牵制这些动作的周边肌群伸展和收缩方式的调整。许多球员在关注发力方式调整时，往往忽视相关肌群用力的调整，结果带来不少苦恼。

四、物件简化及其名词解释

为了分析高尔夫球动作中一些最重要、最本质的运动规律，下面将挥杆动作中某些不同形状的物件简化为一些简单、直观的物件。

1. 杆件

在高尔夫球挥杆动作中，球杆和单个手臂的主要作用是传递身体产生的驱动力量，其本身重量与所传递的力量相比非常有限，这些物体的重量基本不影响挥杆动作。为简化分析，通常用一条粗线表示这样的物体，称之为杆件（见图 1-1-11）。

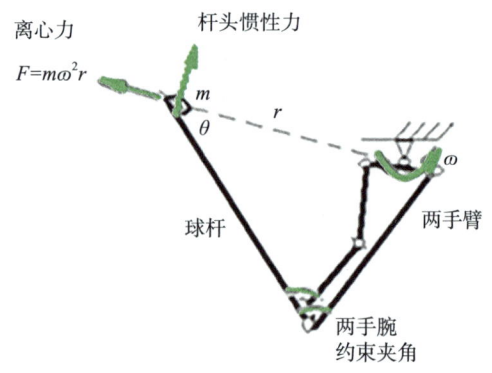

图 1-1-11　杆臂系统运动示意

2. 铰接

前臂与上臂之间通过肘关节相连，二者可以相对转动。通常将杆件之间这类可转动的连接方式称之为铰接，可用一个圆圈表示这种连接方式，如上图 1-1-11 所示。

肢体的关节外侧是有肌群的。当关节一侧肌群收缩时，后者能使关节两端的杆件产生相对靠拢的转动，或限制关节两端的杆件产生相对分离的转动。通常用一条短粗弧线表示关节外侧的收缩发力肌群（见上图 1-1-11 下部绿色弧线）。

3. 肌群板块及其伸缩

躯干上有很多块能产生驱动的肌群,它们各自主要驱动作用不同。很多部位还有多个肌群的内外重叠或者部分内外重叠,但是它们各自能够伸缩的方向却是不同的。

未经专业训练的球员,一般很难掌控大范围内每一单块肌群同时达到最大幅度伸缩,特别是在有肌群重叠的情况下。通常在一定范围内,控制所有肌群在一个方向呈整体伸缩并达到尽量大的幅度还是可行的。为了表述方便,后面将把驱体上需要控制所在肌群往一定方向伸缩的区块,称为一个"肌群板块"(如图 1-1-12 所示)。

实际上,高尔夫球大力挥杆动作中更多是分别控制肌群板块内的肌群往某个统一方向伸展或收缩,再通过躯干中多块不同肌群板块协调运动形成整体性驱动,或者是依次运动形成整体性驱动。如果把躯干作为身体肢体运动的一个大发动机,身体躯干中各肌群板块就是构成大发动机的各个小发动机。

4. 肩轴

肩轴就是两个肩峰的连线。

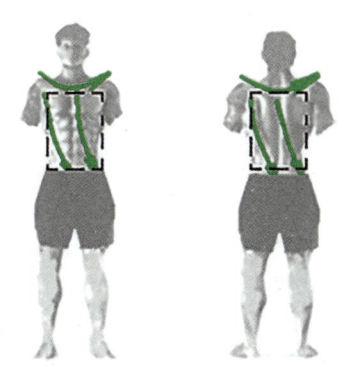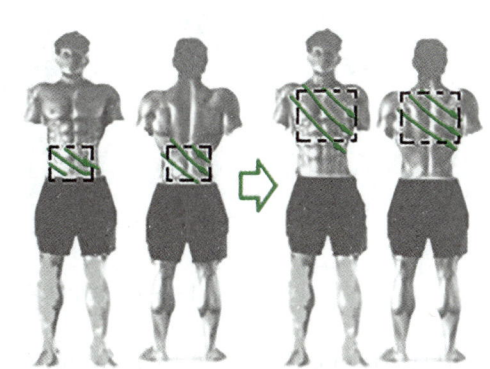

图 1-1-12　肌群板块示意

5. 手掌屈和手掌伸

手掌绕腕关节向掌侧的运动称为手腕屈或屈手掌,手掌绕腕关节向手背侧的运动称为手掌伸或伸手掌(见图 1-1-13)。

图 1-1-13　手掌的伸屈

第二节 影响直接驱动效果大小的主要因素

一、大肌群收缩才能产生大作用力

比较肌群收缩作用，显然大块肌群的收缩作用大于小块肌群的收缩作用，就像大弹簧的收缩作用大于小弹簧的收缩作用。相对而言，大腿、肩背、肩胸肌群的作用大于手臂肌群的作用；大腿肌群、肩背肌群、肩胸肌群、腹部肌群的收缩作用力大于手臂肌群的收缩力。所以，大力驱动身体和球杆转动要靠大肌群的收缩，不能靠手臂小肌群的直接驱动（见图1-2-1）。

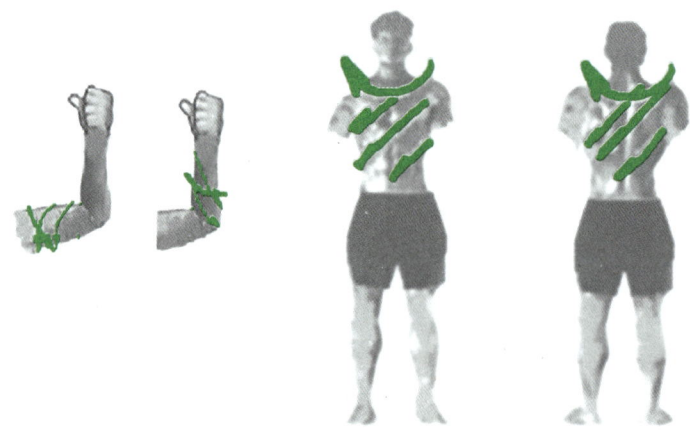

图1-2-1 大小肌群收缩作用比较

但是小肌群可以影响运动的节奏和方向，特别是在弧线运动中，小肌群很可能"成事不足，败事有余"。

二、肌群斜向收缩的倾斜度影响扭转幅度

躯干段肌群斜向收缩时，肌拉力线相对于躯干轴线倾斜度越大，肌群横向拉动的效果就越明显，躯干的扭转程度就越大。试比较如图1-2-2所示两种肌群收缩情况，显然，图1-2-2(b)中肌拉力线倾斜度更大，而图1-2-2(b)中躯干上部肩轴的转动幅度也更大。

第一章 日常生活和运动中的身体用力常识

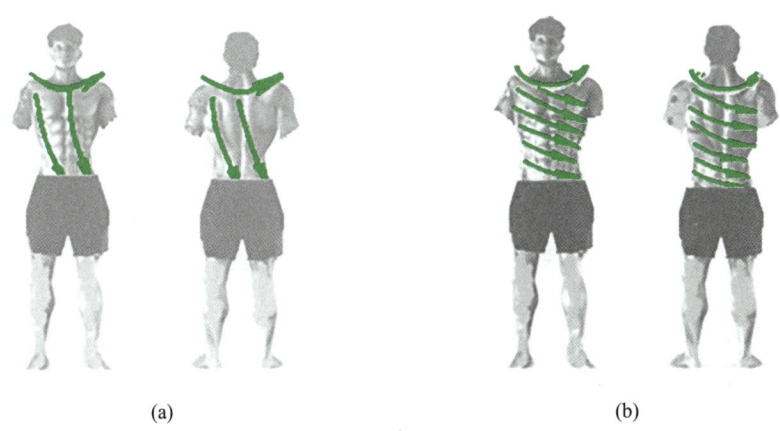

(a)　　　　　　　　　　　　(b)

图 1-2-2　躯干扭转时的肌群收缩斜度比较

要使整个躯干扭转时肌群拉伸的倾斜度更大，必须依次在下段的腹部肌群撑稳后再实施上段部肌群的发力。由此产生的累计扭转效果比躯干整体一次性发力的效果好。一般业余球员挥杆时对躯干通常分腹部和肩胸部两次依次发力，见图1-2-3。

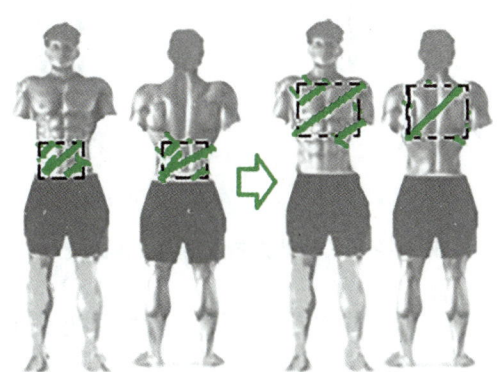

图 1-2-3　躯干扭转时的肌群依次收缩

三、转动力矩越大则驱动物体转动的效应会越大

高尔夫球挥杆动作是身体和球杆的转动。物体被转动的幅度不仅与受到的力的大小有关，还与作用力到转动中心的垂直距离有关。通常把作用力到转动中心的垂直距离称为力臂。这个力臂类似拧螺丝时手握扳手处到螺丝中心的长度（见图1-2-4）。

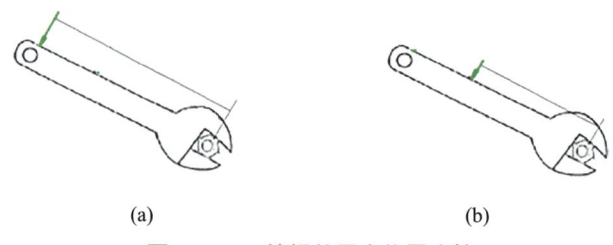

图 1-2-4　拧螺丝用力位置比较

物体被转动的快慢，或者被扭转的大小都与这个作用力大小和力臂大小的乘积成正比。如图 1-2-4 所示，(a) 中的手在远处转动扳手的力臂大，手在远处的转动作用远大于 (b) 中手在近处的转动作用。再如，用两手直接转动方向盘把手（见图 1-2-5(a)），再同样用两手直接转方向盘中间的杆（见图 1-2-5(b)）对比，显然，前者比后者的转动效果要大很多倍。同样大小力的情况下，方向盘的直径是方向盘杆的直径的多少倍，前者的转动效果就大多少倍。

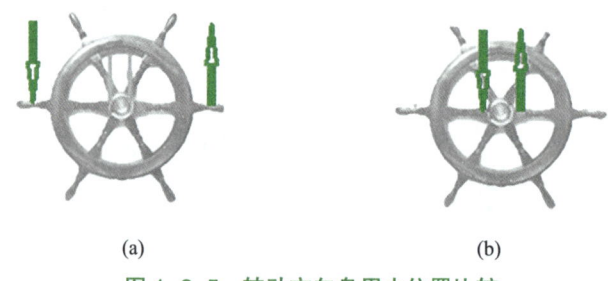

图 1-2-5　转动方向盘用力位置比较

下肢蹬转、躯干肌群收缩拉动躯干扭转，就如同两手远离方向盘中心点驱动方向盘，因此，要尽量用下肢的蹬转、躯干肌群的收缩去驱动躯干的扭转，从而能形成大力的转动效果；而手腕肌群驱动手腕的转动如同两手靠近方向盘中心点驱动方向盘，从而产生的转动作用非常有限。

四、肌群伸展的幅度大则肌群收缩量大、收缩力度也大

从弹簧的弹力和变形关系可以看到，在一定范围内，弹簧被拉伸或压缩幅度越大则回弹力会越大，弹簧恢复过程端头总运动量也大。

同样，人体的肌群被拉伸越多，这块肌群的收缩力会越大，收缩的速度也

会大一些，肌群所拉两端产生的相对位移量也会更大。

人体躯干左转收缩肌群，特别是腹内外斜肌、后左背斜向肌群是驱动双肩大幅度和快速扭转的主要肌群，这些大块肌群（见图1-2-6）在挥杆上杆后期得到充分放松并被拉伸是获得远距离击球的前提。

上述大肌群得到大幅度拉伸的主要外在表现就是上杆到顶点时肩轴的转动幅度（见图1-2-7）。显然，此时大肌群被拉伸得越多，肩轴的右转幅度越大。可以这样讲，对于一个男性球员而言，如果上杆到顶点时左肩胛骨（见图1-2-7(b)）没有转到与目标线垂直的位置（见图1-2-7(a)），此男性球员的一号木击球距离难以达到200码（1码≈0.91米）。只有当上杆到顶点时，站在球手球员对面的人能看到球员的左肩胛骨（见图1-2-7(c)），这个球员才具有击球距离超过200码的能力。还可以看到一些长打者，他们上杆到顶点时肩轴线的转动可以超过身体中轴线60°（见图1-2-7(c)）。为此，他们不惜头部向右偏转（头部的偏转会影响击球方向的稳定）。

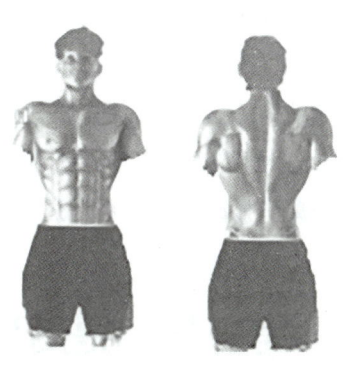

图1-2-6 躯干大块肌群

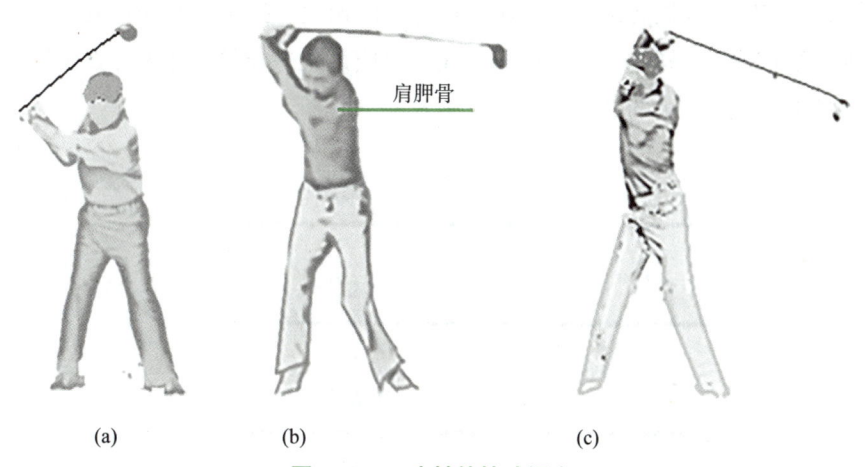

(a)　　　　　(b)　　　　　(c)

图1-2-7 肩轴的转动幅度

身体疲劳的球员和年龄大的球员击球距离通常会缩短，就是因为身体疲劳时肌群会乏力，而年龄的增大会导致肌肉自然老化，大肌群的伸展性会减弱，转肩幅度会因此明显减少，这样的情况下击球距离必然会缩短。

　　为了增大击球距离，适当地做一些肌群拉伸训练是必要的。特别是初学者，可以在平常利用闲暇时间进行腹内外斜肌、左肩肌群的放松伸展和大力收缩的训练。另外，通过瑜伽练习拉伸发力肌群也会非常明显地增加击球距离。

　　对于初学者，还要防止被自己虚假的大肌群斜向伸展所欺骗。当发现击球距离明显减小时，可通过自评视频检查上杆顶点的转肩幅度是否足够。

第三节　提高系统驱动效果的优化驱动方式

一、系统动量向碰撞面传递得越多，系统碰撞效率越大

1. 系统动量分布越集中于撞击面，撞击的效果越好

　　如图 1-3-1 所示，(a) 中货物均分在三个车厢，(b) 中货物集中在最后面车厢，(c) 中货物集中在最前面车厢。我们假设这三种情形中车厢速度一样，动量（即物体质量与撞前速度的乘积 mv）因此也一样，我们再来比较小车厢分别撞击小球的情况。根据生活经验，显然情形 (c) 的撞击效果最大，小球会被撞得最远。然而根据动量定理，小球被撞离的速度与撞击物的动量有关，既然三种情形下动量一样，小球被撞离的速度也应该是一样的。那为什么生活经验与根据动量原理得出的结果会不一致呢？

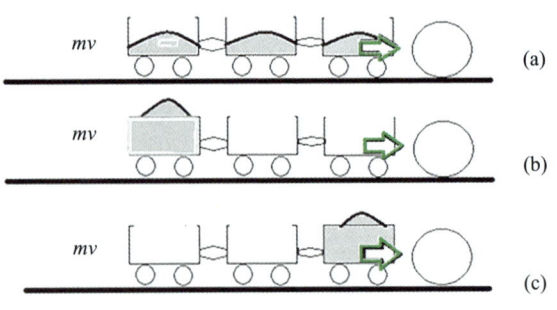

图 1-3-1　小列车撞击示意

　　其实，动量定理是对两个刚体相撞而言的，这里由三个车厢通过弹性挂钩连接的小列车系统并不是一个刚体，不能简单套用动量定理。在碰撞过程非常

短暂的情况下，例如，击球过程只有约 0.005 秒，远离直接碰撞处的车厢动量传输到球面有较远的路途，它的撞击效果自然会折减。

对于图 1-3-1 这样的非刚性系统去撞击另一个物体，如果撞击时间又非常短，可以看到，总动量相同的情况下，动量分布越靠近撞击面，则撞击效果越好；反之，动量分布越远离撞击面，则撞击效果越差。

2. 转动系统撞击效果的比较

物体转动中的撞击比前述物体平行运动中的撞击更复杂。

杆头击球前后，连接在杆头之后的球杆以及身体实际上都有动能以及弹性势能的变化。击打高尔夫球的过程中，因为杆头连着手臂和躯干，杆头和球二者之间的碰撞并不是一个完全弹性碰撞的过程。这个过程不能简单套用动量守恒定律和能量守恒定律，在此仅做一些简化的分析以供参考。

试比较如图 1-3-2(a) 和 (b) 两种撞击方式。

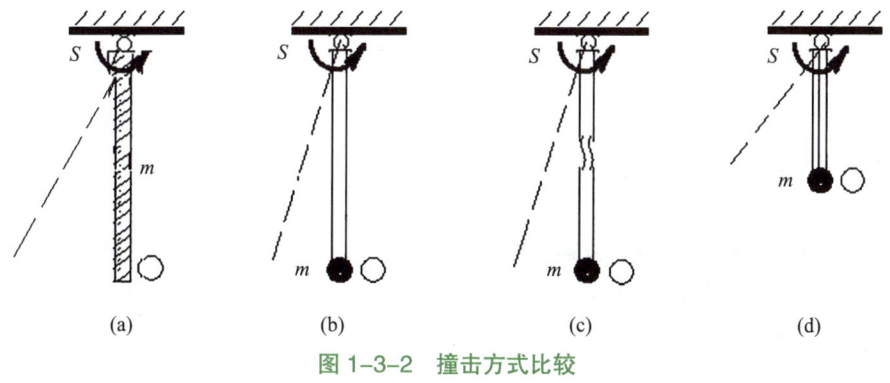

图 1-3-2　撞击方式比较

假设 (a)(b) 两种情形下撞击杆件的总质量 m 相同，两系统受到的外部驱动作用量 S 也相同，但二者的总质量 m 在摆动杆件的分布不同，一个更靠近撞击点，一个离撞击点远一些。显然，在同样总驱动量 S 的作用下，两系统撞击球之前获得的总动量是一样的。

根据相关常识，在这两个总动量相同的系统中，后者因全部质量分布离被撞击点近，其实际撞击效果更大，小球被撞后移动距离会相对更远；而前者因全部质量分布离被撞击点远，其实际撞击效果则会相对小，小球被撞后移动距离会相对近些。我们高举铁锤砸石头比用同等重量的铁棍砸石头更有效也是同样的道理。可见，撞击物的质量分布可以影响撞击效果，撞击物的质心越靠近被撞击面,动量撞击输出效果越好。

因此,对于由多个环节连接并且一端自由击打的运动系统,如果击打碰撞时间短,应尽量将击打系统动量向自由的末端集中,以产生最大的碰撞效应。

我们再接着比较前图 1-3-2(c) 和 (d) 两种撞击方式。

图中 (c) 和 (d) 所示杆件的质心位置都对准被撞击物。(d) 情形中所示杆件比较刚硬,也就是杆件弯曲变形刚度相对大,其在同样短暂的撞击时间内输出的动量多,撞击效果好;而 (c) 情形中撞击的杆件长且比较柔软,也就是杆件弯曲变形刚度相对小,在短暂的撞击时间内输出的动量会少,撞击效果相对较差。

高尔夫球挥杆过程中杆面与球撞击接触的时间非常短暂,只有 0.005 秒左右。根据上述分析比较,击球时杆-臂连接越稳固,杆-臂整体刚度越大,其在有限碰撞接触过程中传递给球的动量就会越大,也就是被撞物高尔夫球获得的动量越多。

因此,为了提高对被撞击物的撞击效果,在撞击时应尽量提高撞击系统的整体刚度。

二、如何使自由端产生最大的移动

1. 人拉两条小船的运动情况

图 1-3-3 为两条浮在水面上的小船,人通过收紧连接的绳索,会使两条小船产生相互靠拢的运动。

比较如下两种情况:

(1) 两条船同在水面上;

(2) 一条船在水面上,另一条船停在岸上。

人同样地拉绳,两条船同样地靠拢,同样的绳索收缩总量 L。

两条小船都在水面上的情况(见图 1-3-3(a)):两条小船的运动量分别为 L_1 和 L_2,L_1 和 L_2 的大小与两船的质量大小成反比。两船运动量之和为 L,两条小船的运动量都小于 L。

有一条船在岸上的情况(见图 1-3-3(b)):岸上小船的运动量 $L_1 = 0$,水上小船相对岸上的运动量 $L_2 = L$。

第一章 日常生活和运动中的身体用力常识

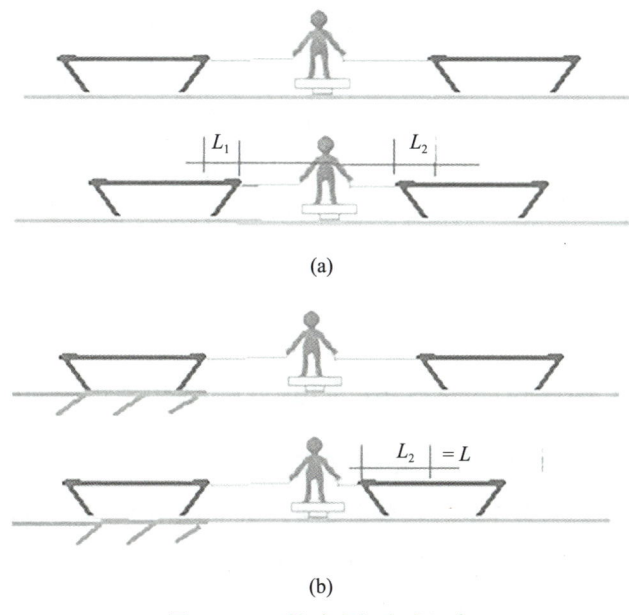

图 1-3-3 拉动小船方式示意

这个例子可以这样来理解：人要收缩连接两条船的绳索来拉动右边水上的小船，如果左边小船固定，则人收缩绳索后左边小船的运动量为 0，右边小船的运动量等于绳索的收缩量 L；如果左边小船没有固定，人收缩连接两条船的绳索来拉动右边水上的小船后，左边小船受到向右的拉动会左移 L_1，则右边小船向左的运动量 $L_2 = L - L_1$。

由此可以看到：如果左边小船没有固定好，产生了运动量 L_1，导致右边小船的运动量不能达到全部运动量 L，右边小船则损失了运动量 L_1；在绳索收缩运动量 L 的过程中，如果限制了左边小船的移动，则收缩绳索的作用全部转化为右边小船的运动量。

2. 端部约束状况对身体肌群收缩效果的影响

肌群被张拉伸展后，在两端没有约束的情况下，肌群会产生向心收缩。

肌群被张拉伸展后，若固定一端，另一端则是不受约束的自由端，肌群的向心收缩变为向固定的一端收缩。此时，该自由端部受肌群的向心收缩作用达到最大的移动量。

肌肉的收缩可以驱动身体的运动，因为身体肌肉的收缩作用使被连接的两部分产生相对靠拢运动，就如同收紧绳索拉近两条小船。通常情况下，运动过程中身体肌肉连接的两部分都是可以运动的部位，同前述拉船是一样的道理。肌群的收缩作用可能会像拉两条浮在水面上的船一样发生一部分损耗，去做了无用功，这也就是通常所说的"力泄掉了"。只有把肌肉两端部位的一端固定，以这个固定端为基础收缩肌群，才能保证肌群的向心收缩作用全部转化为自由端的相对运动。

因此，要使肌肉连接的自由端产生最大运动量，在肌群向心收缩过程中一定要尽量把另一端固定。

三、两个相连肢体相对转动时的近端制动与远端加速

1. 制动对转动杆件自由端部的加速作用

制动就是使运动物体减速或停止运动。在一个平面上做平行移动的杆件在被一个支撑点制动约束以后，杆件必然发生快速旋转，由此使自由端的移动速度大大提高（如图1-3-4(a)所示）。

平面上一个以较大半径转动的杆件原来的转速是 ω，在被一个支撑点制动约束以后，该杆件必然发生更快速的旋转，由此也使自由端端点的移动速度得到提高（如图1-3-4(b)所示）。

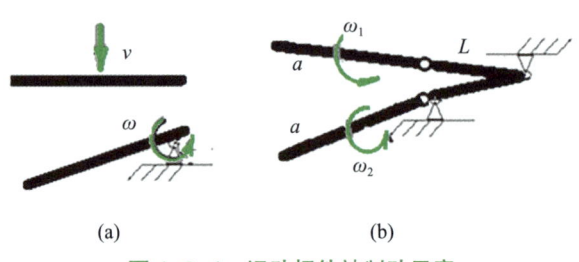

图1-3-4 运动杆件被制动示意

端部被制动使杆件加速转动，也使没受到约束的自由端的运动速度增大，从而提高了自由端的击打能力。对于高尔夫球挥杆动作而言，可以利用此规律提高杆头的速度，从而提高杆头的击打力。

2. "扇耳光"动作的两种方式

第一种：手臂持续加速转动，手掌刚开始不相对手臂转动，待手掌接近脸部，随手臂转动的同时，手掌加速绕手腕相对手臂转动，完成与手臂成直线"扇耳光"的动作。动作完成后，手臂会因为持续的发力转动继续转过很大一

段（见图 1-3-5(a)）。

第二种：手臂先转动，但当手臂靠近脸部时，在手掌随手臂转动击向脸面的短暂过程中，手掌绕手腕相对手臂加速转动，同时手臂制动并尽力保持手腕支座的稳定，这会使手掌更加快速地击打到脸上，并且击打过程持续时间更长。动作完成后，手臂基本仍停在靠近脸部的位置（见图 1-3-5(b)）。

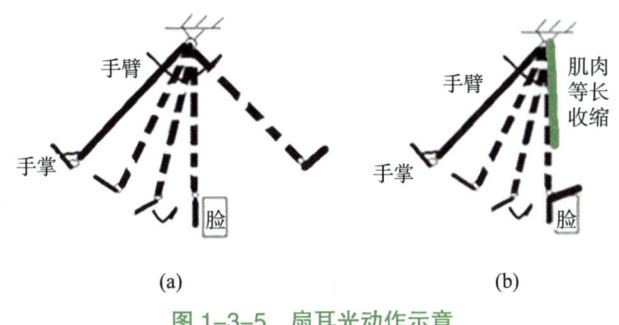

图 1-3-5　扇耳光动作示意

这两种击打方式产生的效果是不一样的。通过上述简化模型分析可以发现，这两种击打效果的优劣与两段杆件之间的长度比值有关。

假设上图中手臂和手掌分别是同样横截面的杆件，在击打时，如果靠近固定支撑端部位的长度大于远离支撑端的一段长度的 1.5 倍，那么，靠近固定支撑端的部位进行持续转动击打时，与制动击打方式相比，自由端部位的速度更大；反之，如果靠近固定支撑端部位的长度小于远离支撑的一端长度的 1.5 倍，那么，靠近固定支撑端的部位进行制动击打时，与持续转动击打方式相比，自由端部位的速度更大。

参考上述简化模型的分析结果，如果仅仅是前臂摆动"扇耳光"的情况，则 (b) 情形中的"扇耳光"击打要厉害些；但如果上臂前臂固连在一起摆动手掌"扇耳光"，则 (a) 情形中的"扇耳光"击打要厉害些。

以中国乒乓球队独创的近台快攻动作为例，通常是上臂先带动前臂随动，上臂到位后突然制动，同时前臂加力转动，由此而击球，击球后上臂不会继续转动（见图 1-3-6），这与上述 (b) 情形中的"扇耳光"动作类似。由于靠近支撑端一段的上臂长度小于前臂长度的 1.5 倍，所以，这种制动方式的抽杀球效果比不制动的抽杀球方式更好。

图1-3-6　乒乓球制动式抽打示意

3. 转动中的手臂是如何被制动的

图1-3-7
手臂上肌群示意

手臂被外部物体直接阻挡而制动是容易理解的，但(b)情形中"扇耳光"动作中手臂是如何靠自身制动而形成稳定支撑的呢？

在手腕肌群驱动手掌"扇耳光"时，前臂能够保持稳定支撑，这与手臂的结构有很大的关系。如图1-3-7所示，前臂不仅有骨骼支撑，还有包裹在骨骼外的肌肉，而且这些肌肉和上臂的肌群密切牵拉。

当手腕肌群开始驱动手掌转动的时候，手臂和手掌之间会产生相对转动。手掌相对手臂的转动会导致手臂相对原来的位置产生反转，这个反转力类似于子弹发射时枪身的后坐力。但是，经过训练的手臂肌群此时可以迅速让手臂挺直地停留在即时位置，并阻止手臂的反转。(b)情形中"扇耳光"的方式在转动手腕时可以看到，不仅手腕的肌群在用力，手臂的肌群也都是迅速启动，启动起来的方式与前期驱动手臂转动略有不同。这说明手臂肌群同时在用力，手臂肌群即刻停止了对手臂向前的驱动，改为阻止手臂的反转。

这种使手臂向前的转动快速转换为对手臂反转运动的限制作用，这在运动生物力学中被称为"近端制动"。这种制动方式在乒乓球和羽毛球等运动的扣球动作中也是常用的。

高级动物肢体具有这种不可思议的快速挺直挺硬的制动能力，是由于其具有的三大特点：

（1）肢体结构特点和相对运动关系

肢体由骨骼构成，同时还有肌群包裹。我们可以将骨骼视作一个传力杆件，肌群则具有产生收缩力和维持不被拉长的能力，可以视为一对拉力（如图 1-3-8(a) 内绿色箭头所示），或视为一种特定的等长约束。

如图 1-3-8 所示，由于肌群包裹在骨关节外面，骨关节处都是突出的，肌群拉力作用线并不是通过骨关节中心，所以，肢体外肌群向心收缩可以使被包裹的肢体骨头发生转动，用 A 表示，肢体外肌群向心收缩对相关肢体产生的转动作用可用转动力矩 M 表示（见图 1-3-8(a)）。另外，身体肢体外肌群等长收缩也可以使被包裹的肢体骨杆件迅速停止反向转动，即使得下端肢体可能产生的反向转动 B_1 为零（见图 1-3-8(b)）。

在两肢体间关节外围肌群收缩产生作用 S 时，相连肢体会产生相对运动，如果远端相对连接处正向转动 B_2，则同时下端肢体相对连接处的反方向转动 B_1，受力和转动示意如图 1-3-8 所示。在连接关节处肌群收缩作用使远端相对地面的转动为 B_2-B_1。当近端这个反向转动可以被下端肢体外侧肌群的等长收缩所限制，即 B_1 为 0 时，远端相对连接处的转动全部转化为远端相对地面的转动。

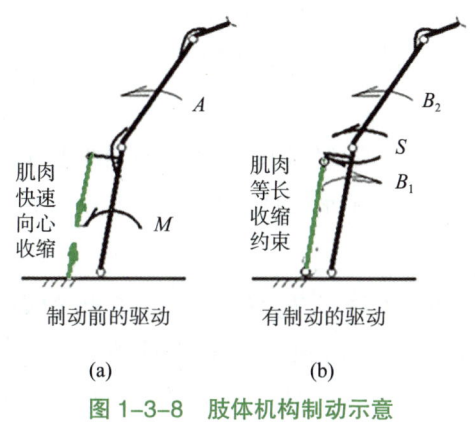

图 1-3-8　肢体机构制动示意

（2）肌群的作用力大小随肌群向心收缩的速率的增大而变小

当肌群在等长收缩（肌群被两端拉伸时保持肌肉收缩长度不变）时，即速率为 0 的收缩状态，肌群的收缩能力达到最大；而当肌群逐渐快速向心收缩时，肌群的收缩能力减少，直到为 0。

以掰手腕时为例，如一方固守不动，另一方要掰动对手则要用很大的力，且要慢慢发力，如想快速掰动则需要再加大力量。

（3）肌群从向心收缩转换成等长收缩可以在瞬间完成

运动者的控制意识，可通过生物电脉冲使肌群从快速向心收缩瞬间转化为等长收缩。

4. 利用近端动能制动近端的反转

虽然前述(b)种情形"扇耳光"的手臂制动方式只是特例，却揭示出一个规律：当身体两个相连部分相对转动时，支撑的近端部分会产生反转，制动住近端部分会减少近端的反转，由此相当于增加了远端的转动。这就是通常所说的两相连物体相对运动时的"近端制动、远端加速"原理，简称"制动—加速"原理。

至于近端制动的方式，则与两物体本身的结构形式以及两物体相对转动的方式有关。不同身体部位、不同运动方式适用不同的制动方式。前述"扇耳光"动作中挺直、挺硬手臂只是一种特例。

通常情况下，远端开始加速时，近端是有运动惯性的，也就是近端仍有转动动能。这个动能可以被利用来对近端的加速反转进行制动。只要在远端加速时控制好远端的加速度和加速启动位置，近端前行的动能就足以限制近端的倒退。由此，近端和远端之间的加速作用可以全部用于远端的转动加速，不再被内耗掉。可见，近端不能自行挺直挺硬的情况下，利用近端的动能也能实现"近端制动、远端加速"。

大多数击打运动需用多段部位构成的系统的端部进行击打，且击打时间非常短暂。可通过多次"近端制动、远端加速"的方式使系统的动能尽量高效地向远端集中。

5. 高尔夫球挥杆中的"近端制动、远端加速"

高尔夫球杆头与球的击打时间只有约0.005秒，球杆的部分动能可能都来不及贡献到击打面。所以，为达到最佳击打效果，必须在加速过程中将动能尽量集中到直接击打段，即，将动能向末端集中。要做到这一点，就需要将"制动—加速"或者叫作"支撑部挺直挺硬"的方式应用到高尔夫球动作中。

例如，下杆时在躯干大力左转的同时使下肢挺直、挺硬，挺直、挺硬下肢就是下肢对受躯干反转影响的制动，这种制动能够提高躯干肌群驱动躯干扭转的效果。

四、和谐配套的驱动方式才能产生最大的驱动效应

如图 1-3-9 所示，梁上安装了一个带偏心转子的电机。偏心转子转动的时候会使梁端产生上下移动。当偏心转子的转动达到某个转速的时候，梁端的运动幅度达到最大，当偏心转子的转速继续加大后，梁端的运动幅度反而减少。这就是一个物体与另一个物体产生共振的现象。

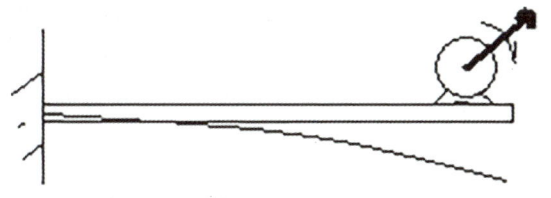

图 1-3-9　梁上偏心转子的运动影响

共振原理表明，一个物体驱动另一个物体运动，作用的效果与两物体之间惯量[1]相对的大小、被作用物的柔度大小、相互作用时间及速度有很大关系，必须采用与之配套和谐的驱动方式，才能达到最好的驱动效果。当作用物和被作用物的惯量相差巨大，且被作用物刚性较好时，作用物的短暂撞击就能把被作用物击飞；而当作用物与被作用物惯量相差不大时，撞击的效果会大减，只有通过延长撞击的接触时间才能提高撞击效果。

如图 1-3-10 所示，一般人很容易就能把一个皮足球踢飞，但如果换成一个实心的铁球，情况就会完全不一样。然而，如果人站稳后用脚贴着铁球顺势往前拨推，却能将铁球滚动起来。

图 1-3-10　踢球比较

---

[1] 惯量：[物] 物质（物体）运动的惯性量值。

在高尔夫球挥杆动作中，身体的驱动分两个主要阶段。一个是下杆前期，下肢的蹬转对躯干、上肢和球杆的整体驱动（见图1-3-11(a)）；另一个是下杆后期，躯干扭转对上肢、球杆的驱动（见图1-3-11(b)）。这两个阶段的驱动体不同，驱动方式也有很大差异。

下杆前期，驱动体是下肢，被驱动体是躯干、上肢和球杆，我们称之为"下肢驱动"。此时驱动体的转动惯量小于被驱动体的转动惯量，这相当于小马拉大车，驱动体完全不具备快速驱动的能力。这种情况下，相对而言，下肢不可能快速驱动躯干、手臂和球杆，驱动方式只能类似人在拨推实心铁球。

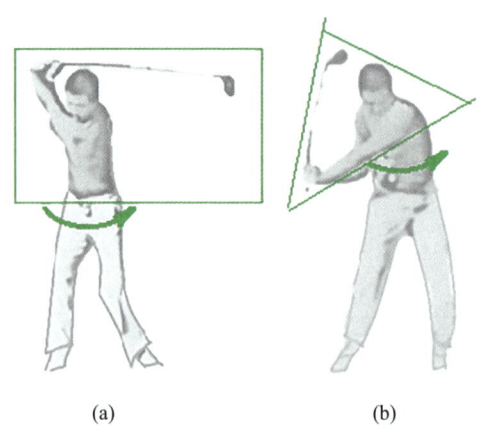

图1-3-11　下杆前期和后期

下杆后期，驱动体是躯干，被驱动体是上肢和球杆，我们称之为"躯干驱动"。此时驱动体的转动惯量远大于被驱动体的转动惯量，相当于大马拉小车，驱动体具备快速驱动的能力。这种情况下，身体可以尽快转动，从而驱动手臂和球杆也快速转动，驱动效果类似人在踢皮足球。

五、身体重心的位置与身体平衡的关系

根据物体的平衡原理，物体的重心必须落在其地面支撑面内，此物体的整体才会稳定地立于地面。当球员直立的时候，身体重心落在两脚支撑面之内，则身体是平衡稳定的。当球员身体重心落在两脚支撑面之外，身体整体会发生倾倒，这时身体出于本能会迅速调整形体来维持平衡。例如：当球员向前弯腰时，会自动向后翘臀；当球员向后仰身时，会向前推出髋部；当球员要快速向一侧弯身时，臀部还必须提前向另一侧移动。

当球员要平稳地提起身体前的一个重物时，则必须要后翘臀部（见图1-3-12），因为臀部的后翘

图1-3-12　上提重物动作

保证了身体和重物作用下的结构重心仍在两脚的支撑面之内。提起的物体越重，臀部的后翘幅度也必须越大。

当人需要快速提起重物时，臀部的后翘幅度大，且提起的速度越快，翘起的幅度也应越大。因为人快速上提重物是使重物加速向上运动，这里的上提力除了重物原有的重力，还包括使重物加速的力量；上提的加速度越大，则增加的力必须越大，手向上提的力一定要超过重物的重量。根据作用力与反作用力的原理，快速上提重物时，重物对身体手臂的拉力也大于重物的重量。这种情况下，身体要保持转动平衡，在不能增加新的平衡力的情况下，臀部当然要后翘更多，使身体重心后移以避免身体向前倾倒。

在挥杆下杆后期，躯干大力扭转驱动下杆时，随着左手对球杆的爆发式抽拉，球杆会对左手产生同等的反作用力，左臂会受到同等大小向下的拉力，主要是杆头的离心力和杆头被加速转动时对球杆在切线方向的惯性力（见图1-3-13），图中球杆的弯曲就是杆头切向惯性力作用的现象。同人提起身体前的重物时重心要后移一样，下杆后期身体的重心必须先移动到左后侧；否则，球员的神经系统会感觉到人体整体要发生向前倾倒，会迅速调动肌肉用力进行补救，由此会影响正常的肌肉用力，结果当然是击球距离和准确性的损失。这就是下杆后期，即躯干大力驱动下杆前，身体重心必须转移到身体左后侧的主要原因。

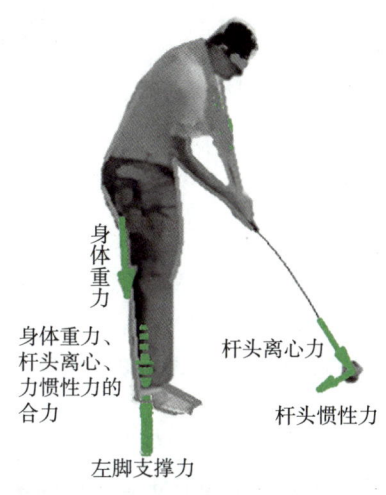

图1-3-13　躯干大力驱动下杆动作

根据相关数据分析，此时重心移动导致的重量分配要达到左脚60%、右脚40%。当然，实际操作不可能如此精确控制，通常以感觉左脚后外侧受压为动作到位标志。

同样的道理，上杆阶段，身体重心要先偏向身体右侧，通常以感觉右脚内侧受压为动作到位标志。

六、延迟释放产生加速运动的现象

先来看一个生活中乘坐汽车的情形。在汽车突然启动的过程中，车厢中站立的人躯干会因惯性先相对汽车向后仰，然后因身体的弹性支撑又快速向前复位（见图1-3-14）。在躯干复位时，头部相对地面的速度会大于汽车同期的速度。

再来看下高尔夫球挥杆的过程。在上下杆转换期，身体下肢就像开始启动的汽车，已经完成向右扭转，上杆的躯干、上肢和球杆就像汽车上站立的人。当下肢向左转动时，躯干、上肢及球杆整体会因惯性作用来不及随下肢向左转动，就会使处于下肢与肩之间的躯干部位发生扭转（见图1-3-15）。

图1-3-14 汽车启动时的人体行为

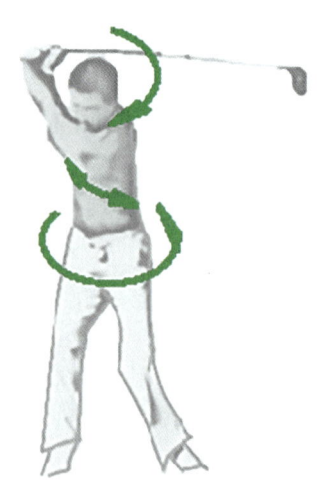
图1-3-15 下杆启动时的人体行为

如果此时躯干处于放松、柔软状态，如图1-3-16所示的毛巾一样，则会由此而增加扭曲变形。正是这个扭曲变形使肩、杆的转动滞后于髋的转动。躯干这个新增的扭曲变形与上杆阶段已经产生的扭曲变形是一致的。显然，同等上杆幅度下，后续下杆过程再新增扭曲变形后，球员驱动身体左转会更快速。

由此可见，在下杆过程中，躯干与下肢先是小幅度不同步，紧接着是躯干带动肩轴快速转动。这里的微小延后和之后的爆发式追赶就是优秀职业球员挥杆动作中的"延迟转肩"及随后的"延迟释放"现象，所谓的下杆爆发力也是这样产生的，这也是一些优秀球员能够轻松、大力且有节奏挥杆的一个奥秘。

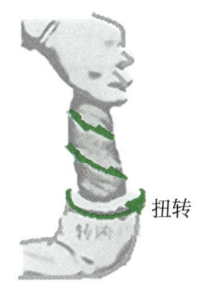

图 1-3-16　拧毛巾示意

挥杆中延迟释放的幅度大小与球员躯干扭转柔度大小有关[①]。通常，身材高挑的球员的躯干扭转柔度大，挥杆中的延迟释放现象会更明显；而矮壮的球员躯干略短粗，自然具有的柔性相对小，肩和杆的延迟转动现象不太明显。但身体躯干柔性小则意味着扭转刚度大，延迟释放时的驱动强度也大。因此，从某种程度上讲，身体躯干天然的刚柔度差异不会影响延迟释放的效果。

在上下杆转换期，普通业余球员往往难以做出肩和杆滞后的动作。初学者最主要的问题是在上下杆转换过程中因肌肉紧张而使躯干实际柔度减小但刚度并不会由此而增加，这会导致驱动肌肉被伸展的量减少。这种肌肉紧张导致的肌肉柔性减少并不能相应提高肌肉收缩时的强度，由此导致不仅没有足够延迟释放，反而出现提前释放。所以，下杆过程是否有充分的延迟释放是衡量球员是否掌握了挥杆核心技术的标志之一。

有关初学者有效利用延迟释放原理的技术要领将在后文介绍。

七、四边形机构运动的变形规律

对于一个由四个杆件铰接而成四边形的可变形机构（见图 1-3-17），在其顶边受力转动的时候，机构本身内的约束不同，机构也将产生不同的运动形式。

1. 四边形机构的整体转动

在四边形机构顶边被转动时，如果机构的底边两角的变化被约束住，则机构会保持整体不变形，即各杆件不发生相对运动，并且机构整体会被驱动绕固定支撑点转动（见图 1-3-17）。

---

① 覃立.论体育教学中如何面对学生的个体差异[J].体育研究与体育，2014，29(02)：65-68.

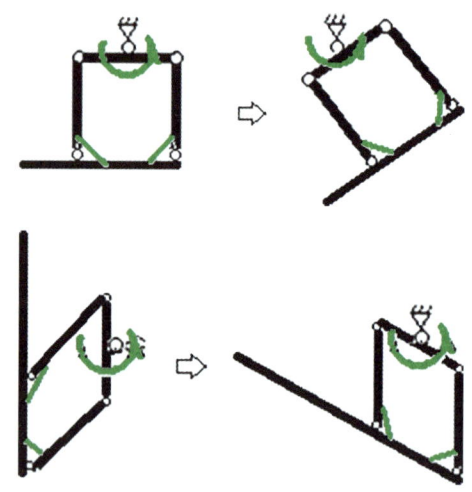

图 1-3-17 四边形可变形机构整体运动方式

2. 平行四边形机构的错动

在平行四边形机构顶边被驱动时,如果四个角不被约束,而竖向两边杆件被同时拉动靠拢,则机构竖向两边杆件可以只发生移动而不发生转动,只有上下两边的杆件发生转动(见图1-3-18)。在竖向两边杆件靠拢的情况下,随着机构的进一步转动,底边杆件会转动到与竖边杆件成一条直线的位置。

3. 上下不等长四边形机构的错动

当上下不等长四边形的顶边被驱动时,如果机构的四角不被约束且竖向两边杆件被同时拉动靠拢,则机构竖向两边杆件和底边杆件的运动方式,与竖边长度以及顶边长度、底边长度的比例有关。通常情况下,两竖边既有随顶边的左右摆动,又有上下之间的错动(见图1-3-19)。

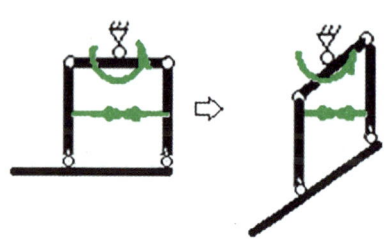

图 1-3-18 平行四边形可变形机构的错动方式

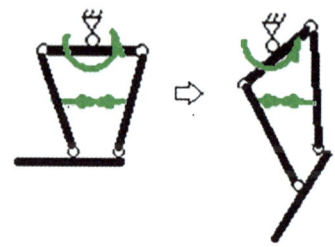

图 1-3-19 不等长四边形可变形机构的运动方式

当底边长度为零时，两竖边和顶边构成一个三角形整体，整体完全随顶边转动。

如果两竖边长度远大于顶边长度和底边长度时，四边形近似于一个平行四边形。当顶边驱动并使两竖边靠拢时，两竖边则会以错动为主，同时底边同顶边一同转动，并且可以转动到与竖边成一条直线的位置。

高尔夫球挥杆中双臂的长度明显大于肩的宽度及握球杆的两手间的宽度，因此，高尔夫球挥杆下杆过程其实就是近似于上述平行四边形机构整体转动和两竖边错动这两个变形过程的叠加（见图1-3-20）。

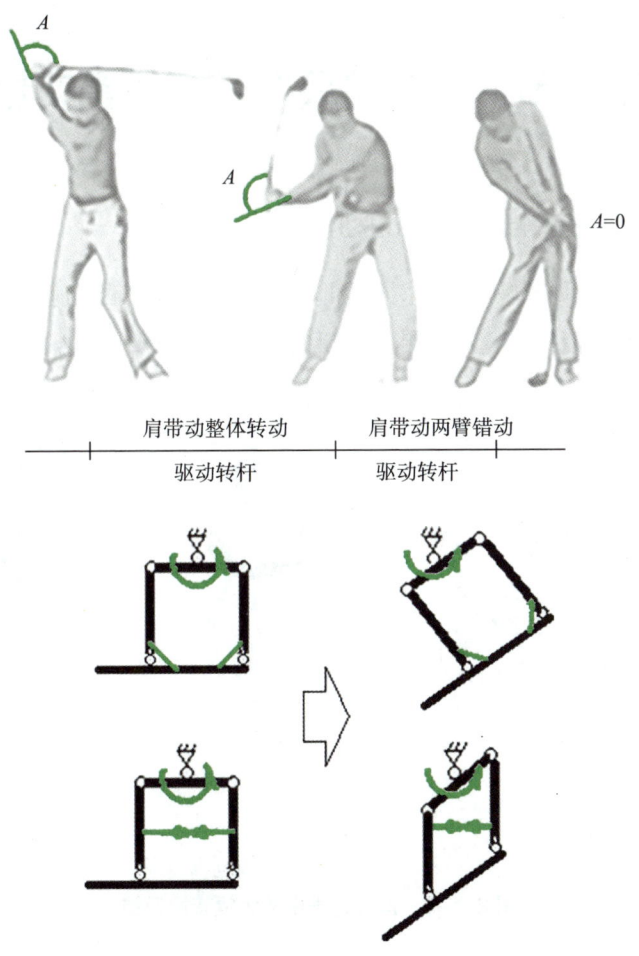

图1-3-20　高尔夫球下杆过程的近似对比

第二章 躯干如何产生强力的扭转驱动

第一节 上杆阶段为下杆积蓄力量

一、使肩轴大幅度旋转的动作顺序

在高尔夫球挥杆过程中，球员躯干直立时，为使肩轴快速向左旋转会本能地先向右水平扭转身体，然后再大力扭向左边（见图2-1-1(c)）。这应该是多数人的习惯动作。

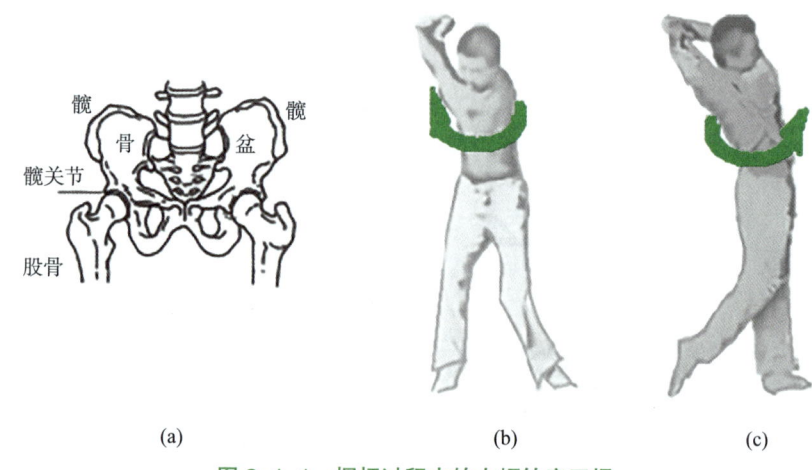

图 2-1-1 挥杆过程中的大幅转肩习惯

仔细观察此运动过程，可以看出一些规律：身体最好先从下至上向右扭曲，重心向右后移动并拖动髋部右转（见图 2-1-1(b)），之后是躯干的依次扭转；然后，下肢向左转并拖动髋部自然左转，这时可以感觉到躯干和上肢被反向扭曲；以立稳的髋部为基础，同时斜向收缩后背肌群及前胸和腹部肌群。至此，身体全部收缩肌群的作用使肩轴产生了最强力的左转。这是最轻松、最理想的身体水平转动发力的方式和结果。

如果挥杆时球员直立的躯干向前弓曲，按照上面的规律照样可以通过躯干的扭转使肩轴产生最大幅的左转。只是这种情况下肩轴的转动平面不再水平，而是向前倾斜。另外，因为脊椎的屈曲，头部必然前伸，同时为了保持身体前后的平衡，臀部会自然后翘（见图 2-1-2）。

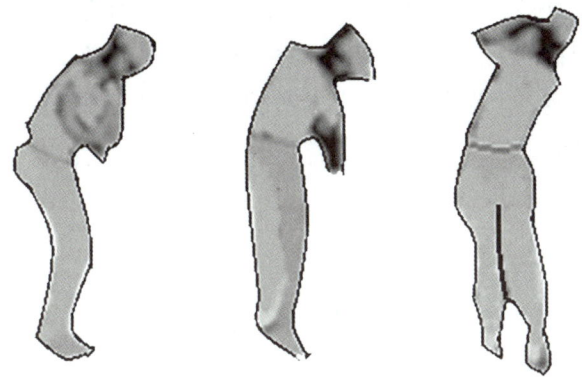

图 2-1-2　躯干向前弓曲时的大幅转肩

挥杆动作与躯干向前时的扭转不同之处就是上肢需带动球杆转动，而躯干驱动肩轴转动的原理二者完全一样。所以，球员可以参照和体会日常生活动作或其他运动项目，如舞蹈[①]中常见的躯干向前情况下快速转动肩轴的用力方式和节奏，进而了解并掌握高尔夫球挥杆的身体用力方式和节奏。

二、上杆阶段身体扭转的动作顺序

上杆看起来是将球杆举高，其实更重要的是身体扭转。

上杆过程中身体向右扭转，这种扭转先是身体重心右移至右脚支撑面以内，形成以右膝内侧为轴线的平衡转动体；然后，由右腿右转收缩肌群的收缩

---

① 黎吉权.体育舞蹈在高尔夫技术教学中的应用研究［J］.体育科技文献通报，2013，21（07）：11-12.

和左腿弯折推动形成下肢和髋部向右转动；再由躯干右转收缩肌群的向下和沿躯干周边顺时针方向收缩形成躯干的右转。

躯干右转收缩肌群收缩主要是躯干前部肌群向下并沿躯干周边顺时针方向的收缩，以及躯干后背肌群向下并沿躯干周边顺时针方向的收缩（如图2-1-3中粗线所示）。

躯干区块中的肌群具有在两交叉对角线方向交替收缩和伸展的特性。躯干外表肌群的向下并顺时针方向收缩，会同时使与之垂直的外表肌群被向上和向逆时针方向伸展。躯干肌群向上伸展是因为躯干上方才有伸展空间。就挥杆动作而言，上杆到顶点后，躯干前部的肌群被向上、向右伸展，躯干后背肌群同时被向上、向左伸展（如图2-1-3中细线所示）。这就为后续下杆左转阶段的躯干左转收缩肌群的大力收缩做好了准备，即为下杆积蓄了力量。这时的身体犹如一条下端固定、上端发力并向右旋拧紧的毛巾，具有了向左回弹反转的能力（见图2-1-4）。

图2-1-3 上杆后的躯干肌群状况

图2-1-4 被拧紧的毛巾上端的反转趋势

三、上杆过程的动作要点

1. 右膝基本保持预备姿势的位置

上杆过程实际是身体自下而上的向右扭转。在躯干右扭时，右腿作为下部的主要支撑必然会被带动右扭和右移。但由于下杆的时间非常短，且是从下部开始，如果右腿右移过多就会造成身体重心移出右脚支撑面，在下杆阶段下肢就来不及快速回转，更无法快速利用下肢扭转躯干，当然也来不及在躯干反向扭转前再建立起稳定的下肢支撑。因此，在上杆的后期，右腿肌群要些许向左侧发力，保持坚挺，顶住右膝（如图 2-1-5(b) 所示）。这不仅不会限制右腿的转动，还可以对抗躯干扭转对右腿的带动作用，能保证右腿上杆过程中不会发生大范围的侧移。借助于此，在上杆完成、左肩转动到位、后续下杆开始前，右髋相对右肩已有向左的错位，下肢已有相对超前的左扭，这对后续下杆前期下肢主动扭转躯干非常重要。

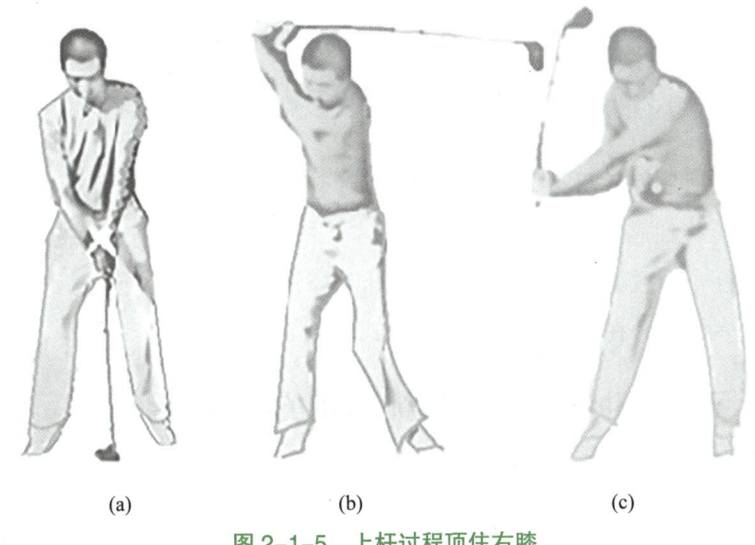

(a)   (b)   (c)

图 2-1-5　上杆过程顶住右膝

2. 胸椎段要保持预备姿势的位置和向前的倾斜角度

为增大上杆幅度，初学者在上杆时容易发生胸椎的偏移。

保持住胸椎在预备姿势的位置和倾斜角度，能使肩轴的转动中心和转动平面不变，进而保证身体重心向右的偏移有限且有序，还能保证在上杆顶点时身体的重心落在右脚内。

3. 放松躯干左转肌群，使肩轴右转幅度超过 90°

上杆转肩的幅度越大，下杆时躯干的扭转驱动也越大；反之，如果上杆转肩没有超过 90°，躯干扭转幅度不够，将致使左上臂的上举和后倾受到下颌和胸部的阻挡进而只能上举到水平的位置，而且，这种转肩和手臂上杆不到位还不易被察觉。所以，想要大力挥杆，肩轴就至少要右转 90°（见前图 2-1-5(b)）。

如前文所述，在上杆的躯干右转阶段，通过放松躯干左转驱动肌群的方式能够使左肩轻松右转。

第二节　下杆前期的下肢驱动

我们将下杆驱动分为前期和后期两个阶段。下杆前期是身体重力和下肢驱动带来转髋、上肢的转动以及使躯干加大扭转变形；下杆后期主要是躯干肌群收缩以驱动躯干加速转动及上肢下杆。本节将主要讨论下杆前期身体重力和身体下肢的驱动。

下肢驱动是为后期的躯干驱动做准备，该过程主要有三个作用：一是将身体的重心转移到靠向左脚，为身体爆发式下杆做好平衡准备；二是带动躯干、上肢及球杆，形成初始转动；三是使躯干在下肢转动的作用下进一步扭曲，从而储存更多能量，在下杆后期产生爆发式转动。

一、下肢驱动过程中身体重心移动的平衡作用

球员在进行幅度较小的身体扭转时，可以两腿间的中心线为轴转动；而要想进行大幅度扭转，则只能以一侧腿为轴且需身体重心移向这条腿，即由它承重，另一边则推着身体绕这条轴转动。高尔夫球挥杆动作也需遵循这样的规律：上杆时，身体需右转，那么身体重心要先向右腿移动，以便上杆更顺畅；下杆时，身体的重心则要先移到左腿，以便支撑住大幅度、快速度的身体左转。

1. 上下杆过程中身体受到的作用力及其作用效果

在挥杆过程中，身体要驱动球杆上杆和下杆。身体和球杆受到的作用力主要是身体的重力和球杆重力，以及身体、球杆高速转动时的离心力和杆头被切向加速时对球杆的惯性力。

上杆过程因为球杆转动速度小，各种力对挥杆上杆动作的影响不大。相比而言，杆头重力对上下杆的影响相对较小，可以忽略不计。

第二章 躯干如何产生强力的扭转驱动

惯性力是因为物体具有保持静止或匀速直线运动状态不变的性质,当物体受力于另一物体而加速运动时,被加速运动的物体会反作用于使之加速运动的物体,施力驱动的物体受到的反作用力就是被加速运动物体施与的惯性力(如图 2-2-1(b) 所示)。球杆使杆头加速转动时,被加速的杆头对连接处的球杆会有惯性力的作用,杆头切向惯性力的作用足以使球杆弯曲(如图 2-2-1(a) 所示)。同样道理,躯干加速转动时对稳固的下肢也有惯性力的作用,如果此时下肢支撑不稳,这个力也会使身体失稳倾倒。所以,在分析物体的加速运动时,不能忽视物体惯性力的影响。

根据物理学原理,杆头离心力大小与杆头质量成正比、与杆头的转动半径成正比、与球杆转动角速度的平方成正比,离心力作用在杆头上,朝着离开转动中心的方向。同样,杆头切向惯性力大小与杆头切向加速度成正比,与杆头质量成正比,作用在杆头上,方向与杆头切向加速度方向相反。下杆过程中,球杆的转速由小到大,击球前球杆的转速最大,杆头的离心力和切向惯性力也随球杆转速的增加而由小到击球前骤然增大。此时,在竖向,球员左脚能够感受到杆头离心力、切向惯性力的产生,以及上身加速转动时惯性力的强大冲击;同时在横向,这些力对肩轴的拉动足以使身体向作用力方向倾倒(如图 2-2-1(a) 所示)。

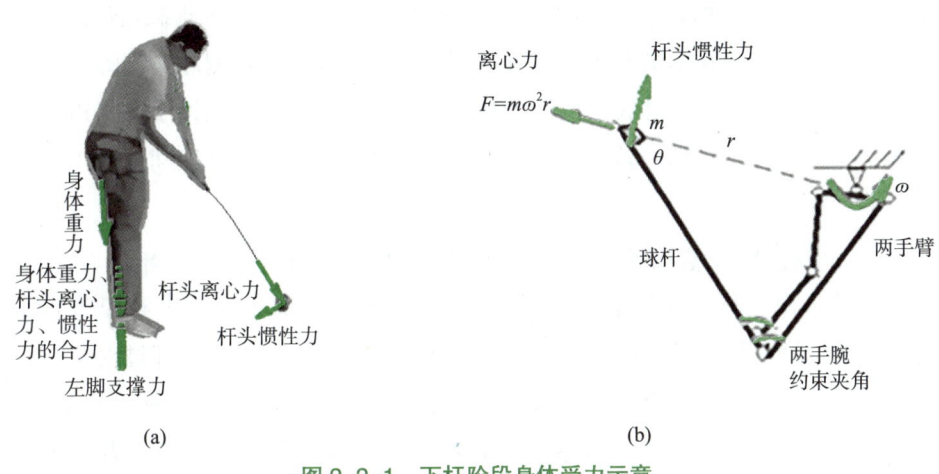

图 2-2-1 下杆阶段身体受力示意

2. 杆头离心力及切向惯性力对支撑腿的冲击越大越好

杆头击球时,球杆的转速越大,击球的距离越远。因为杆头离心力的大小与球杆转速的平方成正比，杆头在击球时的转速越大，杆头离心力和切向惯性力也必然越大。

在挥杆下杆过程中，高速运动的球杆会受到的强大离心力和切向惯性力的作用，如果身体平衡性好，这些力会相继通过手臂和躯干传导并影响到支撑身体的左腿。因此，球员的左脚后外侧会明显感受到强大的力量冲击。

如果身体平衡性不好，强大的杆头离心力和切向惯性力的拉扯会使身体向这些力的合力方向倾倒。为了保持身体的稳定，很多业余球员会本能地降低球杆击球前的转速，从而减少离心力和切向惯性力向身体前下方的拉扯，这对保持身体的稳定确实立竿见影，但杆头击球的距离也会因球杆转速不够而必然大幅缩短，球员的实际击球距离也会因为球杆转速的减小而比其体能可以达到的距离缩短。同时，由于离心力和切向惯性力减小，其对左腿的冲击力也不会很大，所以很多击球距离短的业余球员可能没有体验过这种离心力和惯性力对身体支撑腿的强大冲击力。

由此可见，身体驱动球杆快速转动时，支撑身体的左腿受到的冲击力强弱程度，也是检验一个球员挥杆驱动有效性的判断标准之一：如果左腿能够感受到这些离心力及切向惯性力带来的强大冲击，说明球杆转速快，击球力量必然强大；如果左腿没有受到这些离心力及切向惯性力的强大冲击，说明球杆转速慢、击球力量小，可以通过加大球杆的转速并改善左腿的支撑方式来提高击球距离。

为此，有教练在学员左脚下放置足部压力测量仪，以检测球员左脚在下杆过程中是否明显受到足够大的离心力和切向惯性力的冲击。如果没有测到压力变化，则说明杆头受到的转动加速还不够，球员也因此可以意识到自己还有打远的潜力未发挥。

3. 利用身体重心转移保持身体在挥杆时的动态平衡

在基本由左腿支撑的下杆后期，既要使杆头有强大的离心力和切向惯性力，又要保证身体在竖向的平衡。根据物体平衡原理，必须在下杆过程及击球时使作用在身体上的这些力与身体重力的合力通过支撑整个身体重量的左脚，这个合力应该如前图 2-2-1 中左腿上虚线所示。因为最大杆头离心力和切向惯性力的合力作用在身体的右前侧并指向右下方，要保持身体的平衡，必须使身体的重力压在左脚的左后侧，即使身体重心移向左脚左后侧。

此外，由于球杆下杆的过程非常短暂，身体60%的重量移向左脚的左后外侧动作必须在下杆前期完成。这和我们双脚站立时弯腰上提重物之前要先将身体重心后移的原理一样。

与下杆过程同样的道理，上杆过程身体重心要移向身体右脚。由于上杆过程球杆的转动速度要慢很多，杆头的离心力和切向惯性力不大，因此上杆阶段身体的平衡更容易保证。

二、下肢驱动过程中重心移动和左腿后蹬的驱动

我们日常生活中的转髋动作都会伴随着重心转移。但挥杆过程中的转髋因为要带动球杆加速转动，其转髋用力与日常生活中简单的转髋用力是有区别的。

1. 下肢顶推转髋的过程

在下肢转髋过程中，下肢的转动可分解为膝关节和髋关节两部分的依次运动，它们的运动顺序是先下后上，即先膝后髋。两腿膝关节的转动顺序则是先左膝启动，而后是右膝随动；髋转动时，应该是先髋部左侧启动而后是髋部右侧随动。

如果把左膝、右膝、髋部左侧、髋部右侧分别编号为 1、2、3、4，如图 2-2-2(b) 所示，在下杆前期，膝髋基本按照 1→2→3→4 的顺序依次启动并移动到位。

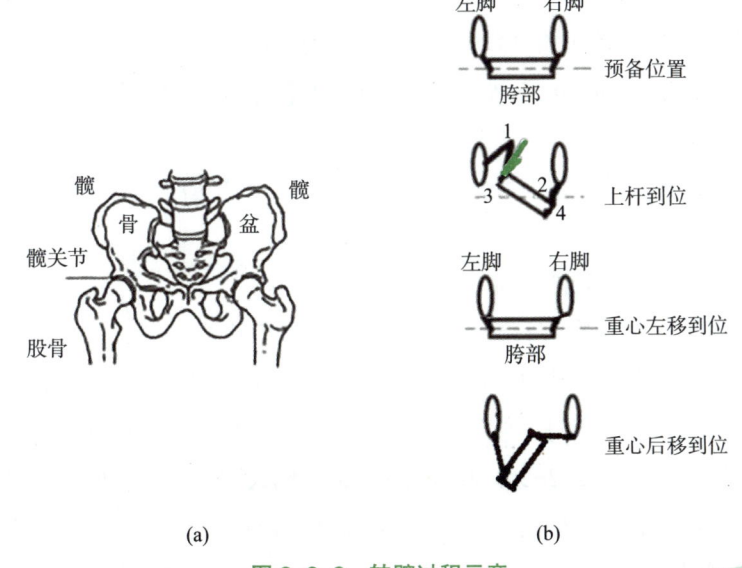

图 2-2-2　转髋过程示意

2. 两膝左移首次使身体重心移动

由于球杆要从右边向下转动，杆头下落过程中产生的转动离心力首先是向右作用的，如图 2-2-3(b) 和 (c) 所示。为保证这个作用阶段杆头离心力作用下的身体平衡，身体重心要先移向身体左侧。

两膝因为离地面近，运动幅度有限，所以下杆前期首先启动两膝移动是容易的。而且，实际上那些挥杆高手们往往上杆还没完全到顶，两膝的左移就已经开始，也就是身体重心的左移就已经开始，这显然会随着球杆后续上杆到位的惯性作用而增加身体躯干的扭转幅度及其扭转蓄力。

需要注意的是，两膝左移的过程中，右膝基本撑直，但左膝转为向前屈膝。左膝此时屈膝的保持是左腿下一步后蹬驱动力度和幅度的保证。

不仅如此，那些职业球员或业余高手还会在此增加左腿向前屈膝的幅度，也就是增加左膝的下蹲。这在后续左腿向后大力蹬直时会增加左髋向后向上移动的幅度和速度，从而增加后续躯干的驱动扭转幅度和速度。

由于上杆阶段右腿的右移是受到限制的，两腿前期的右移量有限，下杆驱动开始时通过身体重心左移意识和右腿的反弹，两膝左移能够较容易完成。这是下肢的第一次驱动。

由此，在小腿的推动下，两腿左移后身体承受重量的分布从右腿多左腿少的状况随之转换为左腿承重约 60%、右腿承重约 40%。需要注意的是，此时左腿承受的 60% 身体重量并没完全落在左脚的后侧。

3. 用左腿的大力后蹬和身体右侧重力下压使髋部大幅左转

由于球杆转动击球前要快速转过身体的正前方，更大的杆头离心力要经过正前方。为保证身体后续驱动过程的力量平衡，身体重心显然还需继续向左脚后侧转移。

（1）髋部大幅左转的产生

当身体重心第一次转移到位即身体 60% 重量转至左脚后，右腿自动减少对右侧身体的支撑，由此身体躯干自动转为主要由左腿支撑。同时，失去右腿有力支撑的大部分右侧身体躯干重力以及伸展于右侧的手臂和球杆重力仍会有下压驱动作用。如图 2-2-3(b) 和 (c) 所示，右侧大腿内侧垂直向下的箭头表示受到斜向支撑的右侧身体的重力，右侧小腿侧斜向上的箭头表示右腿斜向支撑力，左腿侧斜向箭头为左腿向后的蹬力，图中黑虚线所示为左腿支撑下正面方向和背面方向所见的躯干转动的轴线。图 2-2-3(a) 为图 2-2-3(b) 和 (c) 的身体髋部及以下部分的简化受力平面示意图。

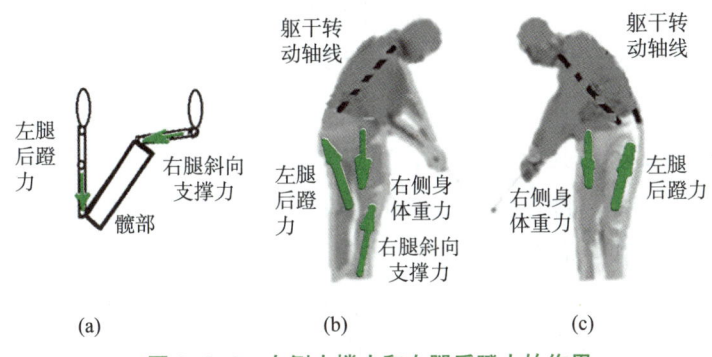

图 2-2-3　右侧支撑力和左腿后蹬力的作用

下沉并撑向左侧的右腿受到右脚地面的阻挡会对右髋产生持续的向左顶推作用。虽然右腿这个顶推力并不大，但是这个顶推力的作用线离上述躯干转动轴线有较远的距离，根据杠杆原理，它对躯干绕上述躯干转动轴的转动作用仍然是非常明显的。而且，右腿向水平的斜度越大，右腿顶推力对右髋向左的顶推驱动作用越大。右腿这种向左的斜向顶推在下杆后期即后续身体躯干扭转驱动阶段还将有效顶住后述躯干扭转时对身体下盘的反转作用。为了提高右腿斜向支撑力的斜度，进而提高右腿斜向顶推的上述转动效应，两脚的净间距应不小于肩宽。

在身体右侧重力及右腿这个斜向顶推力共同作用的过程，已经蓄势待发的左腿会同时向后向上大力蹬，以使身体的左髋往后往上快速和最大幅度移动，也使左腿受到的 60% 身体重力再移向左脚后外侧。左髋同时也为受到右腿顶推的右髋让出了往左的空间，使右髋向左转到眼睛下方（见上图 2-2-3(a) 和 (c)）。由于这样的左腿后蹬力很大，其对左髋部后蹬和上顶的转动效应显著，也就是对躯干下部的转动效应显著。这个转动效应不亚于后续躯干扭转驱动的转动效应。因此，左腿的这一大力后蹬和右腿的左顶在身体驱动中的作用同样是非常关键的。

左腿的大力后蹬和右腿的左顶使髋部完成了大幅的左转和身体重心向左脚后外侧的转移。由此从正前方可以看到身体外形右前侧产生明显的凹陷和左后侧产生明显的凸出。这是右髋左移和左髋后移的结果，整个髋部的最大幅左转和左髋的上提完成，见上图 2-2-3(a)。

（2）转胯过程中限制左髋的大幅度左移

下肢转髋过程中左髋的最大左移，也就是目标方向的移动，要受到限制。如果左髋偏左太多，躯干向左弯曲的量随之增加，而躯干受到扭曲的增加量则会减少，也就是躯干受到的扭曲程度会减少，转髋以及后续转肩的效果就会打折扣。

为此，如果两脚内侧与肩同宽，在整个下杆前期的转髋过程中，左髋不能超过左脚外侧，在下杆前期转髋完成时，左髋偏左不能超过左脚的内侧（如前图 2-2-2(b) 中 3 和 4 位置所示）。

4. 髋部大力左转时躯干左转肌群受到伸展

在髋部被下肢顶向左后侧的转动期间，随同身体转动且已位于身体右侧的球杆所具有的转动惯性会导致身体上部左肩随下身的转动迟滞，此时左臂及球杆受到旋转作用如前图 2-2-3(b) 和 (c) 所示。特别是在保持左臂与球杆夹角不变状态时球杆被带向身体最右侧期间，这种迟滞作用达到更大，球员可以同时明显感觉到靠近左臂和球杆的左肩后侧左转肌群受到拉伸和左肩左转的滞后。

在下肢驱动过程中，虽然躯干肩轴转动受下方髋部转动的推动会得到一些加速，但是，肩轴转动的加速与髋部转动的加速是不同步的。

在髋部左转期间，身体躯干的左转肌群是不应该启动收缩驱动的，这些肌群反而应该得到更多的伸展。为了使躯干左转肌群在此阶段得到更多的伸展，球员此时应该有意放松躯干左转肌群。

观察一些职业球员以及业余高手挥杆下杆的过程，我们可以看到，他们上身转动往往有一段明显滞后于下肢的转动，然后才是上身更大的爆发式驱动，这才是正常的挥杆驱动节奏。而一般业余球员通常是髋部左转的幅度和速度不够，又不能同期放松躯干左转肌群，自然不会有躯干先相对髋部的滞后转动以及之后的爆发式转动的节奏。

通常情况下球员对于下杆前期通过左脚的后蹬增加躯干下部的左转是很明确的，而且转动效果也是明显的，而对于在此基础上继续伸展躯干左转肌群往往容易忽视，或难以操控。为此，在下杆前期，也可以直接用下盘拉伸躯干左转肌群的目的和意识进行髋部的左转驱动，由此，在这一过程中会容易继续伸展躯干的左转肌群，同时又会自动完成髋部的左转。

5. 转髋到位的标准及重心转移的有效途径

由前面的分析可知，从外观看去，转髋到位的标准是，左髋已转向左脚内侧后上方，右大腿根部转过眼睛正下方。从驱动作用考虑，转髋到位的标准是，身体重心已移向左脚后外侧，髋部左转幅度达到最大，右腿能够有效顶住髋部后期的反转。

对于如何完成转髋到位，有一种比较流行的说法就是身体重心的直线转移，即转髋启动时将上杆后靠右侧的身体重心沿直线直接移向左脚后外侧。比较前面所述重心转移的方式，即重心先转移到左脚，然后再转移到左脚后外侧，这种重心直线转移一步到位似乎更便捷、更高效。

其实下肢驱动的目的不是简单的移动髋部，不仅仅是使整个髋部随身体重心便捷移动（也称随重心平行移动身体，可能没有髋部的转动或只有小幅度转动），以达到后续身体运动的平衡，更重要的还有使髋部有足够大幅度的转动。挥杆击球最需要的就是杆头的动能，只有通过转髋和后续上身扭转的驱动，身体躯干外围的杆-臂系统才能在转髋过程中获得更多的转动动能。这样的身体转动加速过程当然不是越短越好，而应是加速幅度越大越好。

另外，在前述髋部转动加力过程中，重心经过第一次转移到达左脚这侧的位置后，上杆阶段斜向右侧的左腿被摆正，摆正的左腿在下一步后蹬产生的后推力量要远大于偏右的左腿产生的后蹬力量。由此，左腿后蹬对左髋的推动力量和右侧身体的下压对右髋的推动力量都达到了最大，这些作用能使髋部得到最大幅度的左转。所以重心转移不能走捷径，前述髋部分两步的运动才是高效的下肢驱动途径。

由此可见，判断转髋到位的标准不仅仅是身体60%的重量平移到左腿的后外侧，还必须有髋部转动的幅度，即右腿根部左移至少到达眼睛的正下方。上述标准的后者是多数业余球员未曾注意过的门槛，也是这些球员改善挥杆效果的有效途径之一。

另外前面分析过，挥杆成功击打时，左腿在球杆击球时会受到一阵强烈的冲击，这是球杆高速转动时杆头的离心力和切向惯性力对支撑腿的冲击。这种冲击情况比重心转移到左脚后外侧要明显得多。如果挥杆击打时支撑身体重量的左腿没有感受到上身传来的强烈冲击，基本原因也是下杆前期转髋不到位，身体重心还没有完全移向左脚的后外侧。尽管左腿是否受到强烈冲击的判断对及时改进当次的挥杆效果已经无济于事，但这种左脚没有受到强烈冲击的感觉，能够帮助球员判断挥杆失误的最大可能就是重心没有及时转向左脚后外侧。为此，球员可以有针对性地进行练习，找到身体重心转移向左脚后外侧的感觉，以在下杆前期实现身体重心的正确转移。

在球员感觉到身体重心已经被成功转移向左脚后外侧时，左腿并不一定是完全撑直的。对于经过体能训练腿部强壮的球员而言，这时的左腿还是可以有一定程度的弯折。这种一定程度的弯折可以使左腿在后续躯干驱动时，通过向后蹬转、大力挺直而增加左髋的后转和左上臂向上拉动的强度并由此增加击球距离。像泰格·伍兹就是在击球瞬间之前通过大力蹬直左腿从而额外增加20码开球距离[1]。还有那些著名的日韩高尔夫球运动员，他们都会利用强壮的下肢在击球之前通过左腿的大力挺直来增加击球距离。

三、下杆前期增大躯干扭转变形的作用

1. 转髋以及躯干随动的作用

转髋以及躯干随动的完成对躯干起到四个作用：一是使身体的重心移动到左后侧，为后期大力下杆提供了动态平衡基础；二是驱动了躯干和上肢的整体转动，增加了手臂和球杆的动能；三是使髋部和肩轴进一步错位扭转，也就是使上杆阶段已受到伸展的左转收缩肌群受到进一步伸展，增加了躯干的扭转回弹势能；四是左臀后凸之后，从身体左侧能感觉到躯干扭转轴线向左后伸展，轴线前倾的调节更自如，从而使下个阶段躯干被扭转的长度增加，并且使扭转施力平面更容易调节到接近肩、臂、杆、球构成的有效击球的标准挥杆平面。由此，大腿肌群的力量被最高效地转化为了躯干的扭转势能和由躯干、上肢、球杆组成的系统动能。这些都为后续躯干的爆发式用力挥杆提供了最好的能量储备。

2. 下杆前期尽量增大躯干扭转变形的作用

在下杆前期，前述转髋增加的躯干扭转势能和增加由躯干、上肢、球杆组成的系统总动能有此消彼长的关系。躯干被下肢反转所产生的扭曲越大，躯干中被拉伸肌群的回弹势能就会增加得多。与此同时，躯干、手臂和球杆的跟进速度会减慢，由此带来这期间的运动延迟现象以及躯干、手臂和球杆的动能增

---

[1] 泰格·伍兹.我怎样打高尔夫[M].王成,译.北京：人民体育出版社,2010：173.

量的减少；反之，躯干因下肢的反转产生的扭曲越小，期间躯干中被拉伸肌群增加的回弹势能就会增加得小，同时，躯干、手臂和球杆的跟进速度会加快，由此带来这期间躯干、手臂和球杆的动能增量的增大。

虽然下杆前期完成后，躯干、上肢、球杆的总扭转势能和总动能可以此消彼长，但下杆前期躯干的扭曲变形越大，下杆后期球杆转动就能够得到更多的加速。

因为杆头击球的时间太短，要想将球击远，必须要尽量加大杆头速度。为此，只有通过左肩的后缩与右肩的前推所形成的肩轴转动以及下杆后期双臂的上下错动，球杆的转动才能得到迅速地加速，杆头才能得到最大的击打速度。但是，由于球杆与躯干并不直接相连，中间是通过手臂这个中介连接的，在下杆前期手臂和球杆还没有从上杆到顶的位置转动到位，即球杆还在双平面挥杆的较平的平面，过早地加速转杆显然不能保证"杆－臂"正常进入后续较陡的后续挥杆平面，结果就是打不到球。而下杆前期尽量增大躯干扭曲，既能留出"杆－臂"在下杆前期的转动时长，又能增加躯干肌肉弹性势能的储备，这些增加的弹性势能在下杆后期的释放则能加速此时躯干上肩轴的转动以及手臂对球杆的转动。

如前所述，下杆前期要利用手臂和球杆的上举惯性，使已经右转扭曲到极限的躯干获得更大的扭曲。此时，显然躯干右转肌群本身已经不能再继续收缩进而伸展左转肌群，但下肢的左转配合手臂和球杆的上举惯性可以进一步拉伸躯干的左转肌群（见图 2-2-4(b)）。左转肌群由此新增的伸展，也就是躯干肌群向下和逆时针方向的新增伸展，自然带来躯干扭曲程度的增加和外观所见肩轴相对下肢转动的滞后，这正是我们所需要的下杆前期的躯干延迟释放。

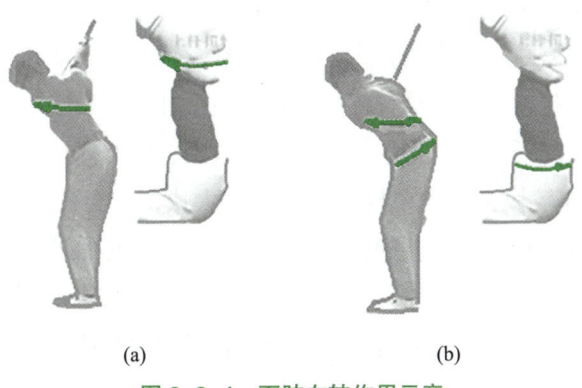

(a)   (b)

图 2-2-4　下肢左转作用示意

由于下杆前期躯干的扭曲变形越大，下杆后期球杆转动能够得到更多的加速，所以下杆前期尽量增加躯干的扭曲变形才是挥杆真正需要的。

四、下肢驱动速度不能太快的原因

下杆前期，即髋部转动带动躯干随动的过程中，转髋过快是业余球员最常见、最易犯的错误，而且还不易被察觉。特别是见到同组球员拥有远距离开球后想追赶和模仿，或者想通过远距离击球越过障碍区时，很多业余球员下杆时会不由自主地加快转髋，结果往往是转髋过快，随之躯干启动发力扭转也过快，导致下杆时转髋无法及时到位，最终打出右曲球。身体重心转移没到位就开始躯干驱动下杆，是业余球员最常见、最难克服的问题，这是典型的"欲速则不达"。

下杆前期必须完成重心转移到左脚左后侧的过程。如前所述，这个过程实际由两步构成，即：两膝左移使身体髋部水平左移；左腿的后蹬和身体右侧重力作用使髋部大幅左转。

由此可见，下杆前期下肢驱动的速度不可能太快。因为下肢作为驱动体的体量相对被驱动体（躯干、上肢、球杆体系）的总体量而言并不大，没有经过体能训练的球员下肢肌群更不具备职业球员快速驱动躯干和球杆的能力。换言之，在下杆前期阶段，下肢这匹"小马"不能随心所欲地快速驱动"躯干"这辆大车。如果下肢驱动过快，就犹如前文所述，一个人想要去快速踢动一个铁球，是无济于事的。如果下肢驱动过快，球员还能自我感觉到快，那不是躯干真的被快速驱动，而是腿部弯曲产生的补偿，使人产生快速驱动的错觉，其结果必然是失误。

另外，后面一章将要介绍，为了增大"杆－臂"的转动幅度，现在多数球员采用双平面挥杆模式。在这种挥杆模式中，下杆开始后球杆和左手臂构成的挥杆平面要从下杆开始的较平的挥杆平面过渡到较陡的挥杆平面。下杆前期的下肢驱动中转髋较快会带动"杆－臂"下落太快，这会使得"杆－臂"不能平顺地由较平的挥杆平面调整到标准挥杆平面，由此必然带来后续挥杆击球方向的失控。

因此，下杆前期的驱动应运用类似于前述用脚推拨铁球的方式，即下肢保持适当的速度依次推动躯干转动，这样的驱动方式才最有效率。

当然，这并非指下杆前期髋的转动越慢越好，太慢则无法利用肩和球杆上杆右转运动的惯性使躯干新增扭曲，也无法使下杆后期躯干产生足够大的初始动能。不过，这种情况一般很少出现，即使出现了也不会给挥杆造成根本性的破坏。

下杆前期转髋的适宜速度因球员的身高、体能不同而不同，这需要球员自己感悟才能找准并确定。

对于下杆前期躯干驱动肌群提前释放的问题，可通过利用杆头离心力和保持躯干右转肌群收缩的办法克服。下文我们将对此进行讲解。

对于下杆前期右手肘关节或两手手腕提前释放的问题，可通过防止右手臂、右手腕提前释放的办法解决。这类问题的解决方法将在后面章节详细介绍。

五、如何利用下肢的左拧增加躯干的扭曲变形

1. 下肢左拧时的杆头离心力和惯性力及其作用

当一个物体受力绕一个位置转动时，这个物体同时也会产生对准转动中心的离心力。如图 2-2-5 所示，被牵着做圆周运动的小球对拉线有离心力的作用，这个离心力会使转动物体与转动中心的连线绷直，也使转动中心受拉。

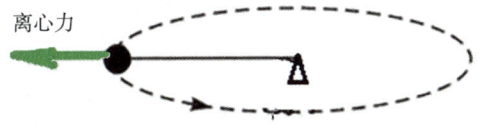

图 2-2-5　离心力的作用

当一个物体被另一个物体加速运动时，根据作用力与反作用力原理，被加速物体因惯性会对使其加速的物体产生反作用力，这个反作用力也被称为惯性力。例如当我们用手推动小车加速的时候，我们能感觉到小车对手有反作用力。这个反作用力就是小车当时的惯性力，而这个惯性力作用在推动车加速的手上。

在球杆和双臂随下肢转动这个过程中，被上肢和球杆所转动的杆头会对球杆端部产生径向的离心力和切向的惯性力的作用[①]。根据物理学原理，这个离

---

① 径向：即自圆心沿着半径放射的方向；切向：即在圆周上与半径垂直的方向。

心力作用在球杆的杆头位置，力的方向经过杆头和两肩中心的连线指向离心方向，力的大小与杆头质量成正比、与杆头到两肩中心的距离成正比、与肩轴转动的角速度的平方成正比（见图2-2-6(b)）。下杆前期"杆-臂"基本成整体随肩轴加速转动，杆头被加速而反作用在球杆上的惯性力同样会作用在球杆的杆头位置，力的方向基本垂直于杆头与两肩中心的连线（见图2-2-6(b)所示）。

下杆前期下肢通过躯干带动上肢左转，在转动的过程中，杆头离心力和惯性力会通过手臂传递至肩的端部，这里惯性力的作用方向和肩轴的转动方向是相反的（见图2-2-6(b)）。可见杆头离心力和惯性力的反向作用会迟滞肩轴由下部驱动所产生的转动（如图2-2-6(a)中上面箭头所示）。此处无须担心这种迟滞对挥杆作用的不良影响，后面将会介绍这种迟滞如何在后续时段带来更大的爆发式作用。

下杆前期下肢驱动时，球员是可以感受到杆头离心力和惯性力迟滞肩轴的转动并使躯干左转肌群继续受拉伸展的。例如，球员扭转身体用左臂单独下挥练习棒时，能明显感觉到下杆启动初始时左后背肌群受到的拉伸（见图2-2-6(c)）。

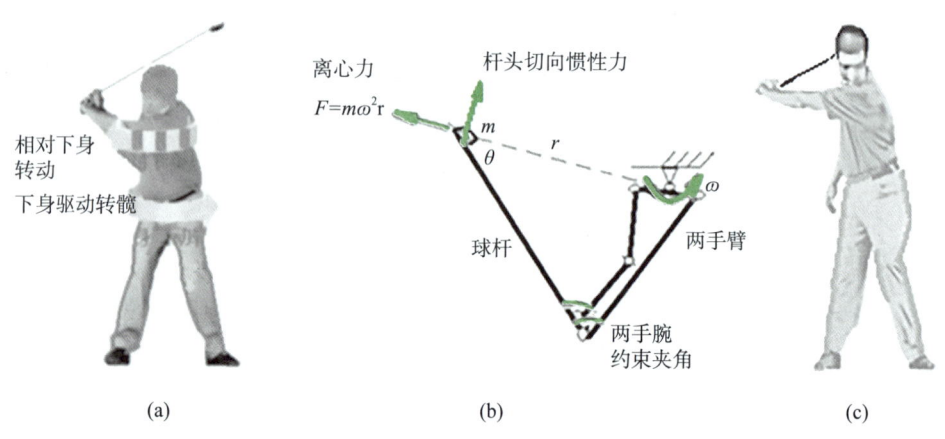

图2-2-6 杆头离心力、惯性力作用示意

2. 下杆前期上肢下肢对上部躯干的扭转方式

在下肢驱动身体髋部左移过程中，躯干的下部受到下肢的左向扭转（见图2-2-7(a)）。同时，又因头部保持稳定，如前文所述杆头离心力和惯性力的作用，会使躯干在肩轴部位受到上肢向右的迟滞扭转。

由于下肢对躯干的扭转驱动远大于上肢和球杆的迟滞作用,躯干会被下肢驱动而加速总体左转。同时,在上肢下肢的扭转作用下,躯干本身还会继续发生扭曲变形。如同用双手从上下同时反向拧毛巾一样(见图2-2-7(b)),这种用上肢下肢对躯干的扭转会自动拉伸躯干左转肌群,从而继续增加躯干的扭曲变形。

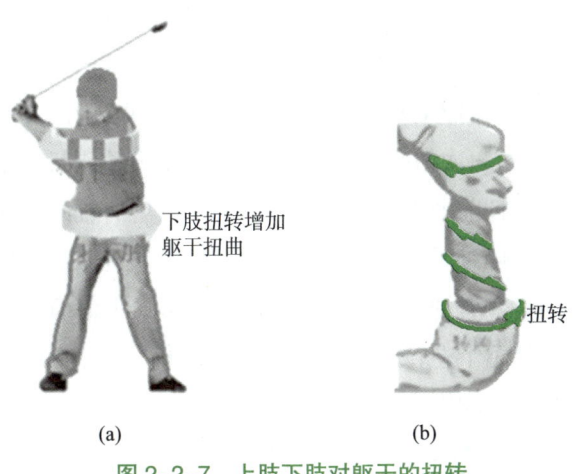

图2-2-7　上肢下肢对躯干的扭转

我们也可以将这种以下肢左拧为主增加躯干扭曲变形的方式称为"下肢左转增加躯干扭曲"。

下杆前期要利用好上肢及杆头离心力和惯性力从上方对躯干的拉伸,就要保持右肘关节的夹角以及右臂与球杆的夹角。对这个问题,在后面的章节再详细介绍。

3. 下杆前期躯干左转肌群的松紧对躯干左转幅度的影响

躯干两端受到前述扭转的过程中,要发生相对转动,躯干则会发生扭曲变形。躯干扭曲变形幅度的大小与下肢推动身体髋部转动的强度有关,与上肢及球杆随同转动的惯性大小有关,与躯干的刚柔程度有关。

当同一个球员挥动同一支球杆,并在同样的上杆幅度情况下,躯干的扭转幅度仍然可能有很大的差别。这种情况下影响躯干上下端扭转幅度的主要就是躯干抗扭转的刚柔度了。

例如,对上图2-2-7(b)所示两手所扭转的物体,如果被扭转物体是一条毛巾,则毛巾被扭转的幅度就大,两手之间的转动幅度也大;如果被扭转物体是一节木棒,则木棒被扭转的幅度就小,两手之间的转动幅度也小。可见抗扭转刚度小的物体被扭转的幅度大，抗扭转刚度大的物体被扭转的幅度小。

人体躯干外侧由肌群包裹，这些肌群可收紧也可松弛，同样驱动下，躯干外侧斜向肌肉的收缩和松弛程度，决定了躯干被扭转时的刚柔度。如前所述，躯干右转肌群的收缩能驱动肩轴右转完成上杆，肩轴左转肌群在下杆后期的收缩能驱使驱动肩轴左转完成下杆。而在下杆前期，下肢驱动向左扭转时，如果躯干左转肌群保持等长收缩，躯干的刚度就像不能变形的木棒的刚度，躯干上部肩轴会随同躯干同步转动；如果躯干左转肌群是松弛而可被伸展的，躯干的刚度就像可变形的毛巾，躯干会被再次扭曲变形，上部肩轴的转动会滞后下部髋的转动。

这就是我们在下杆前期下肢转髋阶段，为了延后肩轴的转动必须松弛躯干的左转肌群的原因。可以看到，在这个阶段，躯干左转肌群越松弛，则肩轴转动的延后越多。同时，肩轴转动滞后髋部转动越多，上面肩轴相对髋部的扭转增加就越多，也就是躯干左转肌群又被拉伸了越多。显然，这将使下杆后期躯干的驱动产生更强大的动力。

4. 下杆前期如何继续增加躯干左转肌群的伸展

上杆完成后，躯干的右转肌群已被收紧，左转肌群则已被伸展。在后续下肢驱动髋部左转过程中，再放松躯干的左转肌群，在上杆过程中已经被伸展的左转肌群会得到进一步的伸展。

由于上杆过程中躯干左转肌群已经被伸展，对初学者而言，下杆前期下肢的左转驱动会扰动躯干已被伸展的左转肌群，这也很容易造成躯干左转肌群的提前收缩进而导致挥杆的失误。

通常情况下，球员的意识可以直接驱动某个部位的肌肉收缩，却不能直接伸展肌肉，但能比较灵敏地感知肌肉受拉伸展的变化。建议初学者可以在下杆前期下肢驱动躯干向左转动的过程中，有意继续保持躯干右转肌群的收紧。因为躯干右转肌群基本与躯干左转肌群垂直，虽然不像上杆阶段那样继续直接收缩这些右转肌群，但后者的继续收缩可以限制躯干左转肌群在下杆前期的提前收缩，这样就可以避免初学者左转肌群受到扰动而提前启动收缩。

经过一定的练习后，下杆前期，球员在下部髋的左转和上肢及球杆滞后转动过程中，能够体验到躯干左转肌群放松并被进一步伸展的感觉。然后，球员就可以根据这种感觉，在下杆初期直接放松躯干左转肌群，从而使其在髋部左转时得到进一步伸展。

第二章 躯干如何产生强力的扭转驱动

左腿的大力后蹬推动到位之后,髋部从站位向左转动应达到 90° 左右,皮带扣朝向目标偏右的方向,双腿形成交错。不管左髋是否向左转动达到 90°,右腿根部至少要转至眼睛正下方,为躯干左转收缩肌群的爆发式收缩做好稳固支撑。

由此,下肢肌群的力量被最高效地转化为了躯干的动能和扭转势能。其中,躯干增加的扭转势能将为后续爆发式挥杆提供足够的能量储备。

这种下肢扭转的做功效率是最高的。对于大腿肌群强壮的球员而言,这种驱动方式能提高下肢肌群的发力效率,进而增大击球距离,这也是那些个头不高但下肢强壮的职业球员依然能打出很远击球距离的一个原因。

5. 寻找下肢向左扭转躯干并伸展躯干左转收缩肌群的感觉

下肢左扭躯干并拉伸躯干左转收缩肌群,是高尔夫球挥杆动作中最重要又最难掌握的要领之一,很多业余球员没有这种意识和感觉。

前文已经介绍过,球员左手单臂挥动练习棒时,能寻找下肢左拧躯干并拉伸躯干左转收缩肌群的感觉(见前图 2-2-6(c)),所以可尝试多做此练习寻找感觉。

在正常挥杆下杆前期,随着左腿向后的大力蹬转,球杆的惯性会使躯干产生新的扭曲。下杆左拧完成时,即身体重心转移到左脚后外侧以及右髋转过眼睛下方时,髋的移动量和转动量达到最大,也就是下肢对躯干的左拧幅度达到最大,而颈部基本保持不移动,所以此时躯干新增的扭转量由上而下在靠近髋部达到最大(如图 2-2-8(b) 所示)。球员由此感知到躯干左转收缩肌群被伸展达到最大,特别是身体后背左转收缩肌群被伸展最明显。

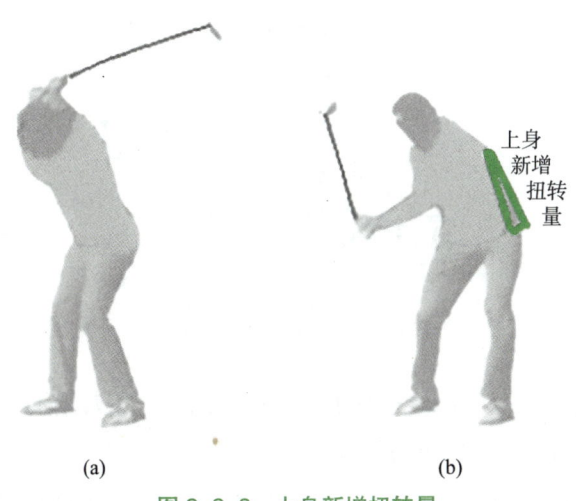

图 2-2-8 上身新增扭转量

正是下杆前期躯干左转收缩肌群的这种再次被伸展，造成了下杆时肩轴的转动滞后于髋部的转动，这就是我们看到的那些职业球员下杆过程中的转肩延迟现象。躯干左转收缩肌肉被伸展之后的大力收缩，又会使肩轴产生更快速的转动。正是因为肩轴的延迟转动，球员可以在下杆前期较为舒缓的驱动过程中瞄准击球位，并将"杆－臂"的运动调整到标准挥杆平面内，此后的挥杆其实就是"让子弹飞"了。

六、上杆时顶住右膝盖的预左拧作用

前面我们讲过，上杆时要顶住右膝盖，上杆完成后身体重心须落在右脚的内侧。从下杆前期下肢左拧躯干的作用，能够更清楚地了解这一要求的必要性。

上杆完成后身体重心要被限制在右脚的内侧，是为下肢在下杆前期的左拧做准备（见前图 2-2-8(a)），这相当于短跑采用的是蹲距式起跑，重心已前移、预先做好了下蹲起跑动作（见图 2-2-9）。如果上杆完成时身体重心未落在右脚内侧，犹如短跑时采用的是站立式起跑，这样起跑显然要滞后。百米短跑对起跑速度都要锱铢必较，对于用时更短的挥杆动作就更要注重下杆启动的速度了。如果上杆时右膝盖没有顶住，身体髋部来不及在躯干扭转前转移到位，结果是不仅后续的下肢扭转作用发挥不出来，躯干扭转的效果也会大为损耗。

图 2-2-9　下蹲式起跑预备动作

从前文的分析可以看出，这种下肢对躯干的预先扭转增加了躯干的扭转势能，它比增加躯干的转动动能更重要。

忽视"上杆时顶住右膝盖，以保证身体重心落在右脚内侧"的预左拧作用，

是很多业余球员击球距离不远的一个重要原因。

七、另需注意的动作要点

1. 做准备姿势时臀部要后翘

为保证启动转髋的左腿能够有力而大幅度地后蹬以推动转髋，准备姿势中臀部要后翘，两膝要有足够预弯曲（见图2-2-10）。下杆时，如果左髋转动幅度不够，一是大腿力量未能充分发挥，这会导致击球距离减少；二是躯干左转不够，这会导致击球方向偏右。当球员感觉下杆时髋部转动力量不够、幅度不大时，如果排除了转髋速度过快的原因，可以通过拍摄视频检查准备姿势时臀部后翘的幅度和膝盖的弯曲程度是否合适。

图2-2-10　臀部后翘

2. 颈部保持预备的位置和斜度

保持肩轴以脊椎上部为轴线的转动，脊椎上部不能随同髋部向左右、前后偏移和摆动。

躯干其实有多种运动方式可以带动手臂和球杆击球。例如，沿倾斜的脊椎单纯扭转躯干，或者依靠耸肩动作。

躯干拥有足够的长度及强壮的核心肌群，其绕脊椎转动的幅度大，则产生的力量也大，所以躯干绕脊椎的转动是带动手臂和球杆击球的最佳运动方式。扭转整个躯干所产生的转肩幅度是最大的。

耸肩是球员日常生活中非常熟悉和习惯的动作，初学者下杆时很容易做成扭转躯干与耸肩的混合动作。这是没有经过系统学习完全依靠本能和日常经验挥杆的结果。但是，耸肩动作会造成转肩动作幅度的受限，因此需要尽量避免。

要避免在上杆和下杆过程出现耸肩驱动，就要保持上杆和下杆前期脊椎不偏移准备姿势的位置，以及肩轴和左臂的转动平面垂直于脊椎（见图2-2-11）。

图2-2-11　肩轴及转动平面垂直于脊椎

3. 上下杆转换的要点

上杆时，动作宜按下肢、躯干、臂-杆的顺序依次转动到位。在躯干转动到位而臂-杆尚未到达顶点时，就应启动下肢对躯干的扭转，即所谓的"还未完成上杆就开始下杆"。

第三节　下杆后期的躯干驱动

躯干驱动是挥杆动作中最主要的驱动。也可以说，前面的所有动作都是为它做准备。

一、制动式"扇耳光"击打方式

前面我们已经讲解过"扇耳光"动作与高尔夫球挥杆动作的某些相似性，

本节我们将重点讲解制动式"扇耳光"动作中手腕相关肌群的驱动带给高尔夫球挥杆中躯干驱动的启示。了解这些动作原理会更容易理解和掌握躯干驱动方式。

1. 固定手臂情况下屈手掌的击打方式

固定手臂情况下转动手掌是最简单的扇耳光方式。首先，手腕背侧肌群收缩，使手掌向手背翻转，即"手掌伸"，同时手腕掌侧肌群被伸展；然后，再收缩手腕掌侧肌群，使手掌向掌心翻转，即"手掌屈"，实现"扇耳光"的动作（见图2-3-1）。

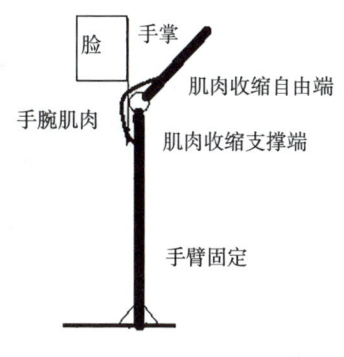

图2-3-1 固定手臂"扇耳光"

手腕掌侧肌群收缩（使手掌屈）的运动特点是：肌肉在前臂的支撑端位置始终不变，肌肉统一向手臂支撑端收缩，由此带动手掌快速转动扇耳光。由于前臂上肌肉支撑端的位置一直保持原位，驱动手掌屈的肌群或提前释放或适时释放，对击打效果都没有影响，手腕肌群的作用能得到全部发挥。

在这一过程中，当手掌相对前臂转动的时候，根据作用力与反作用力的关系，手掌同样会反作用于前臂，这个作用可以使前臂反转，使手掌屈的效果减小。但由于已经限制了前臂的反转，手掌屈的效果就能得到全部发挥。

固定手臂情况下屈手掌的方式只用到了手腕肌群，前臂肌群并未发力驱动，所以其效果也就有限。

2. 前臂与手掌协同驱动的制动式"扇耳光"击打方式

在此种"扇耳光"方式中，首先，前臂和手掌被转动到预备的位置，这时手腕掌侧肌群被最大幅度伸展（见图2-3-2(b)）；在手掌发力驱动之前，前臂先发力转动，在此过程中，手腕掌侧驱动肌群不会提前释放，反而会下意识伸展；只有在前臂上的手掌支撑端转动到接近目标位置时（见图2-3-2(a)），手腕相关肌群才向支撑端爆发式收缩，使手掌屈，从而迅速完成"扇耳光"动作。

在手掌被手腕肌群驱动击打时，上臂可以突然停止对前臂的向前驱动，同时还通过手臂外侧肌群的等长收缩限制前臂反转（见图2-3-2(a)）。这样，前臂就完成了之前的转动，同时在此基础上手腕肌群驱动手掌屈，形成对目标的强烈打击，这就是制动式"扇耳光"击打方式。

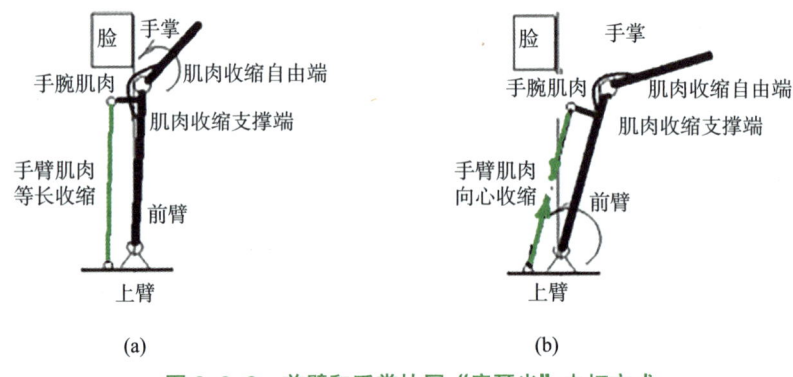

图2-3-2　前臂和手掌协同"扇耳光"击打方式

此种击打方式有以下特点：

（1）前臂前期转动的作用得到发挥，前臂后期的反转被前臂前期的转动惯性及其外侧肌群的等长收缩所限制；

（2）手腕肌群经过了两次伸展，手腕肌群的驱动作用也得到全部发挥；

（3）手掌击打时，前臂处于稳固状态，击打更精准。

高尔夫球挥杆的身体驱动过程中，下肢和髋的转动就如同制动式"扇耳光"中前臂的转动，躯干的驱动如同手腕肌肉的驱动，躯干顶端的肩轴如同手掌。相比于前臂和手掌联合"扇耳光"，挥杆动作中躯干的扭转效应更大，因此，如果下肢和髋由此受到的反转不被制动，躯干的驱动作用就会大幅度减少。综上，躯干驱动必须采用前述制动式"扇耳光"的驱动方式。尽管身体驱动挥杆的动作比"扇耳光"动作复杂得多，但基本原理是相似的。

二、躯干驱动时下肢的制动方式

下肢既是下杆前期下肢扭转的直接驱动部分，又是下杆后期躯干驱动的支撑部分。整体而言，下肢的驱动作用相对躯干驱动而言是次要的，但下肢的支撑作用却关系到躯干力量的发挥和方向的稳定。

当躯干驱动左臂爆发式拉动球杆转动时，根据作用力与反作用力定律，还在身体右侧的球杆也会反过来爆发式反向拉动躯干，如前文所述，这个反向拉动可能会使身体前倾或侧翻，这种现象如果在摩擦力非常小的冰面上发生是容易被理解的。为此，球员必须在躯干驱动扭转之前将60%身体重量转移到左脚左后部，并且在躯干驱动时身体仍应以左脚支撑为主。这样左侧身体的后续动态稳定才能得到保证。

然而，即使躯干驱动时身体做到了左脚支撑为主且未发生前倾或侧翻，相对单薄、柔软的下肢仍然可能会被球杆的反向拉力影响，造成髋部右转（见图2-3-3）。由于下肢在下杆前期向左转，这时髋部被拉向右转就是一种反转，此外，躯干对球杆的驱动用力越大，这种反转就越强烈。很多球员往往意识不到这种髋部的反转，以至于在大力挥杆时会击出右直球。这种情况下，躯干用力越大击出偏右球路的可能性就越大，而且能够看到地上的打痕也是向右。

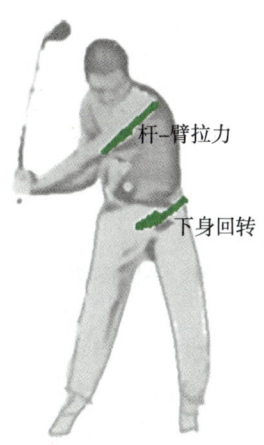

图2-3-3 躯干驱动时对髋部的左拉

挥杆过程中，躯干左转阶段因下肢支撑不稳而产生髋部回转，导致挥杆距离减小。如同前文所述的手拉两条飘浮的小船一样，不想拉动的船动了，想要拉动的船位移却减少了。挥杆时髋部回转的结果是杆头相对地面的速度降低，转动幅度减少，最后是击球距离减小。由于挥杆是一种转动，还会造成击球方向的偏右（对右手球员而言）。

想要减少躯干驱动效果的损失，就必须在躯干驱动的同时注意撑稳下肢。而要保证下肢撑稳，则需注意两个要点：①躯干驱动前将身体重心移动到左后侧；②躯干开始驱动时挺直挺硬下肢。

对此，可以做一个动作来体会下。球员从挥杆预备位做单纯的向左转髋动作，使皮带扣转向击球目标方向。这时，两腿形成交错状，左脚后外侧能明显感觉到压力，身体大部分重量由左腿支撑，同时髋部右侧受到右腿斜向支撑（见图 2-3-4(a)）。这种状况下，当躯干快速向左扭转，在身体重力和躯干扭转的反作用力作用下，若此时左右腿不再弯折而是挺直挺硬，则身体的重量基本由左腿支撑，而髋部的向右回转基本被右腿从侧向顶住，下肢被自动锁定。这样，下肢无须再费力气，就阻止了被推动向右回转。

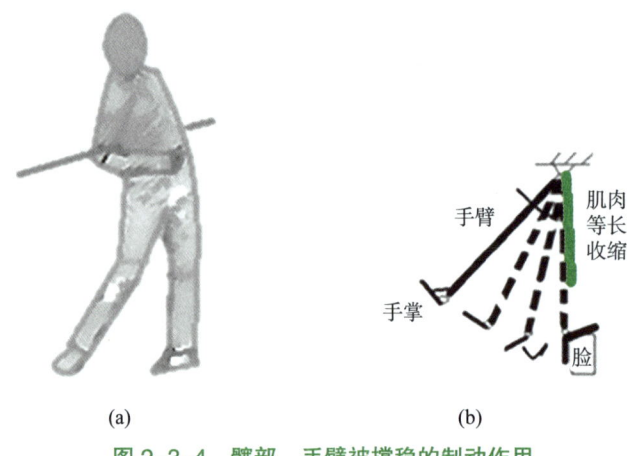

图 2-3-4　髋部、手臂被撑稳的制动作用

这种躯干驱动造成下身产生的回转被自动阻止的现象，就是体育界通常所说的"身体制动"。其实质是对身体某部分回转的制动。这一系列动作的原理与制动式"扇耳光"动作的原理相通。这里的转髋如同"扇耳光"的手臂转动（见图 2-3-4(b)）；躯干的扭转如同"扇耳光"的屈手掌；躯干扭转时交错的两腿挺直、挺硬，如同制动式"扇耳光"中屈手掌时前臂的坚挺支撑。这期间下肢的左转惯性也有制动作用，其如同"扇耳光"制动中手臂转动惯性的制

动作用，只是下肢左转惯性的制动作用相对较小而需要两腿挺直挺硬作用的加持。所以，也可把这种通过下肢制动来提高躯干驱动效应的挥杆方式称为"制动式挥杆"。

在身体重心移动到左后侧的时候，双腿虽然已经左转并形成交错但并未完全撑直；当躯干开始扭转时，双腿的挺直挺硬就是左腿向后上方撑，右腿大力向左压，这个动作可持续到躯干扭转完成。

此时，身体双腿的挺直挺硬不仅能阻止下肢和髋的回转，还能增加对躯干旋转的推动。此外，双腿挺直挺硬使得髋、膝周边的肌群受力更多，从而分担了关节软骨受到的冲击，同时还减小了关节后续的运动幅度，因而能减少双腿膝盖关节受到的伤害。这种对膝盖伤害的减少，也许正是动物进化"近端身体制动，以减少远端加速损耗"行为的本能。

我们平常的打球训练中就有过类似的动作。如，当我们在直立状态想要大力转动肩轴时会自然地先转动下肢，然后挺直挺硬下肢，再继续转动躯干。可以试着感受下这种发力方式。

三、躯干驱动的方式

1. 躯干的驱动

（1）躯干肌群收缩的驱动

在前述身体转髋完成之后，左髋已经成为上部躯干的主要支撑，经过上杆阶段、髋部的前期左移、髋部后期的大力左转，躯干左转肌群实际上已经经过三次伸展。躯干主要左转收缩肌群此刻可以顺势产生收缩，如图 2-3-5(c) 和 (d) 所示，其中：颈椎至左髋间的虚线所示为左腿支撑下躯干被转动时的轴线，躯干转动轴线在后面另有专门分析；躯干前面斜向实线为躯干前面左转肌群收缩驱动的肌拉力线，躯干背面反向的斜向实线为躯干背面左转肌群收缩驱动的肌拉力线。这就是身体躯干绕躯干转动轴线扭转的驱动方式。经过三次伸展的左转肌群这时如图中所示的收缩能够达到最大的强度，由此也使躯干在下杆后期绕躯干转动轴线产生最大强度的扭转并使躯干顶部的肩轴产生强劲的转动。

合理的躯干肌群收缩应该是从下至上依次展开。通常是在身体重心转移到左脚后外侧，也即左髋后转到位时，由此前一直被伸张的躯干前侧腹内外斜肌向左髋位的斜向收缩而启动躯干左转肌群的大力收缩，如图 2-3-5(d) 所示。

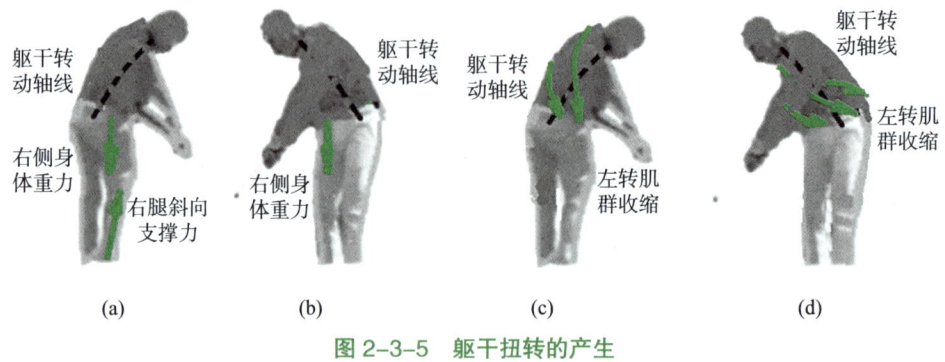

图 2-3-5　躯干扭转的产生

显然，躯干肌群发达的球员具有躯干驱动方面的明显优势。

上述身体爆发式驱动的效果在很大程度上决定了击球的距离。此躯干扭转动作类似于鳄鱼的"死亡翻滚"，与前述左腿的大力后蹬一样是挥杆动作中最重要、最关键及最大力的动作，需要球员不断体会和练习才能掌握并巩固。球员日常生活中不用持器械、不受场地限制、可随时随地练习动作，应不断强化直到形成动作定型。

（2）下肢对躯干驱动的支撑作用

如前所述，在躯干向髋部收缩其左转肌群驱动躯干左转的过程中，根据作用力与反作用力定律，躯干肌群同时对髋部一定会有大小相等、方向相反的作用，此反作用可能使身体下部向右反转，这就如同前面所述拉拢两条可以移动的船之间靠拢一样（见前图 1-3-3(a)）。显然，这种下部支座的反转可能会抵消掉躯干左转肌群的一些驱动作用。所以，在下杆后期上身躯干驱动时，右脚要触地，同时右腿要挺直挺硬，以阻止右髋的反转。

初学者往往不了解下肢转髋的驱动及其支撑作用，下杆前期右腿向左的驱动不够，右腿根部没有到达眼睛的正下方，右腿向左侧的倾斜不够，这样不仅身体驱动无力，还不能顶住右髋在下杆后期的反转，所以难免打不远，方向还可能偏右。

（3）右脚与地面间摩擦力的作用

在下杆后期，躯干大力向左扭转以驱动肩轴左转时，躯干左转肌群的收缩也会反向作用下方髋部，使得髋部右转。虽然左腿能够承受下杆后期上身的重力和上身转动时向下的运动冲击力，但左腿显然单独阻止不了髋部被右转。此时只有右腿在斜向对右髋的支撑才能和左腿一起阻止髋部向身体右后的回转，这就是对左髋向身体右后回转的制动。这时右脚与地面间还必须有足够大的摩擦力用于制动右脚在地面上的滑动。

右脚与地面的最大摩擦力来自右脚对地面的压力。右脚对地面的压力只能来自前述下杆前期完成时身体右侧还有的约40%重量的一小部分。

身体右侧下压重力向右髋和向右脚的分配则通过右腿支撑的斜度和右腿膝关节的松紧来控制：右腿支撑斜度大及右腿膝关节松，则推动身体躯干左转的重力大而压向右脚的重力小；右腿支撑斜度小并右腿膝关节加紧，则右腿压向右脚的压力增大而推动身体躯干左转的重力小。这个阶段右腿斜度及右腿膝关节松紧程度以使身体重力推动躯干左转尽量大但须控制右脚不产生滑动为准。

2. 躯干肌群的整体扭转驱动方式

虽然球员躯干的扭转主要是由躯干肌群向髋部收缩造成的，实际上，对于动作已经定型的球员，躯干向左扭转也可以不再需要收缩躯干左转收缩肌群的动作意识，此时，躯干肌群向髋部支撑点的收缩会下意识地自动完成，由此完成肩轴相对髋部的大幅度向左转动。

需要注意的是，躯干整体肌群的斜向收缩只能缩向连接在髋部的一端，相应的躯干扭转也只能是绕左髋和颈椎的连线发生，躯干扭转轴线如前图2-3-5(c)和(d)中虚线所示。髋部的反转这时已经被挺直挺硬的下肢撑住。

3. 躯干肌群的依次分段扭转方式

我们知道，多级火箭必须是依次点火驱动，如果同时点火驱动，会因为火箭之间相互作用的抵消而损失总体驱动效应。躯干肌群亦可分段、分块（见图2-3-6）。躯干肌群的扭转驱动可以整块同时进行，也可以分段依次进行。参照多级火箭的分级驱动原理，躯干肌群如依次从下往上分段驱动，获得的累计效能会依次提高。

可以按如下步骤完成躯干肌群的分段驱动：下肢将髋部拧转到位即转髋至感觉左脚后外侧受压时，启动紧邻髋部的躯干第一段相对髋部的扭转，也就是启动这一段部位左转收缩肌群向髋部的收缩；而这段部位之上的躯干进行随动，就像未点火的二级火箭随着已点火的一级火箭运动一样；当第二段扭转到位，再以这一段顶部为基础，紧邻段躯干开始以同样方式的向左扭转；如此依次驱动各段扭转,直到最上面一段的扭转完成。

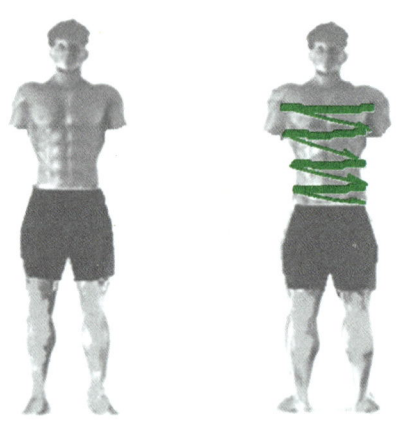

图 2-3-6　躯干肌群从下往上依次驱动

由于把躯干肌群分成了多个小段,且每小段内的扭转肌群都是在下部转动到位后,才开始相对下部扭转,这样一来,每小段都得到了充分扭转,每小段内的驱动肌群都实现了充分的斜向收缩。由此可见,分成小段后躯干各部分肌群的驱动扭转效能之和,要高于全部肌群同时驱动的效能。因此,躯干分段依次驱动产生的动力也比全部同时驱动产生的动力要大。

当然,实际驱动不是真的分段的,只是有分段启动躯干扭转的意识而已。实际挥杆时,只是从左髋部开始往上,直到肩膀,依次启动上面部位相对于下面部位的扭转。从长打球员们的挥杆慢动作可以看到,他们躯干的扭转是从左髋部开始逐级启动、上升的[①](见图 2-3-7)。

图 2-3-7　躯干扭转从髋部开始逐级启动

---

① 覃立,李珏.高尔夫技术教学中"关键帧"法的运用探究——基于默会知识的视角[J].体育成人教育学刊,2017,33(3):65-68.

4. 利用躯干新增扭曲量的差异实现躯干依次分段扭转

当下肢完成左拧躯干，身体重心转移到左脚后外侧时，躯干的扭曲变形再被增加（见图 2-3-8）。这一阶段，躯干下部左髋的扭转程度最大，而颈部是不能偏移的，所以，躯干越往上，新增的扭曲程度越小。

图 2-3-8　上身新增扭转特征

因此，可以利用躯干新增扭转量从下至上依次减小的特征，顺势实现躯干依次分段扭转。

5. 注意肩轴保持在挥杆平面内转动

在预备姿势时躯干要有足够的斜度，使得躯干扭转驱动过程中肩轴部分尽量落入挥杆平面内，并保证躯干的扭转尽量转化为肩轴在挥杆平面内转动（见图 2-3-9(a)）。

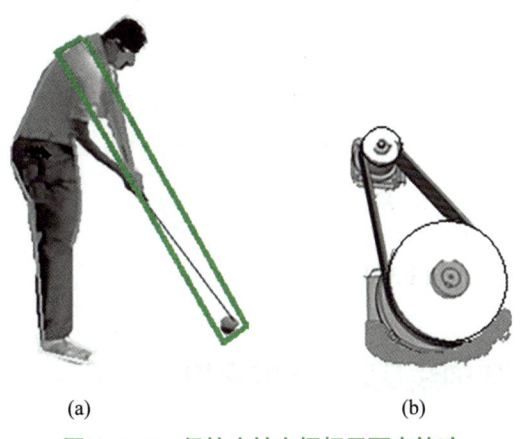

(a)　　　　　　　　　(b)

图 2-3-9　保持肩轴在挥杆平面内转动

球员的身体就像一台产生转动的发动机，肩轴就是这个发动机的转动输出端。肩轴直接将转动通过手臂传输给球杆，就像是皮带传输机构中的主动轮，穿过肩轴的一段脊椎就是主动轮的转动轴，而双臂就像皮带，两手所握的球杆就像从动轮（见前图 2-3-9(b)）。

只有当主动轮、传输带和从动轮在一个平面内时，传动效率才最高。只有穿过肩轴的脊椎在预备姿势时就垂直于挥杆平面，肩轴的转动才会在挥杆平面内，才能在肩轴转动时最高效地将转动传输给球杆。

在脊椎直挺的近似直立的准备姿势，肩轴的转动平面会偏向水平，此时肩轴对应的标准转动平面如图 2-3-10 绿线条所示。这种身体近似直立状态下，为打到球，躯干的实际转动过程会自动将肩轴转动平面调整到肩轴中心与球连线的平面内（如图 2-3-10 黑线所示）。这时肩轴的运动实际是又转又耸，即肩轴沿脊椎转动和双肩左右耸动。这会导致身体由下至上积累的扭转势能无法充分转换成令肩轴大幅度转动的动能，也就是身体的主要驱动无法得到充分的利用，继而无法将球击远。因此，球员要避免采用这样的准备姿势。有时，球员会意识不到自己的准备姿势，特别是疲惫时会自然形成这种放松的准备姿势，这是需要注意的。

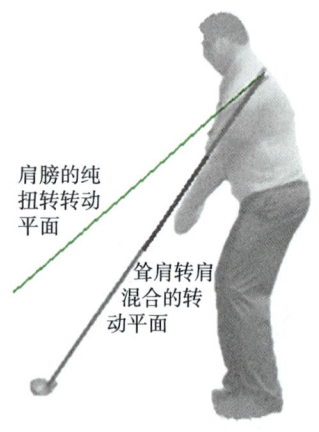

图 2-3-10　近似直立的准备姿势

四、躯干扭转轴线及对脊椎的保护

在下杆后期的躯干扭转驱动过程中，整个身体的重心已经靠向左脚，胯

第二章 躯干如何产生强力的扭转驱动

部以上身体及"杆－臂"系统的重心则基本落在左髋。要使躯干及"杆－臂"系统产生最大的后续转动效应，必须使系统尽量绕其重心位置转动。显然躯干重心所在的左髋必然是下杆后期躯干及"杆－臂"系统转动的一个中心。

又因下杆阶段最后击球时肩轴中心必须回到瞄准位置，所以躯干的肩轴中心也必然是下杆后期躯干及"杆－臂"系统转动的一个中心。

由于下杆后期高效的躯干扭转驱动必须由下而上分段驱动，各段躯干的驱动中心一定是在上述两个可以确定的扭转中心的连线之中。我们可以把这些扭转中心的连线称为躯干扭转轴线。

实际上球杆击球前转到身体右前方时，高速转动的杆头必然会产生很大的向右前的离心力。这时，为了保证高速转动过程中的身体平衡，不仅下肢要由左脚后外侧支撑，快速驱动的躯干还要同时保持向左后弓曲（见图2-3-11(a)和(b)）。此过程中躯干扭转轴心的连线也必然是向左后弓曲的，图中的虚线表示被躯干遮挡住的躯干扭转轴线线段。

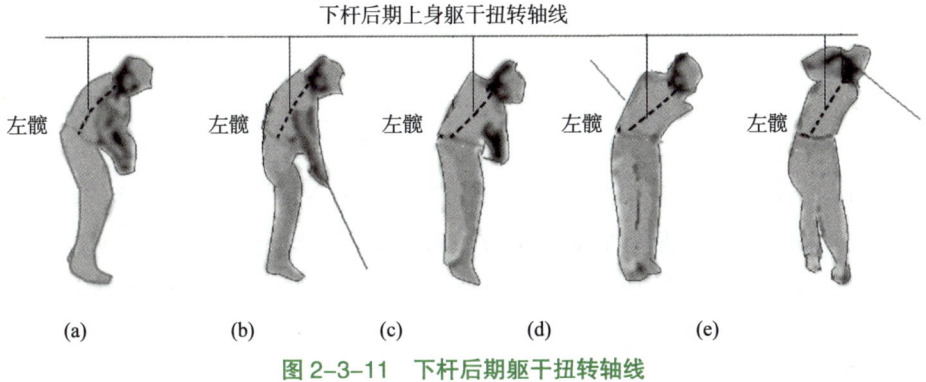

图 2-3-11　下杆后期躯干扭转轴线

需要注意的是，躯干扭转轴线与躯干的脊椎线并不完全重合，躯干扭转轴线的下端已经很明显离开脊椎线而落在左髋。

躯干转动轴线应该在快速转动的球杆和大体量的躯干之间，更靠近胸椎，这样的躯干转动轴线不仅能保证躯干扭转驱动的稳定性、尽量大地提高躯干扭转效率，还能避免腰椎的扭伤。

在肋骨下方和髋部之间的腹腔只有脊椎骨的支撑，是躯干中最薄弱的一环（见图2-3-12）。如果腹腔参与到躯干爆发式的大幅度扭转，作为最柔弱的一段，其转动幅度会最大，也最容易受到损伤。

例如，下肢大力快速转髋时，躯干因惯性不能快速随转，则会在腹腔形成较大幅度的扭转变形（见图2-3-13(a)）。又如，挥杆击球完成后躯干仍有很大的转动惯性，如果下肢在完成送杆动作后仍撑住不动，则会在腹腔形成大幅度的继续扭转（见图2-3-13(b)）。这对没有经过专业训练的业余球员而言，如果在躯干整体扭转时做不到分段发力，非常容易造成腰椎部位的运动损伤。

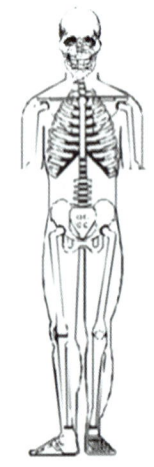

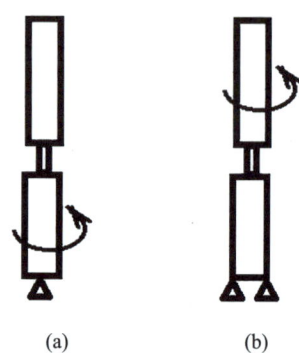

图2-3-12　躯干中最薄弱的一环　　　　　图2-3-13　腹腔腰椎处受扭状况

可见，躯干驱动产生最后的爆发式扭转时，腹腔段腰椎要避免作为转动轴发生大的扭转变形。最有效的解决方法就是像职业球员和业余高手那样，在躯干驱动时采用依次分段扭转，并且必须以左髋关节到颈椎之间躯干扭转轴线的相关线段作为转动轴线（见前图2-3-11）。这样腹腔段的腰椎处于实际转动轴线之外，这段腰椎受到扭转的幅度则会减少，而这段躯干扭转幅度不会减少。

下杆后期身体躯干保持绕这样的转动轴线扭转，不仅能使躯干的驱动效应最大化，还能保证头部在收杆状态不会产生上下左右偏移的现象，形成职业球员那样保持身体自动成"C"型收杆（见前图2-3-11(e)）。

需要注意的是，不仅下杆后期躯干保持绕这样的轴线转动，在击球后直到球杆转动到再与地面平行的位置，身体躯干仍要保持绕这样向前弓曲的转动轴转动。只有这样才能保证击球时躯干稳定的绕正常的"C"形转动轴转动和收杆；否则，实际的躯干转动轴容易在击球时产生偏移。

五、躯干驱动的启动时机

下肢和躯干的依次分别驱动容易让人理解，但运动过程中，在什么时候、什么位置转换两种驱动方式，却是初学者容易混淆的。通常有以下两种判断转换启动时刻的方式。

1. 身体重心转至左脚后外侧才能开始身体躯干的驱动

现在最主流的判断躯干扭转驱动的启动时机是重心转移到位，也就是身体重心转移到左脚后外侧。[①]

采用这种判断方式的球员需要注意的是，下肢驱动过程中身体重心是经过两段路程才转移到左脚后外侧位置的，即重心先移向左脚，然后再移向左脚左后侧（如图2-3-14(b)和(c)、图2-3-14(c)和(d)所示）。

如前所述，下肢对挥杆最主要的驱动就是左腿的大力后蹬，为了更灵敏地触发躯干的驱动，球员甚至可以在重心移向左脚后，想象再次由重心的后移来牵引左侧躯干的随转，待重心后移至左脚左后侧时立即释放躯干的扭转驱动，由此也就及时自然地启动了躯干的驱动。左腿大力后蹬可以避免提前释放上身的驱动。左腿大力后蹬到位后反倒容易自行启动上身的驱动。

有些球员不知道下杆前期重心转移的曲折过程，其挥杆重心转移根本就到不了位。并且，因为没有到位过，球员自己没有过转髋到位的真实感觉，所以其挥杆过程无法根据真实的感觉正确启动后续躯干的驱动。

2. 身体右大腿根部转动到眼睛正下方才开始身体躯干的驱动

从前面的分析可以看到，当身体重心经过向左再向后的两次转移真正到达左脚左后侧时，髋部实际上经过了一次左移和一次大幅后转，右髋必然转至眼睛的下方。与此同时，右大腿根部更是明显地已转到了眼睛正下方（如图2-3-14(d)所示）。在此之后才有躯干的驱动、球杆的快速下落并经过眼睛正下方。而多数业余球员则是右腿根部还没有达到其眼睛正下方就开始了躯干驱动，显然，其下肢对躯干的扭转是不够的。右腿根部已达到球员眼睛正下方才开始躯干的驱动是业余球员必须迈过的一个技术台阶。

[①] 拉尔夫·曼，费雷德·格里芬.职业挥杆：完善高尔夫挥杆的突破性方法[M].张东明，马伟宪，译.北京：中国对外翻译出版社，2003：241.

由此，球员可以直接根据右腿根部转动到眼睛正下方的判断来启动后续身体躯干的驱动，甚至可以想象由右腿根部转动到眼睛正下方来触发身体躯干的扭转驱动和右腿的后蹬。

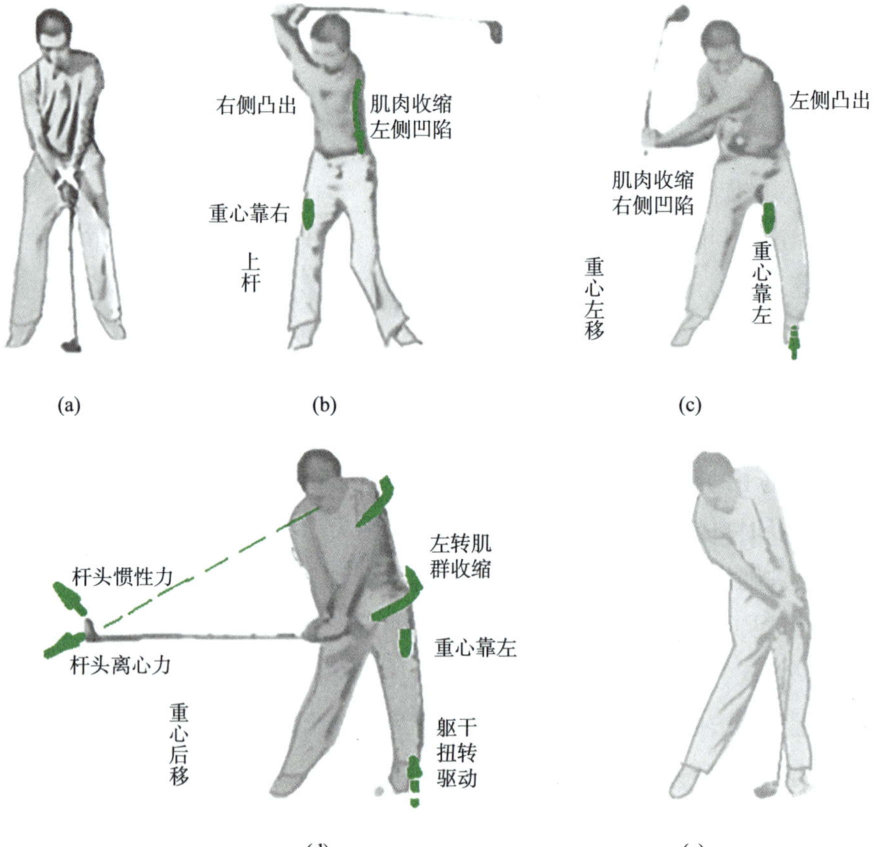

图 2-3-14　击球前期的系列动作

3. 两种重心到位判断的比较

上述两种上身驱动启动时机的判断办法各有所长：

后者即右大腿根部转动到眼睛正下方的方式是可以直接观察到的，特别是由别的球员正面观察时，或自己通过挥杆视屏查看时是非常容易鉴别的。如发现右腿根部没到位上身就提前驱动启动的现象及失误，可以在下次动作中予以纠正。

而前者即重心转移到左脚后外侧，则是靠左脚后外侧即刻受压的感觉来发现。但对初学者而言，这种感觉标准的不确定性比较大，在他们还没有真正建立起重心到位的正确感受时，容易出现误判。

为此，初学者可以先通过右大腿根部转动到眼睛正下方的方式建立起重心到达左脚后外侧的标准感觉，然后再转用重心到位的标准感觉启动上身的扭转驱动。对此，本章后面安排了专门的练习。

4. 身体驱动的节奏及其掌控

（1）身体驱动的节奏

从前面的分析可以看到，挥杆中身体驱动的节奏就是前述身体下杆驱动三步走的节奏，即重心左移、重心后移、躯干扭转驱动的顺序和时长分布。如果考虑上杆，挥杆驱动的节奏就是四步驱动的顺序和时长分布。

观察高手球员的挥杆慢动作可以看到，他们挥杆驱动过程中的上杆全程、重心左移、重心后移、躯干扭转驱动的时长大约分别为：12拍、2拍、1拍、1拍。这里的拍是指音乐舞蹈中的节拍单位。从这里可以看到，上杆时长大约是下杆时长的三倍，而下杆过程中重心左移及随后的重心后移总时长大约是躯干驱动时长的三倍。

上杆过程的杆臂转动速度是从启动时的零转速到上下杆转换时的零转速，整个过程速度不大，所需时间自然相对较长。

下杆前期的重心左移和重心后移过程要带动下肢、躯干及杆臂转动，所以加速慢、所需加速时间长；下杆后期躯干只要带动躯干及杆臂转动，而且此时躯干扭转驱动的力量更大，所以加速更快，所需加速时间更短。

要使挥杆驱动达到最大的效应，就要使身体各驱动部分的驱动效应都最大化。当球员下杆过程按下肢和躯干的作用都得到充分发挥的时候，其下杆过程的节奏应该基本符合重心转移到左脚左外侧、躯干扭转驱动分别为3拍、1拍的节奏；当球员下杆过程再细分并且每一步的作用都得到足够发挥的时候，其下杆驱动过程的节奏应该基本符合前述重心左移、重心后移、躯干扭转驱动时长分别为2拍、1拍、1拍的节奏。

如果全挥杆下杆过程有大力驱动，但没有这样的下杆节奏，特别是躯干的扭转驱动不是在前述四拍驱动中的最后一拍完成，那么可以由此判断身体的驱动过程中某一步的作用并没有被充分发挥，通常是躯干的扭转驱动抢先与重心后移同步了，有的甚至是躯干的扭转驱动抢先和重心左移同步了。显然，这样的挥杆节奏还需改进，挥杆效率还有提高的空间。

（2）身体下肢驱动节奏的掌控

为了掌握这类挥杆动作的节奏，初学者可以放慢身体下肢驱动的速度，即放慢身体下杆驱动中下肢两步驱动的速度，但保持使身体下肢驱动的幅度达到最大化，即重心左转及重心后移的幅度都要到位。这样的慢驱动会带来身体及球杆在下杆驱动前面两阶段获得的动能的增加相对减少，但因为下肢驱动的幅度不变，身体躯干同期获得的身体扭曲势能没有减少。当下肢的驱动这样减慢进行，初学者可以比较从容地判断身体重心依次完成左移及向左脚后外侧的转移，或者右腿根部已转至眼睛正下方，从而能及时从容启动最后躯干的扭转驱动。虽然这样较慢的驱动方式带来击球距离略有减少，但后期身体躯干驱动的可控性提高了，挥杆的稳定性能够得到保证。

一旦找到重心转移到左脚后外侧并由此启动身体躯干的扭转驱动的感觉，可以练习适当加快下杆前期重心左移以及重心后移的速度，由此找到最适宜的两步转髋速度及全部下杆驱动的节奏。

需要注意的是，以上三步简化的驱动节奏启动中仅用到了前期重心两步移动的启动和最后躯干扭转驱动的启动意识。实际上在下肢两步驱动时还应该包括相应上部躯干的二次随动并使躯干左转肌群受到二次伸展，还有躯干驱动最后一步中还应包括下肢的挺直挺硬。球员对三步驱动的启动意识，可以先简后繁，直到掌控身体全部驱动和随动动作的节奏，然后再根据自己的特点进行由繁到简的启动。

在已经熟练掌握全部驱动节奏的基础上，还可以将身体三步驱动的启动意识再简化为分别感受躯干左转肌群的被伸展、再被伸展、大力收缩，由此分别引导启动：下肢使重心左移及上身随动并伸展左转肌群、下肢使重心后移及上身随动并伸展左转肌群、躯干左转肌群大力收缩即身体躯干大力左扭并挺直挺硬下肢。

5. 避免手臂、球杆提前释放

重心转移过程相对较长，而手臂及球杆下落容易更早更快，为了能打到球，很多球员甚至来不及做完重心转移的两步动作。所以，重心转移过程中不仅要控制随转的躯干不能提前释放，更要控制躯干前端的手臂和球杆不能提前释放。为此，在躯干肌群驱动前，即重心到位前也即右腿根部转动到眼睛正下方之前，一号木杆的转动不应该超过水平位置（见前图2-3-14(d)），并且右手肘和手腕不应该释放。对于其他球杆，由于杆身越短越容易被转动，那么，在躯干肌群驱动前,即重心到位前也即右腿根部转动到眼睛正下方之前,越短的球杆,其杆身离水平位的夹角应该越大,由此才能保证后期躯干驱动时,球杆既能最快速转动,又能同时与手臂成直线击球(见图 2-3-14(d) 和 (e))。

有关杆－臂的相应操控在后面章节另有专门分析。

第四节 身体驱动挥杆的练习

身体是一个整体。常言道:牵一发而动全身。对于幅度较大的动作,初学者很容易习惯动用全身肌群同时发力驱动。

在运动技术中,身体既是有变形的运动物体,又是驱动身体本身变形的发力体。身体的发力必须松弛有序,才会产生最高的驱动效率。挥杆时动作幅度大,身体各部位的驱动动作不仅在外形上要依次到位,还要控制发力肌群的松弛有序。以挥杆的身体驱动为例,下肢的大力扭转→躯干的放松随动→躯干的大力驱动→下肢挺直挺硬,这四大环节有任何一个不到位或相关肌群不协调,都可能破坏挥杆效果。这对很多业余球员而言是一个较难跨越的知识和技术门槛。因此,本书设计了循序渐进的四个练习,以期帮助初学者掌握身体驱动的动作要点。

一、打击包置于身体正前方的大力击打练习

球员面对打击包,正常握杆。从正前方举杆到顶点后,将杆头精准、大力地砸向打击包,这是我们日常最熟悉、简单和高效的身体驱动击打动作。

在上杆到顶点的过程中,我们会本能地移动前膝,使身体重心向前移动,靠向两脚前侧,然后通过躯干背部肌群的直接收缩使躯干向前弓曲,从而带动手臂及球杆完成上杆到顶点(见图 2-4-1(a))。由于上杆过程可以慢一些,身体重心的前移过程可比躯干背侧肌群的收缩先进行,也可以和躯干背侧肌群的收缩同时进行。

在下杆向前击打过程中,我们会本能地蹬腿先将身体重心移向背向目标的两脚后侧,然后通过躯干前侧肌群(即胸肌和腹肌)的收缩使躯干向后弓曲,并且利用身体前部重力的下压,从而使躯干驱动手臂和球杆完成球杆的下砸

（见图2-4-1(b)）。与上杆过程略有不同的是，由于下杆过程非常快，"杆-臂"及躯干的冲击力大，身体重心必须先移动到背向目标的两脚后侧，才能保证快速下杆时身体的平衡。

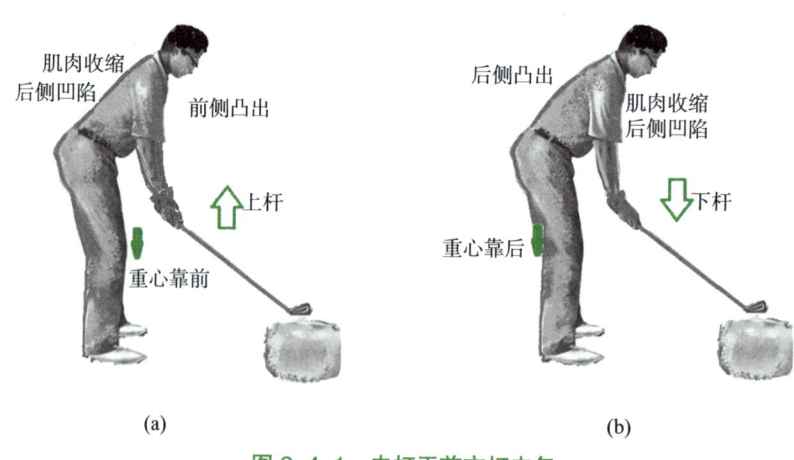

图2-4-1　击打正前方打击包

由于站位及整个上下杆动作的基本对称性，球杆在整个上下杆过程中都保持在同一个平面内，通常将这个平面称为这种挥杆的标准挥杆平面。

简单对比后可以看到，上述上杆到顶点和下杆击打过程的躯干驱动规律是一致的，即：躯干一侧肌群收缩，导致同侧面的凹入变形和另一相反侧面的凸出变形，躯干的这些凹入变形带动躯干和球杆向躯干凹入一侧转动。另外，为保证转动过程的平衡，身体重心会先移向躯干将要凸出一侧的脚端。

为保持直立身体的平衡，人已经进化出一种本能，即身体上部向一侧用力倾斜时，身体重心会本能地先向相反一侧移动。如果倾斜速度快，重心的移动则必须在身体上部移动之前进行。

上述身体弓曲行为的规律是人类经过多年形成的身体本能。利用好这种本能或参照这种本能形成新的动作习惯，可以更容易掌握高尔夫球运动技术。

二、打击包置于身体正右侧时的大力击打练习

当打击包置于身体站位的正右侧时（见图2-4-2(a)），同样进行垂直向下击打：球员在上杆阶段同样是将身体重心移向靠近打击包一侧，即将重心靠向右脚，然后通过远离打击包一侧的躯干肌群的收缩，带动手臂及球杆完成上杆。

同样，在下杆击打过程中，我们必须先通过膝和髋的移动将身体重心从靠向击打目标一侧移至背向目标一侧，即从此时的右脚移至左脚左侧。然后，通过躯干前侧肌群的收缩使躯干向后凸出，从而使躯干带动手臂及球杆完成球杆的下砸（见图 2-4-2(b)）。

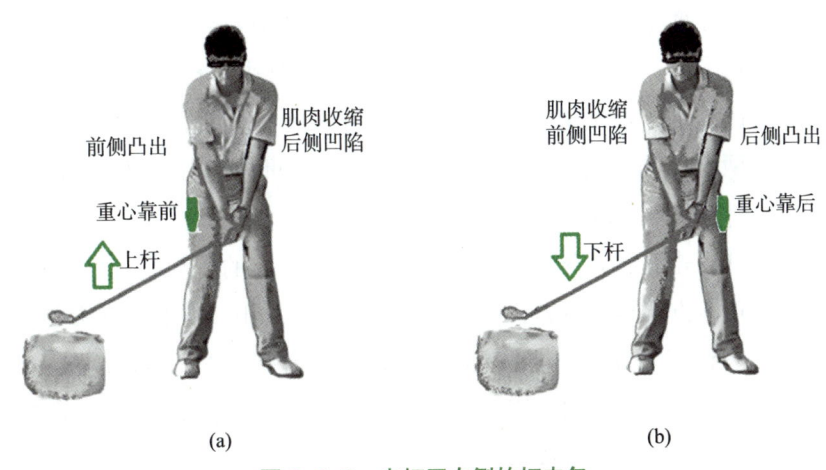

图 2-4-2　击打正右侧的打击包

从这个练习中可以看到，虽然球杆和身体的朝向改变了，但身体变形及用力、驱动球杆转向的规律与前一个练习是一样的。这里球杆和肩轴在上下杆过程中基本保持在同一个竖直的平面内。

球杆下砸过程中，由于转动的杆头离心力向前拉扯，右脚受到的压力会明显增加；球杆下砸速度越快，右脚受到的冲击压力会越大。这些增大的压力正是快速转动的杆头的离心力和杆头切向惯性力带来的。由于身体重心已经在之前移到了左脚，这些力对身体的冲击不会影响身体的平衡。

三、身体面对打击包，向打击包右侧面大力击打练习

将打击包置于身体站位的正前方（见图 2-4-3），练习用球杆从右侧击向打击包的右侧。此练习与前面两个练习的不同之处在于：前者将杆头砸向地面，而此练习不再砸向地面，而是将杆头划过地面。

打击包位于站位右侧，球员必须从身体右侧上杆，然后从右侧下杆，直到击中打击包。在两脚不能移位的情况下，这种击打方式和上述第二个练习的击打方式相似，略为不同的是，需要提前将球杆从正前方转向站位的右方，下杆

的后期要将球杆从右上方再转回到正前方的击打位。这种情况多了一段从正前方到正右侧的上杆路径，以及多一段从正右侧回到正前方的下杆路径。

因此，可以基本照搬前文所述基于本能的简单上杆、下杆步骤：上杆阶段，同样是先通过下肢的右移将身体重心移到右脚（相当于第一个练习的两脚前侧），然后通过后侧躯干肌群的收缩，使躯干后侧凹入而驱动上杆到顶点（见图2-4-3(a)）；下杆阶段，同样是为避免下杆时快速转动杆头对身体向前的拉扯使身体前翻，须先通过下肢的左移将身体重心移到左脚左侧（相当于第一个练习的两脚后侧），然后主要通过右侧身体的重力和右侧躯干肌群的收缩驱动下杆击打（见图2-4-3(b)）。

由于实际打击目标位于身体站位正前方的打击包的右侧面，因此上杆时，球杆要先从正前方转至正右方，再继续上杆。同样，下杆后期，杆头要从站位右侧继续转回到正前方打击包的右侧，亦即要从右侧向正面转过约90°。由于下杆过程的杆头速度非常快，正如球杆从右侧下杆时身体重心要先移向身体左脚左侧一样，当球杆向前方快速转动下杆时，身体重心也必须先移至身体的后侧。所以，这个练习的下杆前期，身体重心不仅要像前面要求的那样，先移动到左脚左侧，还要增加将身体重心移动到左脚的后侧（相当于第一个练习中重心移向两脚后侧）的动作。

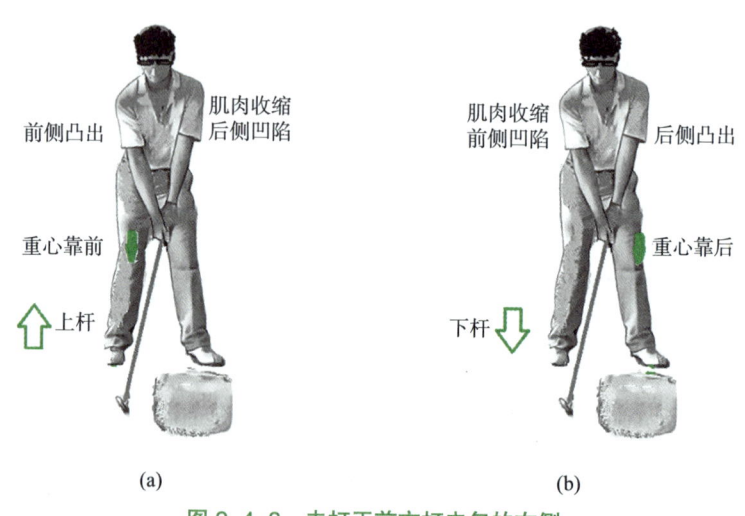

图 2-4-3　击打正前方打击包的右侧

由于物体具有保持匀速直线运动的惯性，因此物体的快速运动过程必须是顺畅和连续的。虽然前文分析过上杆过程球杆需转到右侧再从右侧上杆，下杆则反其道而行之，但球杆从启动上杆到上杆顶点以及启动下杆到下杆回位都应该保持在一个平面内，这样的挥杆才符合物体运动的惯性，才是最便捷、最合理的击打挥杆。因此，这个击打练习的合理挥杆平面，必然是击打点和驱动球杆转动的肩轴所构成的平面（见图 2-4-4(b)）。

从下杆轨迹图可以看到，躯干实际上对球杆有两个驱动：一个是将球杆从身后砸向身前（见图 2-4-4(a)），这和前两个练习是一样的；另一个是从顶部经过右侧再砸向左侧（见图 2-4-4(b)）。

从击打练习下杆挥杆平面图可以看到，球杆有从上到下、从后到前的过程（见图 2-4-4(a)），这个过程的驱动如前面练习一、练习二所述，主要来自躯干的弓曲，即躯干在下杆过程中的前凹后凸。

从击打练习下杆挥杆平面图可以看到，球杆还有从上到右、再从右到前的过程，这个过程的驱动则是（也只能是）躯干扭转的作用（见图 2-4-4(b)）。并且，通过控制躯干扭转平面的斜度，躯干的扭转在驱动球杆从顶点到右侧、再从右侧到底部的过程中，可以部分地调控球杆实现从后到前的运动。由此可见，躯干的扭转才是这种击打方式最主要的驱动作用。

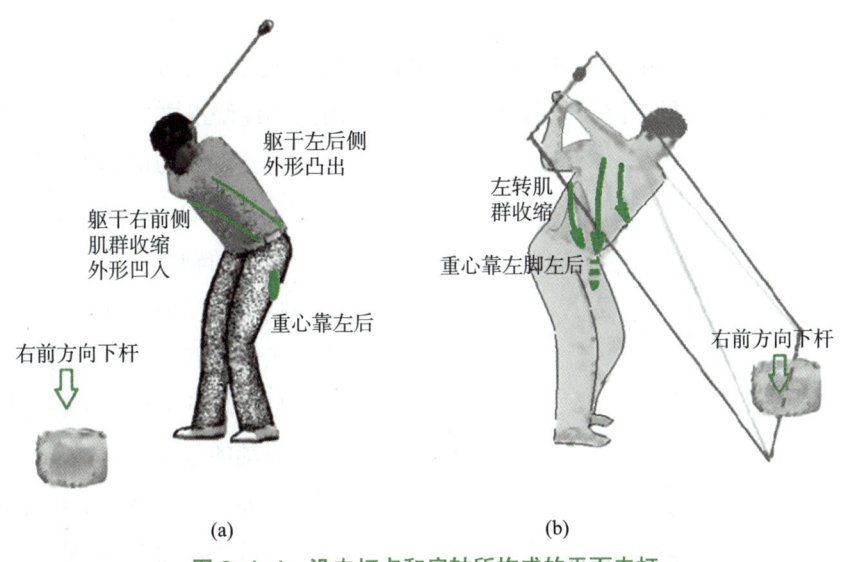

图 2-4-4　沿击打点和肩轴所构成的平面击打

综合起来，这种下杆练习过程有以下要点：

高速下落的球杆既要经过身体的右侧，又要经过身体的前侧，因此，下杆前期，身体重心必须依次先从右脚移向左脚，然后再移向左脚的后外侧（见前图2-4-4(a)），使下肢完成转髋驱动并使髋部向右前方凹入和向左后方凸出；下杆后期，躯干通过其强烈的扭转使"杆－臂"完成从上杆顶点位置向右、再向左的转动，从而增加对"杆－臂"由上而下的转动；为控制杆头击打方向能对准目标，下杆过程中要使肩轴和"杆－臂"构成的转动平面通过击打点（见前图2-4-4(b)）。

球杆下砸过程中，杆头高速转动产生的离心力、切向惯性力同样会对支撑腿产生强大的冲击力，这些力会使左脚受到的压力明显增加。如果球杆下砸过程中左脚受到的冲击不明显，说明球杆下砸的转速不够，球员要检查下杆前重心是否真正转移到位。后续练习也是这样，不再赘述。

四、身体面对球位的下杆击打练习

将前一个击打练习中的打击包换成高尔夫球，第三个击打练习就成了实际的挥杆击球练习。二者略有不同：击球时要增加对杆面方向的控制，保证杆面回到上杆前瞄准的方向（即杆面方正击球）；由此，下杆后期肩轴、左臂、球杆构成的转动平面除要经过球位外，还必须经过杆面在地面的瞄准线（见图2-4-5）。由此可见，除了增加击球时杆面回到上杆前瞄准方向的动作，第四个挥杆击球练习的动作与第三个练习是一样的，只是这时的挥杆平面就是肩轴中心与杆头击打目标线构成的平面。球员可以模仿上述击打动作，体验、理解并掌握挥杆击球的上杆、下杆过程中躯干驱动的基本动作要领。

例如：练习体会上杆过程中重心要落向右脚，以躯干右转肌群的收缩使身体扭转从而完成上杆到位（见前图2-3-14(a)

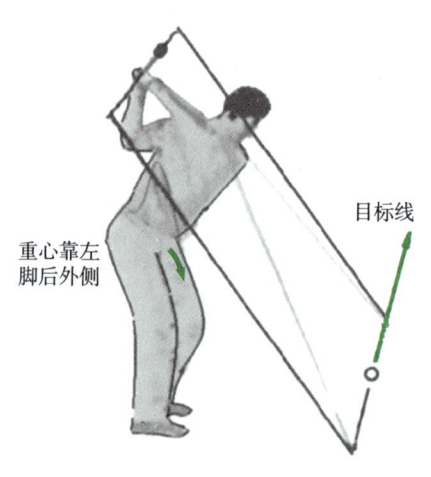

图2-4-5 沿肩轴中心和目标线所构成的平面击打

第二章 躯干如何产生强力的扭转驱动

和(b));练习体会下杆前期重心要先移向左脚,更具体而言是将约 60% 身体重量移到左脚(见前图 2-3-14(b) 和 (c));之后用身体躯干前侧、手臂和球杆重力的下压使躯干右侧下落进而向左侧转动,同时左腿大力后蹬推动左髋后转,由此带来右前侧躯干凹入以及左后侧躯干自然凸出,直到身体重心转移到左脚后外侧或右大腿根部转动到头下位置(见前图 2-3-14(c) 和 (d));之后再绕躯干转动轴收缩躯干左转肌群驱动身体的大力扭转,从而驱动快速下杆(见前图 2-3-14(d) 和 (e))。在此情况下左脚也一定会正常受到强烈冲击。

对于没有教练指导的业余球员而言,他们往往只知道"身体重心转移向左脚后外侧之后,才开始躯干的下杆驱动",这中间可能少了一个身体躯干右侧重力驱动以及左腿大力后蹬的用力方式,所以不少业余球员始终都难以真正到达过"下肢正常驱动到位"这个门槛。

为此,球员甚至可以先做出下杆转髋两个过程完成后的静态姿势(见前图 2-3-14(d)),体会身体重心落至左脚后外侧的感觉。即:上杆后先缓慢左移重心,再顺势向左后撑直左腿进行转髋直至右腿根部转至眼睛正下方,也就是下肢完成扭转到位。这时可以明显感觉身体躯干已经被大幅扭曲同时左脚后外侧受到地面的顶压。左脚后外侧的这种顶压感觉就是转髋到位时也即身体重心已经转移到左脚后外侧时的真实感觉。此后下杆过程中左脚有了这种感觉之后就可以顺势开始躯干驱动下杆了。

球员掌握了"重心转向左脚后外侧,或右腿根部转至眼睛正下方才本能地启动躯干的整体扭转"的技能后,还可以进一步练习"重心转向左脚后外侧,或右腿根部转至眼睛正下方后,绕躯干转动轴线依次分段直接驱动躯干自下而上地依次扭转"(见图 2-4-6),从而提高躯干驱动的效率。

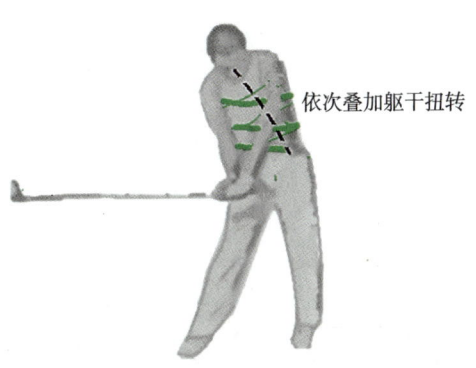

图 2-4-6 躯干分段自下而上依次扭转驱动

第三章 手臂如何高效向球杆传输转动

第一节 肩 – 杆转动机构应该在同一个平面内

一、转动传输的特点

物体通常的转动都有一个转动轴。如果要将一个物体的转动非直接接触传输给另一个物体,两个物体的转动轴必须是平行的,并且,转动体和被传动体必须在一个平面内。例如,皮带轮传动机构、空竹及动滑轮系统(见图3-1-1)。

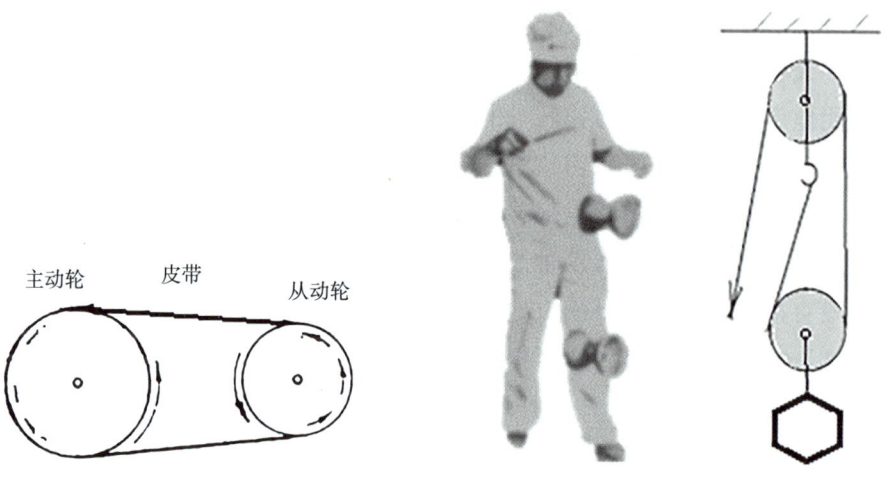

图 3-1-1 平行物体之间非接触转动传输方式

皮带轮传动机构中，主动轮、从动轮、传动皮带必须在同一个平面内才有最大的传动效率。挥杆动作中，转动的肩膀和球杆的关系就像图中主动轮和从动轮的关系，球员的手臂类似传动皮带。

二、肩－杆传动机构必须在同一平面内才会有最大的转动传动效率

与皮带轮传动机构同样的道理，挥杆过程中驱动的肩、被动的球杆、连接的手臂作为挥杆中的传动机构，应该尽量落在同一个平面内，才会最有效地将肩轴的转动传输给球杆，使球杆产生最大的转动速度。这个肩膀、左臂和球杆共同构成的理想转动平面就是本·霍根（Ben Hogan）最早提出的"挥杆平面"概念，也称为"标准挥杆平面"。

理论上，空间中的一条直线和直线外的一个点可以构成一个空间平面，霍根的这个标准挥杆平面就是地面上球的目标线与肩轴中心点构成的平面（见图3-1-2）。

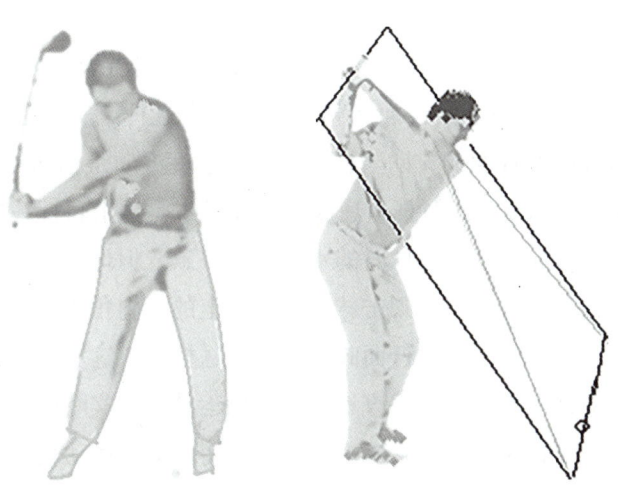

图 3-1-2　标准挥杆平面示意

三、杆头轨迹切线方向与杆面方向的区别

如果球杆整体没有离开挥杆平面，杆头轨迹也不会离开这个平面。当杆头随成直线状态的杆和臂转动到与球的目标线相切的位置，则杆头在切点的速度

方向一定是杆头轨迹线的切线方向，同时也是目标线方向（如图 3-1-3 中黑粗线所示）。而球员球杆的杆面却是朝向目标线的上方（如图 3-1-3 中绿色箭头所示），这是由球杆设计决定的。如果杆头与目标线相切的地方有一个球，那么杆头将以球目标线方向的速度，用朝向目标线上方的杆面撞向球，球一定会被杆头击向目标线的正上方（如图 3-1-3 所示）。球杆杆面角的大小决定了球在垂直面射出角度的大小。

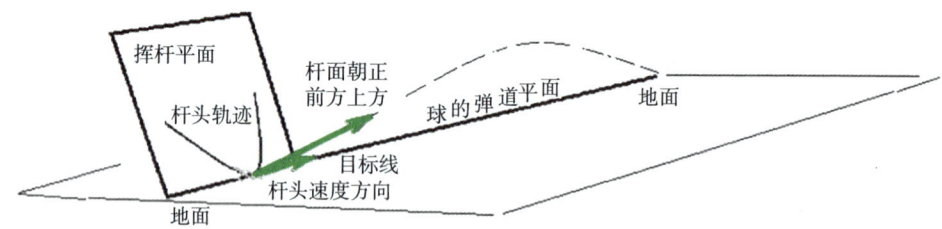

图 3-1-3　挥杆平面、杆头轨迹、目标线的关系

由此可见，只要保证球杆在挥杆平面内转动，当"杆-臂"系统成直线击球时，保证杆面方正击球，挥杆击球效果一定不错。

但需要注意的一点是：一些球员为了提高击球方向的准确性及增加击球距离，想当然地或习惯性地沿杆面所朝向的正前方送杆。实际上，由于杆面倾角的存在，击球瞬间杆面的方向与杆头运动的速度方向是不同的（见图 3-1-4 中两条不同的粗箭头）。此时杆头速度的方向基本是地上目标线的方向，杆面击出的球的水平方向与杆头击球时的水平方向一致、但球的实际方向却是在地上目标线的上方。球杆越短，则击球时杆面朝上的倾斜角越大，球被击出的向上的角度越大。当球员试图往杆面瞄准正前方送杆时，这实际是在改变杆头的轨迹，是试图使杆头击球后沿垂直地面的平面运动，其实际的运动轨迹线如图 3-1-4 直立平面中的绿色断点弧线所示。这会使杆头的运动轨迹从正常的倾斜挥杆平面内转移到垂直地面的平面内。这样的杆头轨迹在击球位置必然要偏右，杆面也必然会有向右的偏转，杆头击出的球路也必然偏右。如果击球时杆头变到了垂直地面的平面，则实际上球杆已经离开了正常的挥杆平面，这就是球员常说的杆头"包不回去"的现象，而且越长的杆偏右越多。

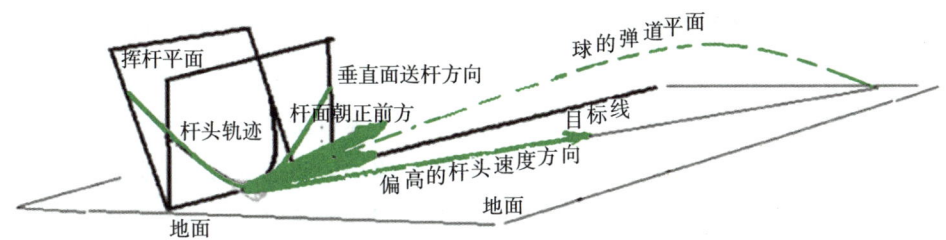

图 3-1-4　挥杆平面与目标线上垂直平面的关系

所以，送杆是必要的，但一定要保持在倾斜的标准挥杆平面内送杆。

四、如何将挥杆传动机构保持在挥杆平面内

整个肩轴、左臂、球杆构成的传动系统其实是一个在空间的、可变形的机构。只有将这个挥杆传动机构（右臂除外）保持在那个倾斜的标准挥杆平面内，才能达到最好的传动效率。

1. 标准挥杆平面和动态挥杆平面的确定

正常情况下，杆面是正朝着球员希望击向的目标方向的。所以想象一下，沿杆面正前方的地面有一段直线（见图 3-1-5 中地面上的粗线），根据空间中一条直线和直线外一点可以构成一个空间平面的原理再想象以这段直线和肩轴中点构成一个平面（见图 3-1-5 中黑细线），此平面就是球员在这个打位的标准挥杆平面。

左臂在下杆过程中始终呈一条直线，球杆也是一条直线，两线相交于左手腕。这两条空中相交的直线构成一个空间平面（如图 3-1-5 中绿线所示）。球员在下杆后期和送杆阶段，应该使左臂和球杆这两段直线构成的动态平面保持在标准挥杆平面内（如图 3-1-5 中细黑线所示）。

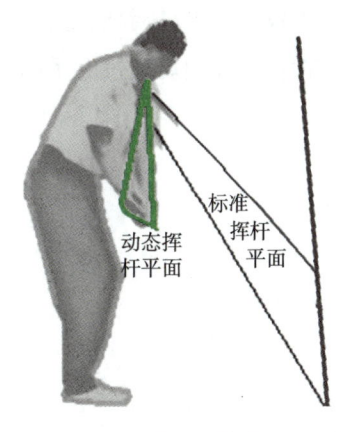

图 3-1-5　两个不同挥杆平面示意

2. 作为动力源的肩轴转动必须在标准挥杆平面内

其实，肩轴除了被驱动绕脊椎的转动，还能够做耸肩、沉肩以及前伸和后缩动作，这些动作都可以从蒙古族舞蹈的摆肩动作中看到。击球瞬间，如果左

肩肩峰离开标准挥杆平面或未能回到准备姿势位置，会导致击球方向的偏离。通常发生的情况是：左肩肩峰在标准挥杆平面之上会导致击出右曲球或右直球；左肩肩峰在挥杆平面之下则会导致击出左曲球或左直球。对多数初学球员而言，由于还未掌握依靠左转收缩肌群的收缩驱动转肩的方法，因此击球前左肩肩峰的转动力量不够、动作不到位，或者转肩变成耸肩，就容易造成击球时左肩肩峰落在挥杆平面以上，由此击出右直球或右曲球。

要想保证肩轴在标准挥杆平面内转动，就要控制肩轴能以肩轴处的脊椎为轴转动，同时保持这一段脊椎与标准挥杆平面相交并垂直于标准挥杆平面。如前面章节所述，为了在挥杆过程中做到这一点，做准备姿势时就要注意校准肩轴这段转动轴的位置与斜度。

3. 如何控制左臂和球杆保持在标准挥杆平面内

左臂和球杆这两条直线构成的是一个可见的动态平面。由于上杆过程较慢，球员在引杆过程中控制杆-臂构成的动态挥杆平面较为容易。

在下杆后期，球员仍然可以在盯着球和目标线的同时，用余光打量左臂和球杆构成的动态挥杆平面。球员既能看到也可以感觉到，不管下杆过程中左臂和球杆之间夹角大小怎么变化，球员只要保持左臂与球杆构成的平面在标准挥杆平面内，击球效果就会很好（见图3-1-6）。

不仅是在下杆后期，击球后的送杆阶段仍要保持左臂与球杆构成的平面在标准挥杆平面内。通过左手的引导和右手的协助，这种保持是可控的。

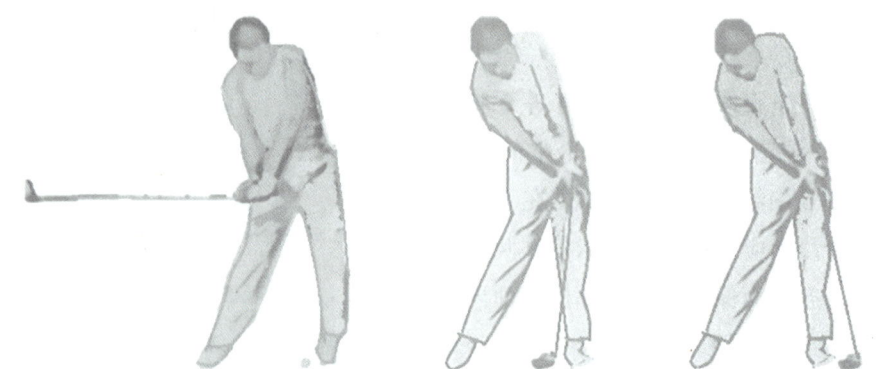

图3-1-6　杆-臂保持在标准挥杆平面示意

也有球员将"控制手臂和球杆在标准挥杆平面内"视为"控制杆头在标准

挥杆平面内"。这样做并不可取。因为杆头可看作是"空间中的一点",其运动轨迹是一条空间曲线。对于一般的业余球员而言,保持"空间中的一点"的运动轨迹在标准挥杆平面内的难度,大于控制左臂和球杆构成的动态平面在标准挥杆平面内的难度。另外,由于球员预备姿势时会盯着杆面看,杆面正对着目标,球员会在感觉上认为杆面对得更准,进而向杆头平面的朝向送出杆头,但实际上这时"杆-臂"系统已经偏离了标准挥杆平面,导致杆-臂机构的传动效率和准确性降低,从而造成击球距离的减少和击球方向的偏右。

五、双平面挥杆在下杆前期的处理

还有一种情况,上杆后球杆和左臂都没有在标准挥杆平面内。

由于人体结构的原因,尽量预伸展身体肌群会使上杆的幅度更大,下杆击球时的撞击动能自然也会更大,但这又会造成上杆完成时左臂与球杆构成的实际挥杆平面(仍然是两条空间直线构成的一个空间平面)脱离标准挥杆平面。我们把具有这种上杆特点的挥杆动作称为"双平面挥杆"(见图3-1-7(a)),而把前述上杆过程中左臂和球杆始终在同一个平面的挥杆动作称为"单平面挥杆"(见图3-1-7(b))。

(a)　　　　　(b)

图3-1-7　双平面挥杆和单平面挥杆

如前所述,要将肩轴的转动高效传递给球杆,转变成球杆的高速转动,则转动的肩轴和球杆必须在同一个平面内。在双平面挥杆模式中,如果下杆仍沿着上杆的路径下落,由于下杆速度显然要比上杆速度快,"杆-臂"系统的运动惯性相对增大，左臂和球杆构成的平面就无法在躯干左转收缩肌群发起的大力转肩之前及时回到更低平的标准挥杆平面内，而是与标准挥杆平面相交。在大力转杆开始后，球杆不可能在标准挥杆平面内经过击球点，其击球效果也就不会尽如人意了。

所以，在躯干左转收缩肌群大力收缩形成爆发式转肩并使球杆相对左臂转动开始之前，球杆、左臂从较陡的平面必须要调整到更低平的标准挥杆平面内。

通常的调整方法就是在上杆顶点附近，在杆头速度为0的位置前后，通过右手上臂和两个握杆手腕的倾斜使杆头略往下落（见图3-1-8），由此将左臂与球杆构成的平面调整到标准挥杆平面内。

图 3-1-8　双平面挥杆中的平面转换

在上下杆转换阶段，身体的扭转不算太快，经过两手腕的协调作用，双平面挥杆模式中的球杆和左臂调整到标准挥杆平面还是能够完成的。

这种调整动作做得最优雅得当的，当数美国职业球员弗雷德·卡波斯（Fred Couples），做得极具个性的当数吉姆·福瑞克（Jim Furyk）。

第二节　左臂带动球杆转动过程中叠加球杆相对左臂的转动

手臂肌群本身驱动球杆的动力是非常有限的，手臂的主要作用是将躯干大肌肉群的驱动高效地传递给球杆，这种高效包括合适的方式与时机。

第三章　手臂如何高效向球杆传输转动

一、手臂向球杆传输转动的特点

1. 球杆相对左臂转动的现象

上杆以后，球杆向上靠向左臂转过了角度 A（见图 3-2-1(a)）。

击球时，球杆必须转到与左臂基本成一条直线并经过球位。这时，球杆与左臂的角度要归回 $0°$（见图 3-2-1(c)）。

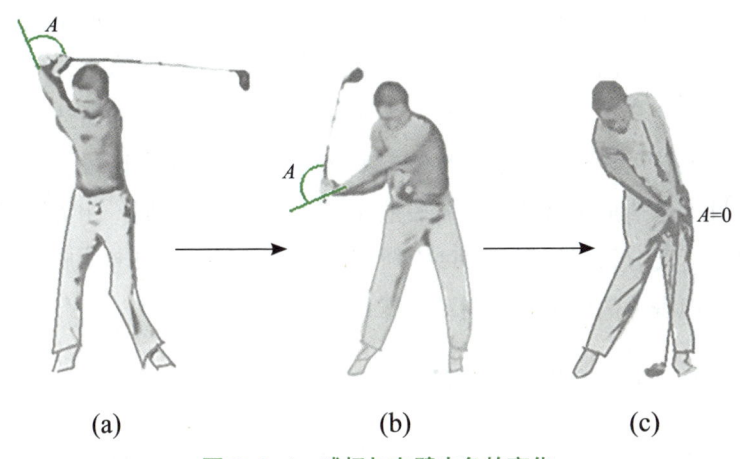

(a)　　　　　　　　(b)　　　　　　　　(c)

图 3-2-1　球杆与左臂夹角的变化

因此，在下杆过程中，为了实现有效击球，球杆不仅要随左臂及身体整体转动，还必须要相对左臂转动。

两手臂在躯干和球杆间的传递作用，就是把下肢和躯干的驱动转化为球杆随左臂的转动，再叠加球杆相对左臂的转动，使左臂与球杆成直线击球。

2. 击球时杆头的高速是如何产生的

由上面的分析可知，手臂将身体的驱动传递到球杆（即手臂传输转动）必须分两个阶段：第一阶段为前期的球杆和手臂呈整体转动；第二阶段是后期的球杆相对手臂转动。在本书中，我们将前者称为"手臂传输前期"，后者称为"手臂传输后期"。

下杆过程中，由于球杆在前期已经随左臂转动，后期又叠加相对于左臂的转动，这相当于球杆坐在一个转轮上，又同时相对于转轮转动。球杆的长度一般大于手臂的长度，球杆相对手臂的转速也就远大于手臂的转速。这样，在球杆和手臂成直线击球的时候，杆头的速度显然要远大于手臂端部的速度，击球时杆头的高速就是这样产生的。

由此可见，要使挥杆过程产生最好的效果，就是要控制好上述两个阶段以及两个过程中间的转换。下杆过程中，两个阶段球杆与手臂转动形式的变化主要来自对球杆和手臂之间连接方式的改变，以及对双臂间隔的控制，后面将分别介绍这些方式的改变及其产生的效果。

如第二章所述，按驱动源的不同，身体驱动依次可分为下肢驱动和躯干驱动两个阶段，其中躯干相对髋部的扭转是主要驱动源。但是，两个驱动都是通过肩轴这个端口输出，肩轴向手臂输出的驱动是连续的，换言之，肩轴向手臂输出的驱动是一个逐渐增加的过程，无明显的阶段区分。如前所述，下杆过程球杆和手臂的转动过程也有手臂传输前期和后期两个明显的阶段，但身体驱动的阶段特性不是造成手臂传输分阶段的原因，二者原理不同，相关性不大。所以，笔者在后文分析球杆和手臂两个阶段的运动过程时，只考虑肩轴的持续驱动，不再考虑身体的两个阶段驱动对球杆转动的影响。

二、手臂传输前期身体对手臂和球杆的驱动

1. 手臂传输前期，杆与臂成整体随肩膀转动的方式

上杆完成后，身体的下杆驱动从转髋开始。

在下杆前期，躯干只是随下肢转动。在上杆过程中已经被伸展的躯干驱动肌群保持不发生提前收缩，甚至可以被继续伸展。

在下肢驱动过程中，手臂和被两手握住的球杆在肩轴的带动下主要随同躯干成整体转动，杆身由此得到前期的加速转动。

开始启动下杆时，手臂随身体的转动较慢，而位于手臂末端的球杆更容易转动。如果球杆过早地启动相对手臂的转动，当球杆到达与球成直线的位置时手臂还未到达击球位，造成球杆提前释放，继而会导致击球点不准。因此，球杆相对左臂的转动一定要晚于手臂随躯干的转动。

2. 手臂传输前期，右肘的下落及双手腕肌群的收缩

上杆阶段，为了增大球杆和手臂的上杆幅度，右上臂必须上抬。下杆之前，右上臂与右前臂、右手和右前臂之间都呈弯折状态，即右上臂上抬，右前臂折向右上臂，右手折向前臂（见图 3-2-2(b)）。

拳击手在出拳之前，要将上臂靠向身体（见图 3-2-2(a)）。同理，球员在

挥杆顶点以及手臂传输前期，如果上抬的右肘呈外展状态（即俗称的"鸡翅膀"），则无法在手臂传输后期与左臂一起高效传递身体的大力驱动，从而使得球杆快速转动。在手臂传输后期，右臂要将球杆向右下侧推压出去，类似于拳击手向右侧出拳原理。因此，在手臂传输前期要保证上抬的右肘自然下落并靠向躯干（见图 3-2-2(c)）。

从前面第一章第三节的图 1-3-20 可知，要使四边形顶边杆件的转动有效带动四边形底边杆件相对竖向杆件发生转动，必须使两竖向杆件靠拢。据此原理，下杆时在手臂传输前期必须将高举的右肘下落，以使右臂与左臂形成近似平行四边形的两对边，并使右臂在手臂传输后期向左臂靠拢。

而且手臂传输前期下落的右肘，将在手臂传输后期成为使球杆相对左臂转动的一个支撑点（见图 3-2-2(c)）。如果右肘这个支撑点不到位，单靠左臂，则难以达到有效驱动球杆相对左臂快速转动并击球的目的。

因此，在右前臂相对右上臂转动开始之前，右上臂应该靠向身体右侧。

并且，在右肘下落靠向躯干右侧的过程中，右前臂只能随同伸直的左臂转动，并且必须减小右前臂与右上臂的夹角，这样就为后期双臂联合推动球杆的转动储备了足够的力量和空间。

(a)　　　　　(b)　　　　　(c)

图 3-2-2　右手肘的下落及其作用

除此之外，在右肘下落的过程中，两手手腕也必须保持上杆顶点时的弯曲程度，以保证右前臂与球杆的夹角角度在这一过程中不能增大。

仔细观察职业球员的球杆随同左臂转动的过程就可以看到，在右肘靠向左臂之前，右前臂与上臂的夹角、右前臂与球杆的夹角角度在此过程中一直保持不增大甚至减小（见图3-2-3），直到手臂传输后期，才有右前臂相对上臂的转动，这也是一种必要的延迟释放。

图3-2-3　右侧上臂、前臂与球杆间夹角的保持

3. 控制手臂传输前期左臂与球杆夹角不提前释放的措施

受手臂传输前期下肢运动和右手肘下落运动的干扰，躯干驱动肌群、手臂和手腕间控制夹角的肌群很容易提前释放。

如前文肌群性质内容介绍的，人的神经系统可以直接控制某块肌肉的收缩，但是无法直接控制这块肌肉的伸展，也不能直接控制这块肌群不被收缩。人只能通过收缩其周边相关肌肉来使这块肌肉伸展或保持不被收缩。比如，在下肢驱动阶段保持躯干随动而不发生提前驱动的办法，就是使躯干右转收缩肌群保持继续收缩。

同样，向球杆传递躯干驱动的肌群也不能提前释放，最关键一点就是要控制左臂与球杆之间的夹角不提前释放、继续保持收缩（见图3-2-4(a)和(b)）。

这些控制措施包括：

（1）左上臂保持向胸部夹紧，保持左上臂外侧三角肌的适当放松；

（2）保持右肘关节夹角角度不增大；

（3）收缩左手腕靠拇指一侧肌群；

（4）保持控制右手手腕间凹陷部位肌群收缩，以及保持右手腕凸出部位肌群的放松；

（5）握杆处的右手不能用拇指和食指顶压球杆，右手的力量只通过掌根部分传递到左手（见图 3-2-4(b) 和 (c)）。

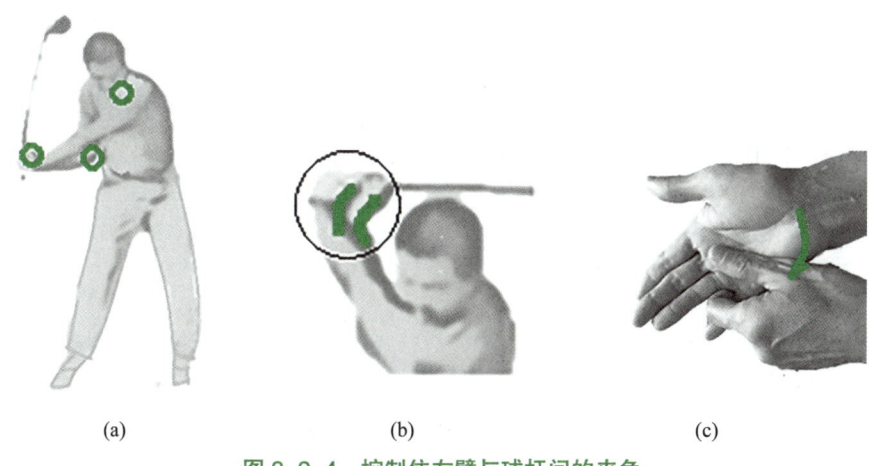

图 3-2-4　控制住左臂与球杆间的夹角

由于右手更靠近杆头，所以控制右手腕的收缩比控制球杆与左臂的夹角其实更为关键。

在收紧上述各处手臂、手腕肌群的同时，还应注意控制一些关键部位肌群在下杆前期这一阶段的放松，特别是控制左手腕后伸的肌群需放松、前屈肌群需收紧。

4. 手臂传输前期右臂对球杆和左臂的微调

如前所述，在双平面挥杆方式中，上杆完成时，左臂和球杆构成的动态挥杆平面并不在标准挥杆平面内。这就需右上臂和两手腕在上杆顶点位置将球杆稍稍平置，以使左臂与球杆构成的平面在手臂传输前期置于标准挥杆平面内。由于手臂传输前期球杆和左臂的转动速度并不快，右上臂在此期间也无须用力驱动球杆，右上臂和两手腕的这种微调不会影响球杆与左臂的整体转动。

三、利用杆头离心力和惯性延迟释放躯干和上肢

1. 下杆前期双手臂和肩轴并不构成一个"稳定的三角形"

在肩轴向球杆传输转动的机构中，连接在一起的肩轴、左臂、右手、球杆可以始终在挥杆平面内。但是，不管单平面还是双平面挥杆，除了在靠近击球位置时双臂都伸直的情况外，右肘在其他位置都是弯折的，基本不会在挥杆平

面内（见图 3-2-5(a)）。可见，右臂在下杆的大部分过程中不可能全部落入左臂和球杆构成的动态挥杆平面内。

在上下杆转换时，右肘离开左臂和球杆构成的挥杆平面位置最远。在下杆前期，右肘还处于靠近身体右侧的过程中，肩轴、左臂、右臂其实并没有构成一个所谓"稳定的三角形"，而是构成一个由肩轴、左臂、两手所握的球杆、右前臂、右上臂构成的空间五边形（见图 3-2-5(b)）。

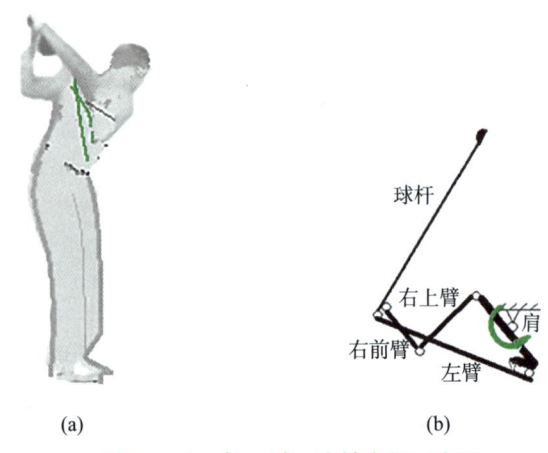

图 3-2-5　杆、臂、肩轴空间五边形

在这个近似的空间五边形中，弯折的右上臂和右前臂孤立在球杆和左臂构成的动态挥杆平面之外。这个阶段双臂和肩轴构成的并不是一个形状稳定的结构，而是一个形状有足够大变化的机构。这样的情况下，双臂不可能共同推动球杆随肩轴同步、快速转动。

在这样的可变机构中，当肩轴受下肢扭转而转动时，肩轴右侧的运动不能迅速通过弯折的右臂传递到左手和所握的球杆，那么仅靠肩轴左侧带动的"杆－臂"所获得的加速自然会减少，球杆和左臂自然也不能随肩轴同步、快速转动。球员感觉到的是下肢驱动手臂和球杆的力量被泄掉了，这就会减少挥杆击球的距离。

2. 左胸外侧对左臂和球杆整体转动的推动作用

完成上杆后，左臂靠向左胸，加之左臂与肩轴及胸部左侧有肩关节相连（见图 3-2-6），那么，躯干向左转时，胸部左侧就可以直接推动左臂随躯干转动。

第三章 手臂如何高效向球杆传输转动

图 3-2-6 左臂贴靠左胸情况

由于身体结构的限制，左臂与胸部左侧的接触面积有限，但两者实际接触面积大小对躯干直接推动左臂转动的效果却又有较大影响。

当左臂与肩轴的夹角小时，左臂与胸部左侧接触面积大，胸部左侧对左臂推力的合力离手臂转动中心远，在躯干快速转动时，胸部左侧对球杆转动的顶推作用大（见图 3-2-7(b) 上下图）；当左臂与肩轴的夹角大时，左臂与胸部左侧接触面积小，胸部左侧对左臂推力的合力离手臂转动中心近，在躯干快速转动时，胸部左侧对左臂转动的顶推作用小（见图 3-2-7(a) 上下图）。

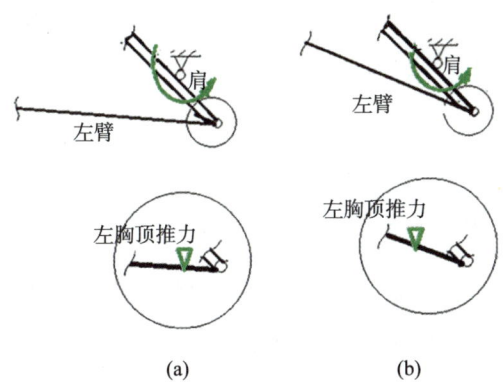

图 3-2-7 左胸对左臂的顶推作用比较

由此可见：下肢扭转驱动中，通过胸部左侧直接顶推左臂，可弥补因为右臂弯折而产生的驱动损耗；在躯干直接驱动之前，左臂与肩轴之间的夹角大小对躯干直接驱动左臂转动的效应影响非常大。

因此，为了减少下肢驱动"杆－臂"系统整体转动效应的损耗，应该充分利用胸部左侧对左臂的顶推作用。为提高顶推效应，应该在下肢驱动前尽量增加胸部左侧与左臂的接触面积，也就是尽量减少左臂与肩轴之间的夹角。

3. 利用杆头的离心力和惯性力，使左臂内侧贴紧胸部左侧

上一章已经介绍过，在下杆前期的下肢驱动过程中，杆头会产生离心力和切向惯性力（见图3-2-8(a)），离心力的大小与杆头质量成正比、与杆头到肩轴中心的距离成正比、与躯干被动转动的角速度平方成正比（见图3-2-8(b)）。

如果球员在下杆前期能够控制两个手腕与球杆的夹角角度保持不变，杆头离心力和惯性力可以拉动杆身和左臂使左臂内侧更紧密地靠向胸部左侧，减小左臂与胸部左侧的夹角（见图3-2-8(a)）。

另一方面，下杆前期适当放松左上臂外侧的三角肌也可以使左臂更贴紧左胸（见图3-2-8(b)），这会使得左臂如同缠绕在肩轴的外围随同肩轴转动。

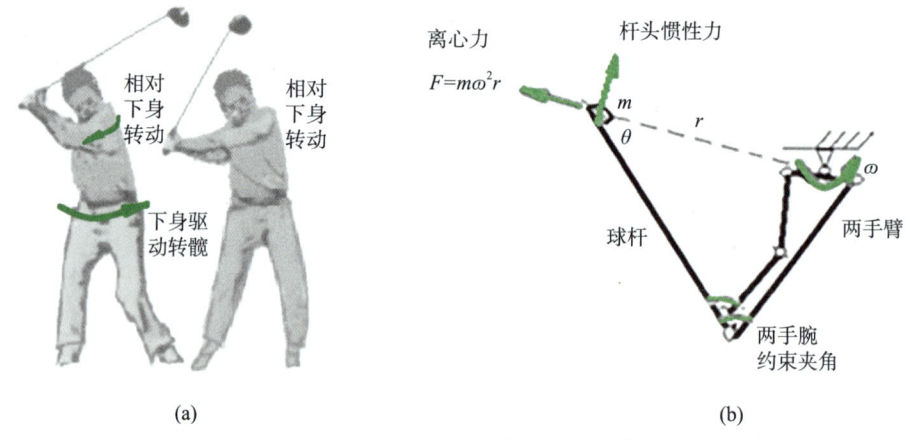

图 3-2-8　杆头离心力和惯性力的作用示意

当左臂被拉着缠绕胸部左侧时，胸部左侧对左臂的顶推力和肩轴左侧对左臂的拉动力就可以共同驱动左臂和球杆随躯干同步转动（见图3-2-9）。

由此，在下杆前期，虽然右臂不能有效传递身体驱动力量去顶推左臂和球杆，但杆头离心力和惯性力可使左臂与胸部左侧之间接触面积更大，由于胸部左侧对左臂内侧的顶推以及肩轴左侧对左臂的拉动，肩轴的转动仍能比较有效地驱动左臂和球杆随同转动。

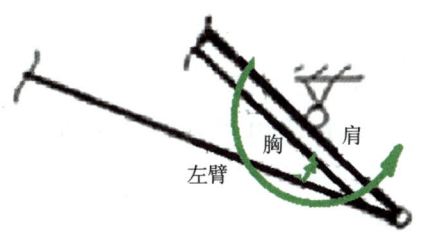

图 3-2-9　肩轴对左臂的推动作用示意

由此可见，要想有更远的开球距离，上杆幅度就要够大，上杆至顶点位置时最好要达到杆身与地面平行的角度。这样既能保证球杆被加速的工作距离更大，还能明显增加左臂内侧与胸部左侧的接触面积，从而使下杆时胸部左侧对左臂以及球杆的转动作用更大。

当然，要保证杆头离心力和惯性力能够有效地加强左臂和躯干的整体性，必须控制这个阶段左臂与杆身的夹角不提前释放。相关动作已在前文"保证下杆前期控制躯干与手臂的肌群不提前收缩的措施"中介绍。

4. 下杆过程中，杆头离心力和惯性力对球杆和左臂的转动作用

如前所述，下杆前期杆头离心力和惯性力的拉动除了能增加左臂与胸部左侧的接触面积，还能增大躯干向右的扭转幅度，即增大躯干左转肌群的伸展（见前图 3-2-8(a)），这与增加上杆扭转幅度是一样的效果。

可见，利用下杆前期杆头离心力和惯性力，不仅可以避免躯干肌群由于下肢用力和右上臂下落引起的已被伸展肌群可能的提前释放，还会因躯干左转的增加而增大左转肌群的伸展，继而使下杆后期躯干驱动更具爆发力。

但是，杆头的离心力可以使球杆相对两手臂转动（见前图 3-2-8(b)）。所以有些资料介绍，到了下杆后期，对球杆的驱动就是"释放球杆与左臂间的夹角"，任由离心力驱动球杆相对左臂转动，直到杆身和手臂成近似直线时再撞击球。

其实，杆头离心力的这个作用相对于身体核心力量的作用要小很多。如果过早开始驱动球杆相对左臂转动但是加速又不够，待身体核心部位开始驱动时，加速的空间已经不多。这反倒是"成事不足，败事有余"，是需要避免的。

真正有效驱动球杆相对左臂转动的主要是身体核心驱动力。只有在下杆后期通过下述手臂形成的合理传输方式，身体核心驱动力才能使球杆加速叠加相对左臂的快速转动。

5. 杆头惯性对延迟球杆相对左臂转动的作用

杆头会对加速杆头运动的球杆在连接部位产生反作用力，前面已介绍过这个反作用力就是杆头的惯性力（见前图 3-2-8(b)）。在下杆前期，当躯干和手臂驱动球杆向下转动时，杆头切向的惯性力会导致躯干左转的延迟，同样也会影响到杆身端部的运动。杆头惯性力对延迟球杆相对左臂转动的作用，要大于同期杆头离心力对球杆相对左臂的转动作用。从图 3-2-10(b) 可以看到，此时杆端不同方向作用力的叠加已使杆身明显弯曲。如果此时保持左上臂外侧三角肌和左手腕的背侧肌群呈放松状态，并且此阶段握杆的右手用掌根顶压左手，则这些呈放松状的肌群会被继续拉伸（见图 3-2-10(a)），由此也就延迟了球杆相对左臂的转动。这种延迟，对于下杆后期加速球杆相对左臂转动是非常有利的，这与下杆前期利用杆头离心力和杆头惯性力增加身体扭转的原理一样。那些优秀高尔夫球员下杆节奏从容、优美即源于此。

(a)   (b)

图 3-2-10　杆头惯性力的延迟作用及现象

反观一些中高差点球员，他们为了打远，从下杆伊始就绷紧左手腕背侧肌群和左上臂的三角肌，并用右手的拇指、食指顶压球杆握把以带动球杆转动，结果只会提前打开球杆与左臂的夹角，从而造成提前释放。

四、根据鞭打原理，叠加球杆相对手臂的快速转动

1. 整条手臂与手掌协同驱动的制动式"扇耳光"击打方式

上一章中介绍过前臂与手掌协同驱动的制动式"扇耳光"击打方式，本部

分我们将介绍包括上臂在内的整条手臂参与"扇耳光"动作过程。

先让上臂转动到接近对准脸的位置（见图 3-2-11(c) 和 (d)），再启动前臂相对上臂的转动，待前臂接近于对准脸的位置（见图 3-2-11(b)），最后才启动手掌的转动，直到整个手臂和手掌基本成一条直线（见图 3-2-11(a)），手掌击打脸部时才能达到最高转速。

理论上而言，顶端部位击打目标时，上臂、前臂和手掌须成一条直线通过目标点。实际上，由于前端杆件要靠关节周围的肌肉收缩来驱动，而仅靠肌群的收缩不可能使两相连的杆件在击打瞬间成一条直线，至于原因，后面章节会有详细分析。在此，将击打时各段杆件与目标点的连线称为击打目标线（如图 3-2-11(a) 所示）。这是条近似直线的折线，凸向手臂转动的方向。

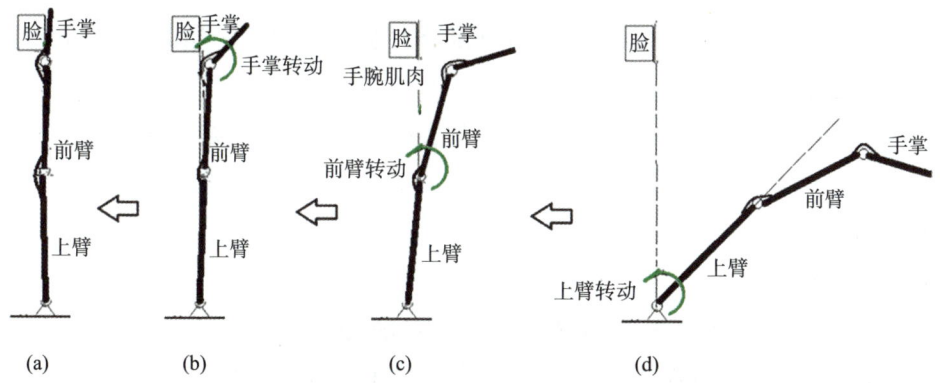

图 3-2-11　整条手臂参与"扇耳光"动作过程

通过前面的分析，可以看出制动式"扇耳光"击打方式有以下特点：

（1）手臂各段是从上臂向手掌依次启动相对下端的转动，即：上臂先转动，当上臂靠近击打目标线时，再启动前臂相对上臂的转动，当前臂靠近击打目标线时，最后启动手掌相对前臂的转动；

（2）最终击打前，手肘与击打目标线的距离总是小于手腕与击打目标线的距离。

同样是"扇耳光"，还可以将整个手臂手掌伸直成一条直线，然后像棍子一样去扇。用力相同的情况下，手臂像棍子一样"扇耳光"和鞭打方式"扇耳光"在击打瞬间手臂上的速度分布分别如图 3-2-12(b) 和 (c) 所示。

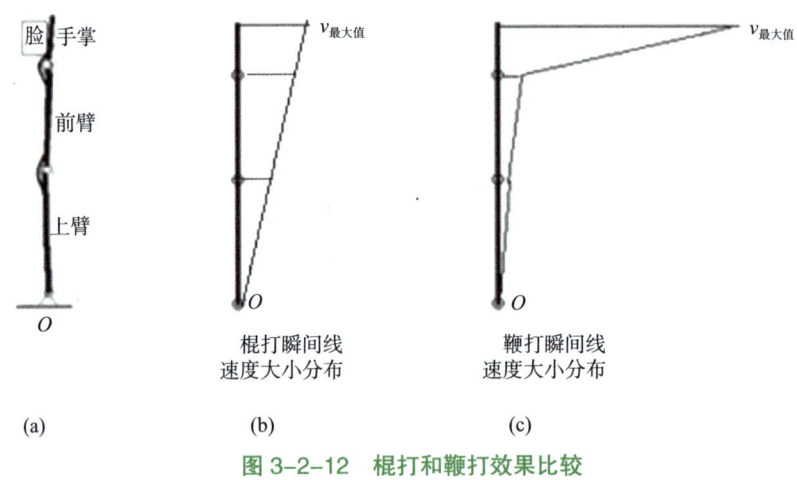

图 3-2-12 棍打和鞭打效果比较

显然，鞭打方式击打瞬间的末端速度要大很多。鞭打式"扇耳光"的击打效果也会更强。

这样使末端产生高速度击打和投掷的实例还有多种。例如：羽毛球运动中的扣球、棒球运动中的挥棒击打、篮球运动中的单手投篮、排球运动中的发球和扣球、投掷标枪、投掷铁饼等。人们通常将这类尽量将整个杆件系统的动量或动能向末端集中的动作，称为"鞭打动作"。

2. 下杆过程中两只手臂的鞭打运动方式

高尔夫球下杆过程其实也是一种鞭打动作（见图 3-2-13）。

图 3-2-13 挥杆下杆过程

与通常直观的鞭子鞭打不同，高尔夫球挥杆鞭打中的"握柄"部位是两只手臂，而我们常见的鞭子鞭打的握柄是单根杆件。两只手臂的作用力则来自肩轴左侧的"拉力"和肩轴右侧的"推力",如果我们把两只手臂在握把处分开,分别进行分析,将一侧"杆-臂"实物抽象为作用力来代替,则更容易理解另一侧"杆-臂"的鞭打实质。

例如,我们想象用左臂对球杆的拉力代替左侧的"杆-臂"实物,就很容易看到并理解右臂带动球杆的鞭打实质(见图3-2-14(B)组的粗线部分)。现实中,我们将右臂的这种鞭打模式称为"下砸式挥杆"(见图3-2-14)。

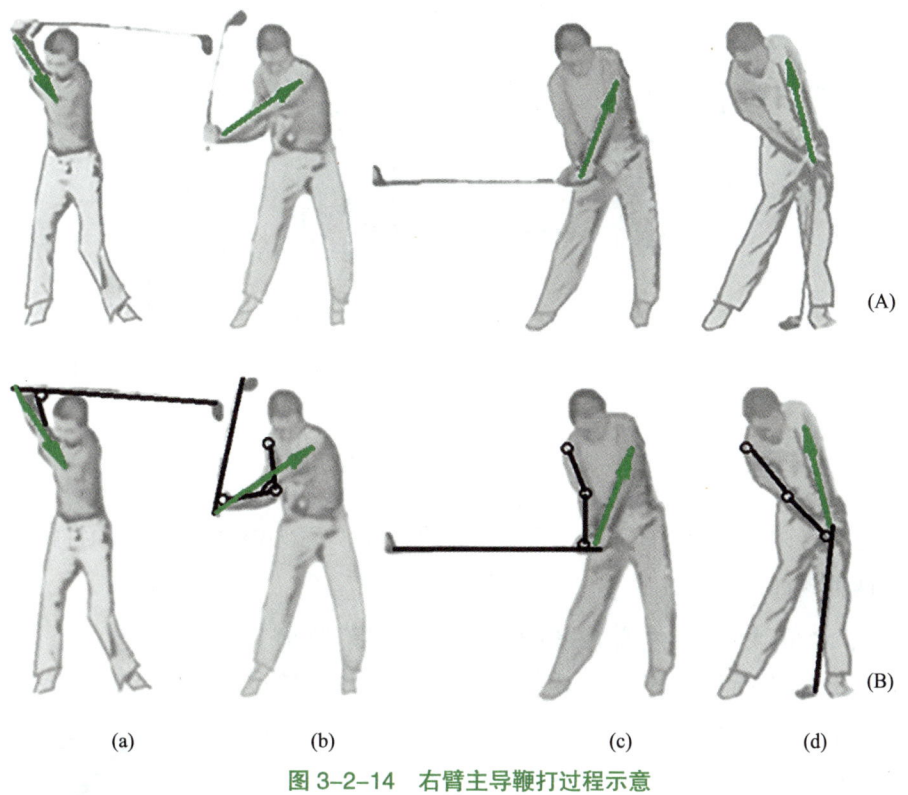

图 3-2-14　右臂主导鞭打过程示意

我们再想象,用右臂对球杆的"推力"代替右侧的"杆-臂"实物,就很容易看到并理解左臂带动球杆的鞭打实质(见图3-2-15(B)组的粗线部分)。现实中,我们将左臂的这种鞭打模式称为"抽打式挥杆"(见图3-2-15)。

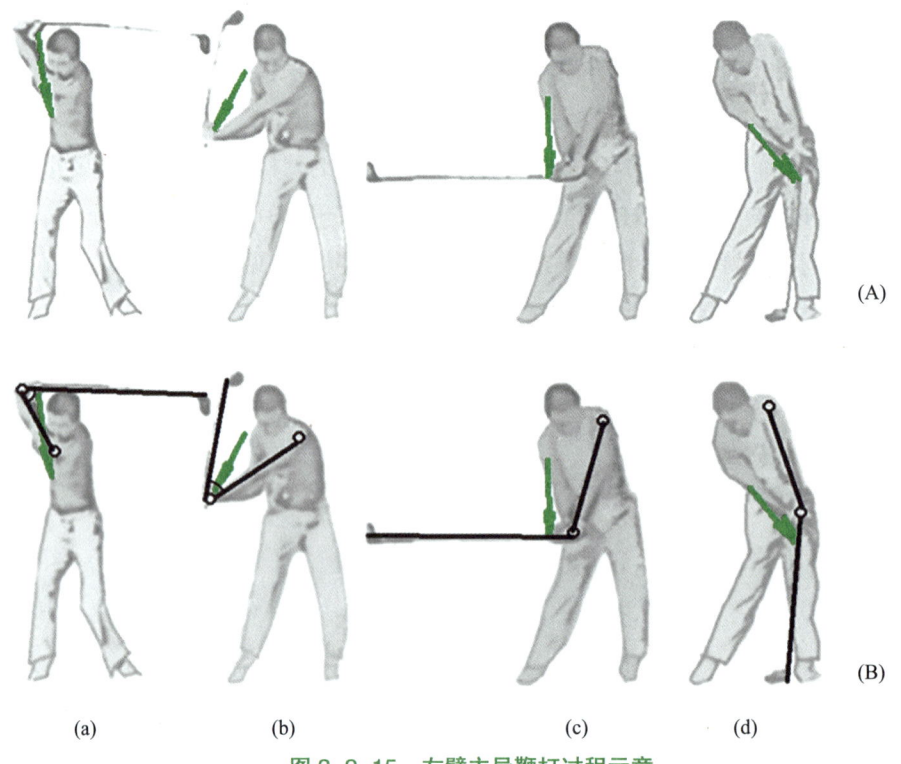

|(a)|(b)|(c)|(d)|

图 3-2-15　左臂主导鞭打过程示意

下文将详细分析"杆－臂"系统是如何融合"下砸式挥杆"和"抽打式挥杆"两种鞭打方式的。

3. 右臂主导、左臂联合参与的鞭打式挥杆

在不考虑左臂拉力作用的情况下，右臂带动球杆转动击球就是一个典型的右臂大力制动式"扇耳光"动作。在这个动作里，击打的目标就是球，击打目标线就是挥杆击球时刻手臂及球杆的连线（见图 3-2-16）。所以，球员训练时，可以仿照前文制动式"扇耳光"的方式进行右臂单臂的挥杆动作，具体而言就是：

（1）按照右上臂、右前臂、球杆的次序依次启动相对转动。

（2）在右上臂转动到右肘靠近击打目标线时，才启动前臂相对上臂的转动（见前图 3-2-14(a)、(b) 和 (c)）；

图 3-2-16
右臂鞭打目标线示意

在右前臂的右手腕靠近击打目标线时，启动球杆相对右前臂的转动（见前图 3-2-14(b)、(c) 和 (d)）；直到杆头转动到击球位置（见前图 3-2-14(c) 和 (d)）。

（3）球杆击打前，上臂和手肘到目标线的距离小于前臂和手腕到目标线的距离。

但实际上，挥杆的右臂在鞭打过程中受到左臂的拉动作用，且左臂的拉动可以大大提高右臂主导的鞭打作用。左臂对提高右臂主导的鞭打效率与右臂在鞭打各阶段的作用方式有很大关系：

（1）右上臂下转阶段

右臂鞭打动作从上臂开始下转、到右手肘移动至靠近击打目标线时，如果右上臂与右前臂间的夹角不扩大、右前臂与右手掌的夹角也不扩大，那么，左臂的拉动可以增大右上臂、右前臂以及球杆连成的整体向下的转速（见前图 3-2-14(a) 和 (b)）。

（2）右前臂相对上臂的转动阶段

在后续的右臂鞭打动作中，当右手肘处释放右上臂与右前臂的夹角，在右前臂开始相对右上臂转动直到手腕靠近击打目标线的这个阶段，如果继续保持右手腕不变形，左臂的拉动可以继续增大右上臂和右前臂连成的整体的转动，但主要会增大右前臂与球杆构成的整体相对右上臂的转动（见前图 3-2-14(b) 和 (c)）。

（3）球杆相对右前臂的转动阶段

在最后的右臂鞭打动作阶段，即球杆相对右前臂转动的阶段，右手腕也释放了，左臂通过对握在球杆末端的左手的拉动，可以使球杆加速相对右前臂转动，直到杆头转动到击球位置（见前图 3-2-14(c) 和 (d)）。由于这个阶段左臂的拉力来自躯干的驱动，驱动球杆转动的是右手的压力与左臂拉力的联合作用（见图 3-2-17(a)、(b) 和 (c)），这个联合作用的转动效应远大于右手肌群单独对球杆的转动效应。前面介绍过泰格·伍兹在击球瞬间之前会通过大力蹬直左腿从而额外增加 20 码的开球距离，由此可见这种左腿的蹬直动作可以及时高效地增加同侧左臂对球杆的拉动作用。

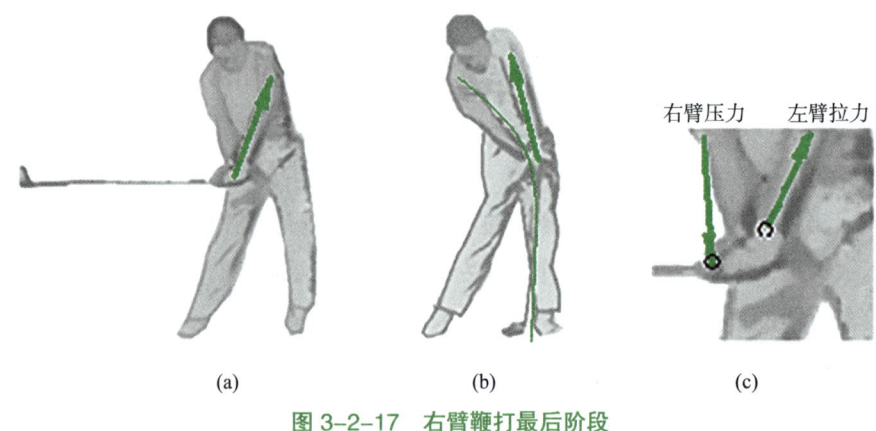

图 3-2-17　右臂鞭打最后阶段

我们在高尔夫球挥杆指导书籍中一般都能看到这样一条建议：下杆前期一定要将右手肘靠向躯干右侧。上文提到在下杆前期要将右手肘靠向右侧鞭打目标线是同样的目的。其实更准确的要求应该是：下杆前期，右手肘要先靠向右臂鞭打目标线，然后是右手腕再靠向鞭打目标线，最后才是杆头击打目标球。

很多指导书籍还有这样的要求，即：右手肘、右手腕不能提前释放。从前述分析即可以理解这些要求的原理所在。

4. 左臂主导、右臂联合参与的鞭打式挥杆

在不考虑右臂作用的情况下，左臂带动球杆击球就是一个典型的左臂制动式反手"抽耳光"的动作。由于下杆时左肘不弯曲，左上臂和左前臂一直保持伸直状态，所以左臂单独带动球杆的动作是一个更简单的类似扇耳光的动作。

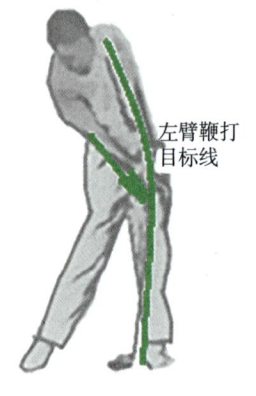

图 3-2-18
左臂鞭打目标线

同样，击打目标就是球，击打目标线就是挥杆击球时左臂与球杆的连线（见图 3-2-18）。可以看到，左臂鞭打目标线在球杆以上部分与前述右臂鞭打目标线是不一样的。

可以完全仿照前文的大力制动式扇耳光的方式进行左臂单臂的挥杆动作：

（1）左臂、球杆从左肩开始向杆头依次启动相对上一段的转动。

（2）在左上臂和左前臂整体转动到左手腕靠近击打目标线时，才启动球杆相对左臂的转动，直到杆头

转动到击球位置。

由于这个鞭打主体只有两节杆件，所以控制左臂主导的鞭打比控制右臂主导的鞭打更简单。

实际上，左臂主导的鞭打过程中是有右臂相连的。右臂传来右肩的推力，这个推力可以大大提高左臂主导的鞭打运动的鞭打效应。而且，在左臂主导的左臂球杆鞭打过程中，右臂可以通过其本身的右上臂、右前臂、右手掌的鞭打运动更高效地推动左臂和球杆的鞭打。可以说在左臂主导模式的鞭打过程中，右臂的动作就是叠加在其间的一次鞭打，或又一个右臂"扇耳光"的动作。

在左臂为主导的鞭打模式过程中，右臂推动的次鞭打过程如下：

（1）前期，左臂从开始转动下杆直到左手腕靠向左臂鞭打目标线；同时，右臂的鞭打达到右手肘靠向右臂击打目标线（见图3-2-19(a)和(b)）。

（2）后期，右手臂中右手肘关节、右手腕关节依次释放，右手掌通过拇指和食指推动球杆转向击打目标；同时，左手手腕释放并拉动球杆转向击打的目标（见图3-2-19(b)、(c)和(d)）。

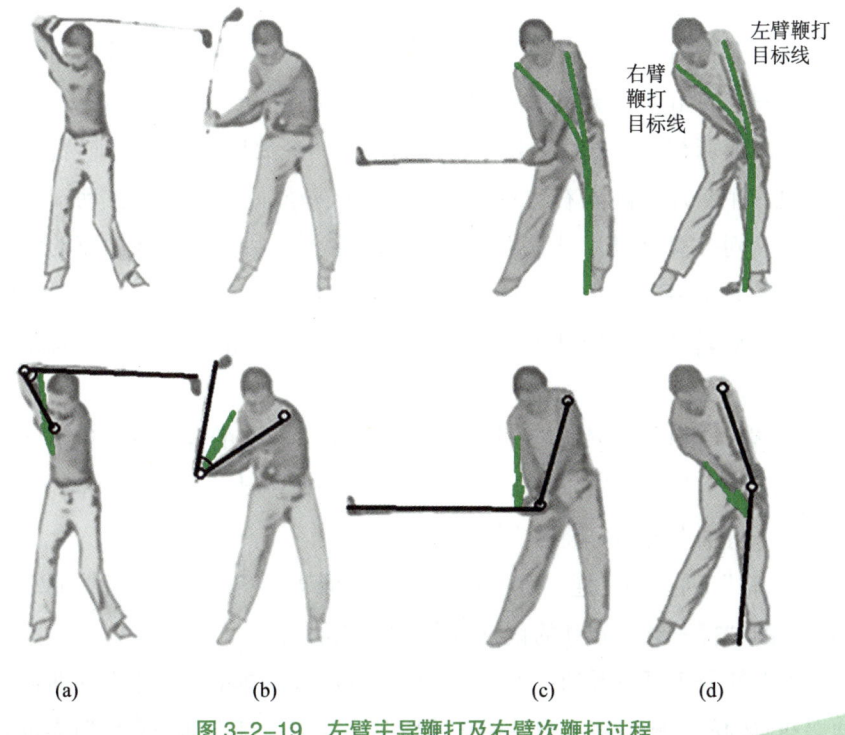

图 3-2-19　左臂主导鞭打及右臂次鞭打过程

在左臂主导模式引导球杆的鞭打过程中，右臂的推动作用能更明显和有效地增大球杆最后的鞭打速度。由此，身体驱动的肩轴转动高效地转换成了球杆的快速转动。

5. 下杆的节奏

挥杆可以有不同的下杆节奏。

挥杆下杆是身体驱动的鞭打行为，挥杆动作的节奏必须符合鞭打行为的规律才能产生最高效的击打。

对"杆－臂"而言，按照前述鞭打下杆方式，开始下杆后，首先，需屈右肘，使右前臂尽量靠向右上臂。只有右手肘接近右臂击打目标线后，才能开始右前臂相对右上臂的转动（见前图3-2-19(a)、(b)和(c)）；其次，右前臂开始相对右上臂转动后，只有在右手腕接近右臂击打目标线后，才能开始球杆相对右前臂的转动（见前图3-2-19(b)、(c)和(d)）。实际上，由于右前臂相对右上臂转动的时间以及球杆相对右前臂转动的时间非常短暂，球员根本来不及精准掌控这两个相对转动的启动时机，因此，只要球员具有"这两次相对转动存在先后顺序"的意识就行了。

所以，下杆阶段"杆－臂"鞭打动作的关键节奏是：下杆开始时，屈右肘，减小右前臂和右上臂的夹角角度，到右手肘接近右臂击打目标线时，才开始释放右前臂相对右上臂的转动，进而再开始释放球杆相对右前臂的转动。在这个过程中，左臂随着右臂中各关节的依次释放而自动依次拉动球杆随右臂转动和相对右臂转动。从前面的分析可以看到，由于被左臂加速的转动体依次变短（右上臂＋右前臂＋球杆→右前臂＋球杆→球杆）以及前述的鞭打效应，左臂对转动体的转动加速依次迭代增大，杆头击打时的高速就是这样产生的。

"杆－臂"鞭打运动的动力来自身体的驱动。我们的身体驱动有下肢驱动和躯干驱动两个阶段。如前面所介绍，正常的身体驱动的节奏变化是：下肢驱动髋快转→肩轴慢转→肩轴更快转。

"杆－臂"的运动是通过直接相连的肩轴驱动，下杆过程中身体驱动节奏及其对应的"杆－臂"转动的鞭打节奏必须相配。

从以上的分析可以看到：下肢对髋的驱动阶段基本对应躯干左转肌群的继续伸展和肩轴的慢转阶段；肩轴慢转阶段基本对应下杆启动到右手肘靠近右臂

击打目标线；肩轴更快转阶段基本对应右前臂相对于右上臂的转动，以及随后的球杆相对于右前臂的转动阶段。

这里提到的"右手肘靠近右臂击打目标线"也即通常所说的"右手肘靠近躯干右侧"。这也是在很多高尔夫球教材和教练指导中常见的提法。可见，右手肘是否靠向了躯干右侧，也可以视为下杆节奏是否适宜的重要分界，并且更直观。所以，也可以更通俗地说，肩轴慢转阶段基本对应下杆启动到右手肘靠近躯干右侧阶段。

由此，可以将下杆阶段躯干和"杆－臂"系统的运动节奏合并简化为两步：

第一，下肢使重心左移至左脚并伸展躯干的左转肌群，由此同时带动肩轴的慢转，进而带动"杆－臂"系统中右肘靠向躯干右侧。

第二，左腿大力后蹬使身体重心转移到左脚后外侧，由此同时也进一步伸展躯干左转肌群，随后躯干开始大力扭转并同时下肢挺直挺硬。同期，右臂依次释放右肘关节和双手腕关节，由此形成肩轴的快速转动并带动"杆－臂"中的右前臂和球杆依次转动，直到左臂和球杆成直线击球。

这也就是一般球员下杆过程中，身体驱动及其对应的"杆－臂"系统转动的最佳动作节奏。

6. 下杆节奏与杆长的关系

用同样的力推动不同质量的物体，不同物体获得的加速是不一样的。同样的推力下，质量小的物体被加速快，质量大的物体被加速慢。用同样的身体力量转动球杆，不同球杆获得的转动加速也是不一样的。根据物理原理，同样转动作用下，球杆获得的转动加速不仅与球杆的质量成反比，还与球杆的长度的平方成反比。球杆越短、越轻，越容易被转动；球杆越长、越重，越难以被转动（见图3-2-20）。在下杆后期，从球杆转动下杆到与左臂成直线击球的位置所需的时间来看，短铁杆所需时间最短，长铁杆次之，长木杆最长。所以，同一位球员用不同的球杆击球，从下杆开始到触球这段时间内的挥杆节奏是不一样的。杆的长短差别越大，下杆节奏的差别也就越大。

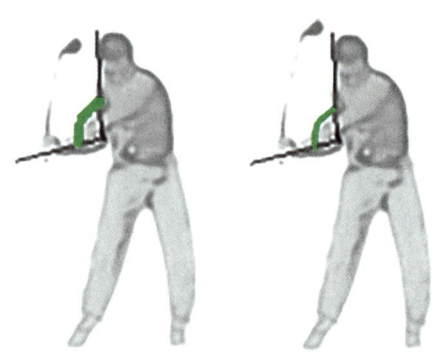

图 3-2-20　球杆长度影响的比较

同一位球员，如果在下杆后期试图用平时挥动短杆的时间去驱动长杆，使其相对左臂转动，通常情况下，球杆会滞后左臂通过击球位，从而打到球的上半部导致剃头球、右曲球，或者根本打不到球。反之，如果球员试图用平时挥动长杆的时间去驱动短铁杆相对左臂转动，通常情况下，球杆会超前于左臂通过击球位，从而导致剃头球、左曲球，或者根本打不到球。这些失误就是下杆节奏不合理造成的。

一位球员合理的下杆节奏是基本稳定的，它与球员的身体素质、使用的球杆及挥杆方式有关。球员可以从一号木，或者 S 杆开始，通过调整右前臂相对右上臂转动的合理启动时机，来找到适合自己的每一根杆的合理挥杆节奏。正常情况是大一号的杆不仅下杆总时间要稍长，而且鞭打各阶段的时间也要稍长。

各种杆的合理挥杆节奏需长期练习摸索才能找准并建立肌肉记忆。实际挥杆时，球员就只需根据肌肉记忆打出相应的节奏，不要再有过多的想法和顾虑。

7. 调控右臂不同的鞭打节奏，击打出不同弹道

在手臂（尤其是右臂）及球杆的鞭打过程中，通过对手肘、手腕关节松紧时机的控制，可以形成不同的鞭打节奏。这种不同的鞭打节奏则会产生不同的击球效果。

按照通常的鞭打方式，在右前臂启动相对右上臂的转动前，应尽量减小右上臂和右前臂夹角，这样球杆在躯干后续爆发式驱动中得到的加速多，击球时杆头运动曲线的曲率半径小，球杆的转速快，最后的击球一定是又高又远（见

图3-2-21(a)）。

如果在鞭打式挥杆过程中，右上臂下落时，右前臂没有与右上臂达到最小的角度就开始右前臂相对右上臂的转动，这就是所谓的"提前释放"。这样的挥杆在躯干后续爆发式驱动中得到的加速少，击球时杆头运动曲线的曲率半径大，球杆的转速慢，最后击出的球就会落点近、弹道低（见图3-2-21(b)）。

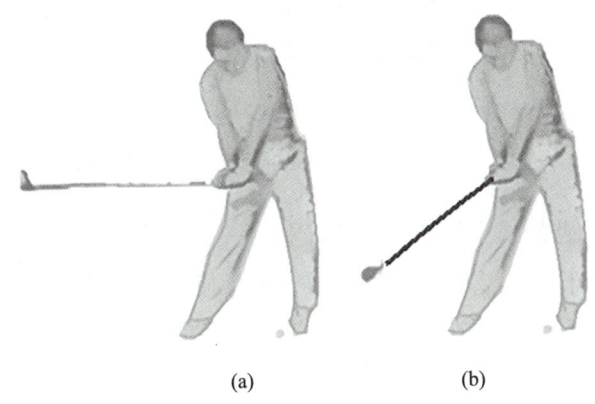

图3-2-21　提前释放的影响比较

利用这样的规律可以根据需要打出不同弹道、不同距离的击球。

8. 鞭打驱动中杆头运动方向的控制

左臂模式下杆鞭打运动是由左臂的转动和球杆相对左臂的运动实现的。左臂和球杆这两条相交的线段构成空间的一个动态平面。所以，在此模式下，只要控制该动态平面落入标准挥杆平面，即可保证杆头轨迹在这个标准平面内，从而保证杆头在击球时的运动方向能对准目标方向（如前图3-1-5所示）。

为此，只要控制左臂以及握杆的右手构成的动态挥杆平面保持在标准挥杆平面内，左臂模式主导的鞭打就一定能落入并保持在标准挥杆平面内。要使握杆的右手保持在标准挥杆平面内，只要右臂在挥杆次鞭打过程中使右手保持在标准挥杆平面内就可以了。

在右臂模式主导的鞭打方式中，因为构成鞭打的右上臂、右前臂、右手及所握球杆这三个杆件在鞭打过程中并不在一个平面内（见图3-2-22），所以难以直接通过右臂模式主导的鞭打动作来控制球杆转动的方向。但是，右臂模式主导的鞭打中可以借助于左臂的拉动。左臂通过握杆的左手对球杆的拉动不仅能极大增强右臂主导鞭打的力度，还可以通过和右手的配合使球杆和左臂在下杆过程中保持在标准挥杆平面内（见图3-2-22）。

图3-2-22 右手控制球杆与左臂在挥杆平面

所以，在右臂模式主导的鞭打方式中，一是可以借助于左臂，保证左臂保持在标准挥杆平面内；二是保证握杆的右手及其所握球杆保持在标准挥杆平面内，来控制杆头轨迹方向在击球时能对准目标方向。

可以看到，无论左臂模式主导的鞭打方式还是右臂模式主导的鞭打方式，只要能在鞭打过程中，将左臂和球杆构成的动态挥杆平面保持在标准挥杆平面内，就可以保证击球时的杆头轨迹方向能够对准目标（见图3-1-5）。为此，在下杆后期，要保证左臂和球杆保持在标准挥杆平面内，关键是要控制握杆的右手在推动球杆相对左臂转动的过程必须保持在标准挥杆平面内。实际上，在右臂伸直前，右前臂和右上臂构成的平面并不在标准挥杆平面内，这两个平面是相交关系，因此右臂的伸直过程很容易将右手撑出标准挥杆平面。有些球员在下杆过程中右臂大力推动球杆造成击球左飞就是这个原因。

为了保证右手及球杆在下杆后期保持在标准挥杆平面内，在下杆前期，除了将右手肘尽快靠向身体右侧外，还要将右肘，即右前臂和右上臂构成的平面尽量靠近标准挥杆平面；而且，在下杆后期伸直右臂的过程中，要通过控制右手腕肌群和右手肘的扭转进一步调控右手保持在标准挥杆平面内运动。上杆过程中要避免"鸡翅膀"动作，就是为了避免下杆前期右手肘来不及靠向标准挥杆平面，导致将右手不在标准挥杆平面内。

通过前述对挥杆鞭打方式的分析可以看到，控制右臂及球杆鞭打节奏可以产生最高效的击打，控制左臂及球杆的鞭打方向可以产生最准确的击打方向。

五、根据平行四边形变形规律，叠加球杆相对左臂的转动

除了根据上述鞭打原理高效叠加球杆相对左臂转动，也可以根据平行四边形变形的规律构成高效的球杆加速运动。

1. 平行四边形机构被驱动的变形特点

如前文所述，一个平行四边形可变形机构，在其顶边受力转动时，机构内的约束不同，机构将产生不同的运动形式。

在顶边被驱动时，如果机构的底边两角的变化被约束住，则机构会保持整体不变形，即各杆件不发生相对运动，并且机构整体将被驱动绕固定支撑点转动（见图3-2-23(b)）。

在顶边被驱动时，如果机构的四角不被约束，但竖向两边杆件被同时拉向靠拢，则机构竖向两边杆件可以只发生移动而不发生转动，只有上下两边的杆件发生转动（见图3-2-23(b)）。这样的竖向两边杆件靠拢情况，随着机构的进一步转动，底边杆件可以转动到与竖边杆件成一条直线的位置。

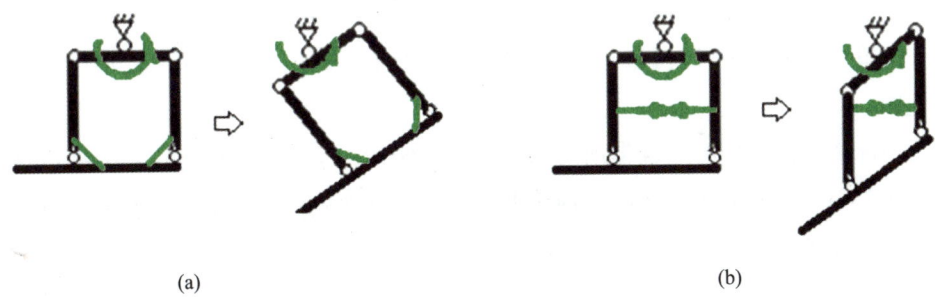

(a)　　　　　　　　　　　　　(b)

图 3-2-23　两种驱动平行四边形的方式

由此可以得到两种不同的方法，将平行四边形杆件机构的上部驱动有效转换为下部杆件的转动：第一种是顶边驱动时约束住底边杆件与竖边杆件夹角不发生变化，则四个杆件成一个整体转动，两竖边杆件和底边杆件保持与顶边杆件同等转动；第二种是顶边驱动时，放松四角的约束，维持两竖边杆件靠拢，则底边会产生与顶边杆件一样相对竖边杆件的转动。

2. 下杆过程中，"杆－臂"间构成近似平行四边形

在下杆过程中，特别是下杆后期，因为双臂的长度远大于肩轴的长度以及握杆的双手之间的球杆长度，双臂和上部的肩轴、下部两手间所握球杆部分

可以构成一个近似平行四边形。肩轴和两手间所握的球杆是上下两边，双臂是侧向两边，右臂在前期虽然有弯折，但可以看作是长度可变化的一边。如图3-2-24 所示。

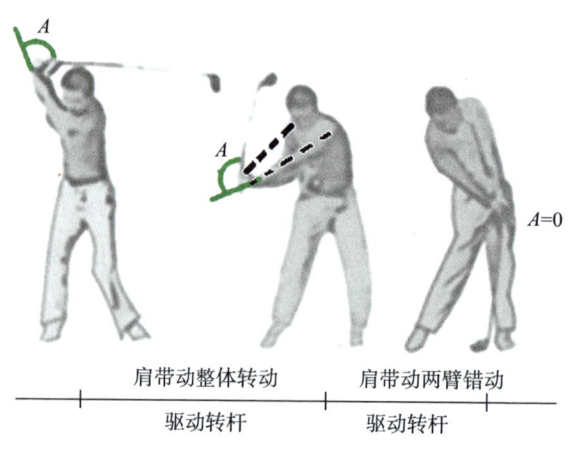

图 3-2-24　下杆过程的近似变形方式

3. 下杆过程中"肩–臂–杆"之间的运动

单平面挥杆下杆过程，其实就是上述近似平行四边形机构两个变形过程的叠加。

挥杆下杆前期，肩轴带动杆和臂呈整体转动，这期间球杆与左臂的夹角要保持不变。这近似于前述第一种将平行四边形杆件机构上部驱动有效地转换为下部杆件转动的方法。

下杆后期，肩轴转动时，两只伸直的手臂靠拢，从而带动作为底边的双手之间的球杆相对竖向的左臂转动，直到底边双手之间的球杆转动到与左臂成直线击球，这时球杆与左臂的夹角角度已经为零。这近似于前述第二种将平行四边形杆件机构上部驱动有效地转换为下部杆件转动的方法。

将上述两个过程综合，并用杆件来简化表示球杆、手臂及驱动的肩轴，用可转动的铰接连接代表身体部位之间的关节（如上图 3-2-24 所示），肩轴通过手臂驱动球杆转动直到击球的整个下杆过程就可以更加直观地展现（见图 3-2-25）。因为这种机构变形分析的直观性，有些高尔夫球学者不直接采用抽象的力学原理分析高尔夫球动作的用力方法，而是更愿用直观的机构运动原理分析和指导高尔夫球的挥杆动作。

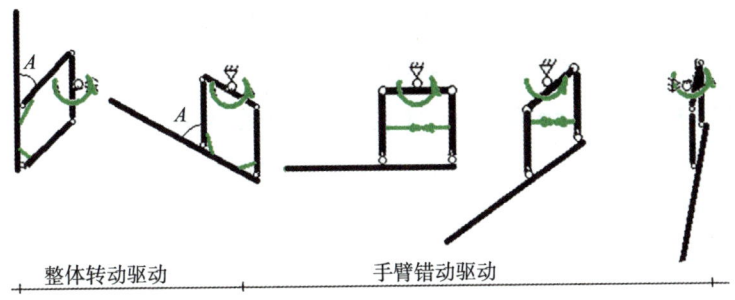

图 3-2-25　下杆过程的近似变形过程

4. 如何为下杆后期构建能错动的平行四边形

要想在下杆后期构建能错动的平行四边形，首先，在下杆前期要使右肘尽早下落靠向左臂，以使双臂能够尽量靠拢。世界著名高尔夫球星本·侯根（Ben Hogan）曾强调下杆时"双臂的两手腕和两手肘要如同被绑在一起"就是这个道理。

其次，右手肘到位后立即释放右臂肘关节、左右手腕关节，并将右手掌根对左手的顶压改为前伸拇指、食指对球杆的顶压。此处释放右臂的肘关节、腕关节，主要是释放这些关节外侧的肌群，然后靠其内侧的肌群在后续动作中还要发挥作用。右臂、右肘、右腕的内侧肌群主要是维持右臂的弯折，以使其在后续的动作中像一个在右肩和右手拇指、食指之间的可伸展杆件（见图 3-2-26(a) 虚线所示）。这个杆件能够将右肩的顶推力传递到右手拇指和食指在球杆握把上的顶压处（见图 3-2-26(b) 和 (c)）。

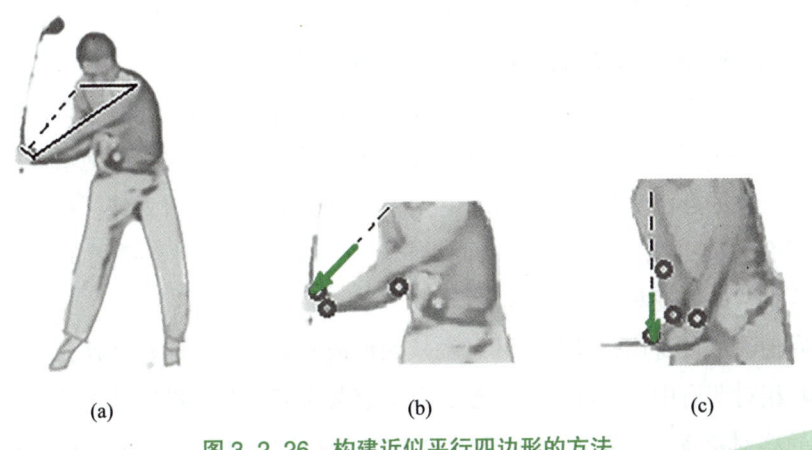

(a)　　　　　　　　(b)　　　　　　　　(c)

图 3-2-26　构建近似平行四边形的方法

在右手肘到位后，这些关节处肌群用力的作用即刻完成，"肩－杆－臂"构建的近似平行四边形机构也就即刻形成。

5. 下杆后期叠加球杆相对左臂转动的方式

在"肩－杆－臂"构成的近似平行四边形机构形成后，随着肩轴的持续转动，两手臂被强力错动，球杆则被强力相对左臂转动，直到球杆与左臂成直线击球。击球时的杆头速度，等于左手握杆处的速度再加上球杆相对左手握杆处转动的速度。由于球杆相对左臂的转速远大于左臂的转速，球杆的长度又大于手臂的长度，因此杆头击球时速度很快。

在右手肘下落到位，也就是肩轴驱动两手臂错动开始时，左臂到与球位对准的位置还有一定角度。左臂能够转过这个角度达到与球在一条直线上，主要依靠下杆前期"肩－杆－臂"整体向左转动的惯性。

需要注意的是，下杆后期肩轴的大力转动带动球杆相对左臂的加速转动，在此过程中，肩轴转动不仅不会增加左臂的转速，还会降低左臂的转速。这与花样滑冰中运动员将手臂打开使身体转动减速是一样的原理。所以，在下杆后期，如果左臂和球杆连在一起摆动，会降低左臂和球杆联合摆动的转速，只有通过双臂更多的错动，才能增加球杆相对左臂的转动。

利用这个规律调整左臂和球杆之间的转速，可以控制"杆－臂"成直线击球：如果球杆超前，可以增大手腕对球杆和左臂间的约束，加强"杆－臂"转动的整体性，相当于拖一下转动过快的球杆的后腿，从而减少球杆相对左臂的转速，达到"杆－臂"成直线击球；如果球杆滞后，则可通过增大双臂间的错动以增加球杆相对左臂的转速，同样使"杆－臂"成直线击球。

6. 由两肩的错动增加手臂的错动

杆头击球速度由"杆－臂"成直线时左臂的转速和球杆相对左臂的转速构成，且主要由球杆相对左臂的转速决定。由此可见，要最大限度地增大杆头速度，最有效的办法是尽量增大球杆相对左臂的转动，而要增大球杆相对左臂的转动最有效的办法是增大左右臂间的错动（见图3-2-27）。手臂的错动主要依靠两手臂的靠拢和肩轴的大幅度转动。

肩轴除了被身体驱动呈整体转动从而形成肩的前移和后移之外，其实还有两肩峰相对两肩中心的前摆和后摆，可参照蒙古舞的前后抖肩动作。为了增加两肩的相对错动，上杆时除了身体的扭转，还应增加左肩的前摆和右肩的后摆；而在下杆过程中，两肩的回摆则能进一步增加两肩的总错动量；此外，还要保证这些摆动与转肩合成的错动要在标准挥杆平面内。

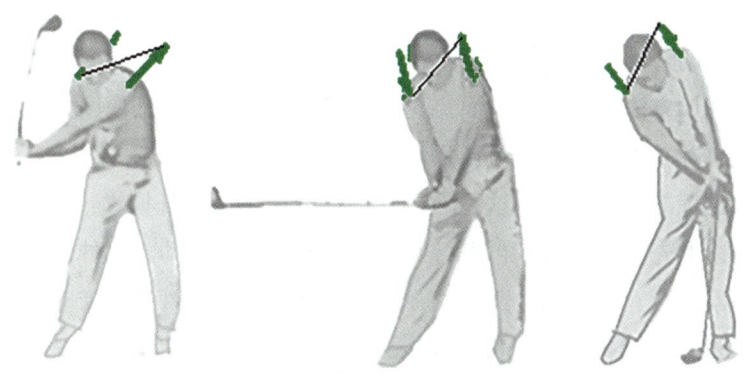

图 3-2-27　左右臂间的错动

可以注意观察下那些挥杆高手，除了最大幅度的转肩，他们还尽量加大双臂错动的幅度。像泰格·伍兹（Tiger Woods）会在击球前左腿上蹬，而罗里·麦克罗伊（Rory McIlroy）在击球前会用强壮的左臂肌群将左臂弯折并左手上提，本质都是尽量增加手臂错动的幅度和力度以加速球杆相对左臂的转动。

7. 动态挥杆平面的调控

对挥杆击球方向的控制，除了前述保证左臂和球杆成直线击球，还必须控制下杆后期过程中肩轴、双臂、球杆所构成的近似平行四边形保持在标准挥杆平面内（见前图 3-2-26(b) 和 (c)）。

与利用鞭打原理驱动球杆相对左臂转动一样，只要球杆和左臂构成的动态挥杆平面保持在标准挥杆平面内，则右肩峰和右手之间连线也必然保持在标准挥杆平面内，因此，在利用平行四边形变形规律叠加球杆相对左臂转动的下杆后期，同样只需保证左臂、球杆构成的动态挥杆平面始终保持在标准挥杆平面内运动。

（1）单平面挥杆方式对方向的控制

对于单平面挥杆，下杆前期和下杆后期虽然有结构形态的变化，但全部构件仍在同一个平面内运动，这个共同的动态挥杆平面是不变的。所以，在上杆完成到下杆开始时，就可以直接按平行四边形两种变形的方法驱动下杆直到击

球。这属于典型的本·侯根挥杆模式。

（2）先过渡到单平面挥杆开始位置的方式

双平面挥杆方式中，在下杆前期球杆和左臂构成的动态挥杆平面，与下杆后期的平行四边形标准挥杆平面不在同一个平面内。此时不能简单套用两种平行四边形变形方法驱动下杆，而要充分利用双平面挥杆上杆幅度大、能够增加前期驱动作用的优势，下杆前期仍采用前述双平面下杆方式，尽快将球杆和左臂调整到标准挥杆平面。这之后再开启标准单平面挥杆模式："肩－杆－臂"构成的四边形先整体转动，再平行四边形两竖边错动驱动。这种下杆方式经历了挥杆平面过渡、球杆和左臂形成一个整体被驱动、双臂错动带动球杆绕左臂转动三个过程。弗雷德·卡波斯（Fred Couples）的下杆方式属于这类方式的典范。

（3）直接过渡到启动错动手臂驱动的开始位置的方式

双平面挥杆方式中动作到达上杆顶点后，在上下杆转换阶段，直接将左臂和球杆构成的动态挥杆平面调整到标准挥杆平面内，在错动双臂带动球杆相对左臂转动的位置启动，且在下杆前期将右手肘靠向身体右侧。此后，就是按平行四边形变形方法，错动双臂驱动球杆转动到与左臂成直线的位置击球。这种方式是将上述第二种方式中过程一、二合并了。杰克·尼克劳斯（Jack Nicklaus）的下杆方式属于这类的典范。

六、三种叠加球杆相对左臂转动模式的比较

从前文的分析中可以看到，下杆后期过程叠加球杆相对左臂的转动有三种方式：右臂主导模式按鞭打原理叠加球杆对左臂的转动；左臂主导模式按鞭打原理叠加球杆对左臂的转动；按平行四边形变形规律叠加球杆相对左臂的转动。这三种方式各有特色。

1. 叠加驱动效应的大小

在右臂主导模式的鞭打式挥杆方式中，右前臂与右上臂之间的夹角能够被尽量减小，以形成最大力的鞭打运动。这种下砸式挥杆可以使球杆被鞭打驱动的幅度更大、使身体驱动的能量更多向杆头集中，从而达到最佳的击打效果（见前图 3-2-14）。

2. 击打方向的稳定性

在左臂主导模式的鞭打式挥杆中，左臂拉动球杆转动直到击球；在右臂主导模式的鞭打式挥杆中，右臂推动球杆转动直到击球。力的作用过程有这样的规律：拉力总是使被作用物的运动收敛于拉力作用的方向，而物体被推力作用后的运动方向是有发散性的。

所以，左臂主导模式的鞭打式挥杆中，拉动球杆击向球位或者左臂按照平行四边形运动规则引导球杆击向球位，杆头方向的稳定性都要好于右臂主导的模式。球员可以分别用左右臂主导模式击球来体会这种差别。

3. 用力控制方式与运动控制方式的区别

前文分析过，根据鞭打原理叠加球杆相对左臂的转动，是通过球杆和手臂的受力分析得到的合理驱动方式；根据平行四边形变形规律叠加球杆相对左臂的转动，是通过球杆和手臂的变形运动分析得到的合理驱动方式。

力是看不见的，但球员身体对力的感受灵敏，运动和变形则是可以直观看到的。根据鞭打原理叠加球杆相对左臂的转动，可以体验力量的美感；按杆件平行四边形变形规律叠加球杆相对左臂的转动，则更简单和直观，球员对机构运动方向的控制也相对机械和简单。

七、顺势而为地驱动和传动

挥杆的动力源泉主要是身体驱动，包括下肢左拧躯干和躯干的扭转，特别是下肢左拧躯体在重心转移到左脚后外侧之后，躯干相对髋部的扭转；而其他如臂、肘、腕、杆都是在传递动力，它们依次用不同的方式使运动系统的末端得到最大的加速，也就是使杆头在击球前获得最大的速度。顺势而为，就是适时地依次将身体驱动叠加到已经被驱动的构件上，直到使得击打的端点获得最多的加速。身体的驱动要顺势而为，肢体的传动也要顺势而为。如果不是顺势驱动或传动，就会产生驱动和传动过程中力量的抵消。

1. 将左臂对球杆的拉动，顺势简化为左肩峰直接拉动左手腕

虽然前述在下杆后期，按杠杆原理用力，有两种叠加球杆相对左臂转动的方式，但这两种方式中有如下共同之处：①握杆方式已使左手腕以下的左手与球杆形成同一个受力整体；②左臂都是通过左手腕拉动传动机构，而且在下杆

后期，左手腕已经可以自由转动；③连接左手腕和左肩峰之间的左臂基本保持呈直线；④左臂受到的拉力来自左肩，而左肩关节是可以自由转动的。

所以，不管是哪一种叠加方式，球员在挥杆下杆后期都可以将左肩通过左臂对球杆的拉动，简单化地想象为通过左肩顺势直接拉动握球杆的左手腕，这个拉力会自动通过左肩关节和左手腕关节的连线，见图3-2-28。在下杆后期，身体左侧对"杆－臂"系统的驱动经过这样的意识简化，可以加速后者的转动。

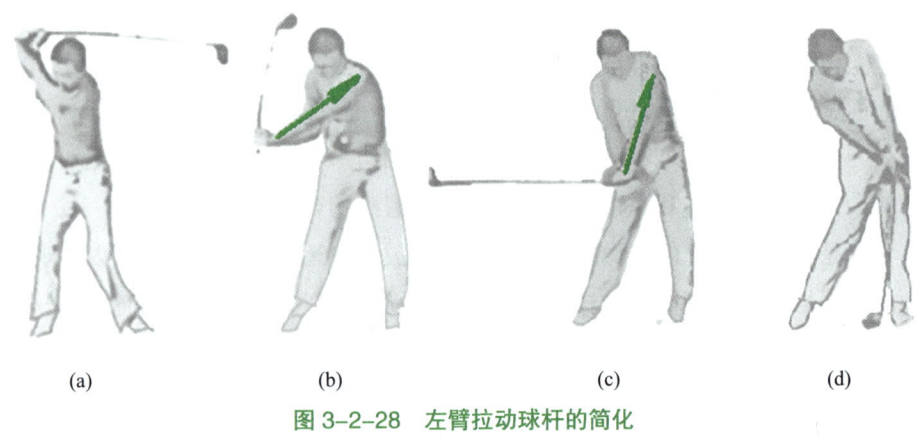

(a)　　　　　　(b)　　　　　　(c)　　　　　　(d)

图3-2-28　左臂拉动球杆的简化

这种对力量传动的意识简化能产生两方面的效果：一方面，可以使身体对"杆－臂"系统的拉动更简练而直接且易控，从而使其转动的效率更高。这相当于将肩轴和球杆之间的定滑轮以及动滑轮用力系统，直接简化为一个杠杆用力系统。另一方面，可以使左肩峰的驱动更直接，左后背就会有更多肌群被直接激活参与快速收缩，以驱动左肩峰的运动。此种意识的引导，更利于业余球员避免躯干后背随下肢的转动而提前转动，从而大大提高躯干背部左转的幅度。

这种简化带来的击球距离的增加显而易见。但需要注意的是：这种简化左侧驱动的方式只能发生在下杆后期，即右手肘已下落到位，同时两手腕、右手肘关节已经放松，左肩峰的拉动目标只能是左手腕。

2. 在已有的动能基础上，将储存的势能转换成动能

挥杆过程中，经过下肢的驱动以及躯干的转动，随着躯干转动的"杆－臂"系统已有了动能，是一个已经形成的势头（如图3-2-29(b)的下方箭头所

示)。此外,躯干还有以下两次势能积累:一是上杆时身体扭转形成的回弹势能(如图3-2-29(a)箭头所示);二是下肢拧转躯干(这里将重心的左移和后移简单归为一次拧转)时,躯干被杆头离心力、切向惯性力再次扭转后所储存的弹性势能(如图3-2-29(b)中躯干右向虚箭头所示)。通过前述右腿左撑,在躯干已有的势头上再释放两次积累的势能就是顺势而为,身体能输出最强大的驱动能量(如图3-2-29(c)的箭头所示)。这种顺势而为的动作效率才是最高的。

(a)　　　　　　　　(b)　　　　　　　　(c)

图3-2-29　躯干的蓄能方式

3. 由手臂主导增加球杆相对手臂的转动

前文介绍过,右臂主导的手臂和球杆的鞭打运动,是最优化的右臂主导下顺势增加球杆相对左臂的运动;而左臂主导的手臂和球杆的鞭打运动,是最优化的左臂主导下顺势增加球杆相对左臂的运动(见前图3-2-1)。

平行四边形变形模式的驱动则是左臂和球杆在前期被整体转动的基础上,再通过由左臂引导的双臂错动顺势叠加球杆相对左臂的转动。很明显,球杆的这个新增转动也是相对左臂的新增转动。因此,继续转动的左臂在左臂及球杆原有转动基础上,顺势叠加了球杆相对左臂的转动,球杆顺着"杆-臂"原有的转动趋势被加速转动。同样,当"杆-臂"转动到成直线击球时,杆头速度会成倍增加,且方向仍保持在原有趋势中(见前图3-2-1)。

八、用制动球杆握把的方式加速球杆转动

挥杆运动中的身体躯干、手臂、球杆都具有动能,但只有球杆杆头直接碰撞球体。由于击球时间太短,球杆以外的身体部位的动能难以在非常短暂碰撞的过程中被全部直接传递到球上,所以,击球前要尽量将系统动能向球杆,特别向触球的杆头集中。为此,要在击球前尽量增大球杆相对握杆处的转动。

一个杆件在整体水平下落的过程中,当其一个端部运动受到快速限制,即被制动,则杆件会加速绕被制动处向下旋转(见图 3-2-30(a)),同时杆件之前获得的动能由此基本会转化为杆件绕其被约束的端部转动的动能,杆件自由端部也由此获得最大的击打速度以及击打强度。同样道理,一个慢速转动的杆件在下落过程中受到上述同样的制动,当下落慢的一端受到制动时,下落快的一端会加速绕被制动的一端加速转动(见图 1-3-4(a) 和 (b))。

当被高举到顶的球杆(见图 3-2-30(b))被大力下砸,转过约 180° 达到水平位置附近之时(见图 3-2-30(c)),可以由躯干的大力转动通过左肩和左臂直接向上拉动所握球杆,同时左腿还可以大力撑直从而再次推高左肩,由此更大幅度向上拉动左手所握球杆。左臂这种在非常短时间内通过左手对下落球杆的上拉行为对球杆的作用就像图 3-2-30(a) 中支座对下落杆件的制动作用一样:左手端球杆的下移被阻止,杆件的其他部位因为运动惯性会继续运动,由此下砸过程已经被快速下砸和转动的球杆再次迅速形成绕左手的加速转动(如图 3-2-30(c) 所示)。

(a)　　　　　　　　　(b)　　　　　　　　　(c)

图 3-2-30　制动方式加速球杆转动

球杆是在被高举后的下砸过程中受到制动而再次获得冲击式加速转动，进而在杆头转动到击打位时自然会形成后续强烈的杆头击球，所以这种挥杆方式又被称为制动式挥杆或下砸式挥杆。

前面所述右臂主导鞭打方式挥杆、左臂主导鞭打方式挥杆都是逐级依次、持续顺势而为地叠加对球杆的驱动，由此获得最大的杆头击球速度。这些挥杆加速显得流畅、优雅，犹如交谊舞中华尔兹的风格，是目前职业挥杆的主流。

下砸、制动式挥杆则是在大幅上杆到顶后下砸球杆，然后在球杆再次达到水平位置附近时通过蹬左腿、升左肩、提左臂对球杆握把后端下移的大力制动，由此获得最大的杆头击球速度。其中大力蹬左腿的动作最为明显的表现是左脚后侧都有离开地面，更有一些球员甚至带动右脚都离开了地面。这种驱动显得强烈、顿挫、简练但高效，展现出力量爆发的美，犹如交谊舞中探戈的风格，也被一些著名球星如弗雷德·卡波斯（Fred Couples）等所采用。

九、送杆和收杆

下杆之后送杆之前的动作是击球，而击球是所有挥杆动作的目的。如何有效击球，将在后面"杆头击打方式的控制"一章中专门介绍，这里先分析送杆和收杆动作。

1. 送杆的作用

挥杆击球的一个要点，是要保证球被击出的方向尽量准。

越靠近击球的位置，杆头的速度越快。球员在击球的瞬间是无法控制方向的，只能通过在更大范围对球杆运动趋势的控制来达到对击球方向的控制。对球杆击球后运动趋势的控制就是"送杆"。

挥杆过程中，杆头的运动轨迹是一条空间曲线。通过对球杆在标准挥杆平面内运动的控制，可以使球杆在三维立体空间的运动简化为在标准挥杆平面这个二维平面内的运动，由此使运动方向的控制更为容易。

为此，除了在球杆下杆速度较慢的前期就要把球杆引导至标准挥杆平面内，还要在击球之后球杆再次慢下来时，仍有将球杆控制在标准挥杆平面内的意识（见前图3-1-5）。在击球后有意识引导球杆到某个位置（击球后球杆再次达到水平位置，且仍保持在标准挥杆平面内），就是一种送杆。对于一根运动中的球杆，当运动过程的两端都在标准挥杆平面内时，由于物体运动的惯性，球杆在中间的运动一定是保持在标准挥杆平面内的。这就是挥杆过程中送杆的科学性所在。这样，当"杆－臂"成直线在挥杆平面内击中地面上的球时，由于杆头轨迹线一直在标准挥杆平面内，杆头击球时的方向就是杆头轨迹的切线方向，也是目标线的方向。

另外，通常情况下，在击球后球员应保持杆头的后续轨迹与下杆后期杆头的轨迹相对称。例如：下杆后期杆头弧线陡窄，则击球后的杆头弧线也陡窄；下杆后期杆头弧线宽平，则击球后的杆头弧线也宽平。这也是一种送杆行为。

如图 3-2-31 所示，同样是球杆在水平位置，击球前球杆杆面和右手掌基本是朝正前方的，击球后球杆杆面和右手掌基本是朝正后方的。由此可见，由于受人体结构的限制，下杆过程中手掌及所控的杆面一直是转动的。如果转动的杆面在击球时没有正对准目标方向，即便杆头轨迹线的切线方向是对准目标的，被杆面所击打的球的方向仍然不会对准目标方向，而是飞向杆面所偏离的方向。显然，保证杆面在击球时回正，即回到瞄准时的方位，同样重要。

图 3-2-31　击球前后杆头轨迹的对称

当下杆路径与击球后送杆路径相对击球位保持对称，由于人体的对称性再加上动作的对称性，当杆头再回到击打点时，理论上来说，杆面也会回到准备姿势时的杆面位置。换言之，按照路径对称的下杆和送杆，杆面瞄准时是方正的，则击球时也是方正的；杆面瞄准时偏左，则击球时也偏左；杆面瞄准时偏右，则击球时也偏右。

实际情况中，由于握杆不是完全对称，击球时杆面会有一些偏差，但这些偏差也是可以通过事先调整以保证击球时杆面回到球员希望的杆面状态。偏差和纠偏方式会在后面相关章节介绍。

2. 送杆的动作要点

送杆的动作要点根据送杆的原理而来。

首先，球杆从挥杆平面下落击球后要顺势保持在挥杆平面内运动，直到球杆再次达到水平的位置。

需要注意的是，虽然挥杆击球来自杆头的弧线运动，要做到挥杆的顺势运动，同样离不开身体驱动力量的顺势作用或者说身体躯干的顺势运动，这一点往往为球员所忽视。对于下杆后期按鞭打原理转杆的击球，身体核心力量的驱动至少要保持到杆头到达图 3-2-32(b) 的位置。对于下杆后期按平行四边形错动变形规律转杆的击球，左肩和右肩的快速转动也要至少保持到杆头达到图 3-2-32(b) 的位置。

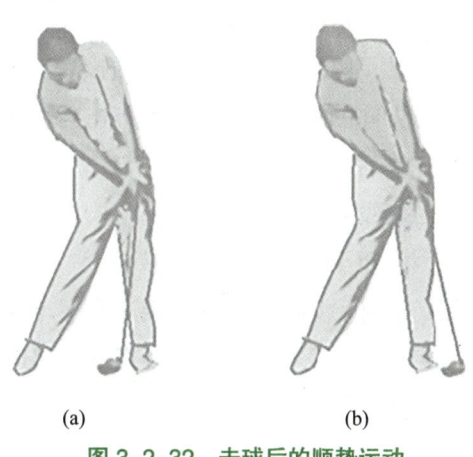

(a)　　　　　　　　(b)

图 3-2-32　击球后的顺势运动

其次，球杆从挥杆平面下落击球后，要顺势保持杆头在挥杆平面的运动轨迹与球杆在下杆前期的运动轨迹相对称，直到球杆再次达到水平的位置。为此，不仅击球时眼睛要盯着球，击球后眼睛也不能马上抬头追球。击球后马上抬头甚至起身追球会影响后续挥杆动作的对称性，进而影响击球的力量和后续送杆轨迹的对称性。只有击球后当球杆转动达到水平位置后才能抬头和转头看球。击球后的追球是一种我们日常生活中的习惯，要通过加强练习予以克服。

3. 收杆

收杆动作是送杆完成后，身体以及"杆－臂"系统的惯性行为。收杆动作不需要刻意而为。

优秀球员的收杆动作基本相似（见图3-2-33），因为他们在送杆之前都遵循了科学的用力原理。中高差点球员的收杆动作与优秀球员的收杆动作有较大差异，因为两者在送杆之前的用力就有较大的差异。另外，中高差点球员也不能通过改善收杆动作来改善击球前的挥杆动作。

但是通过观察收杆动作，依然可以帮助球员发现一些挥杆动作的问题。

（1）收杆阶段未保持身体躯干扭转轴线的倾斜角度

正常收杆时，虽然身体躯干经过了大幅度的扭转，但躯干转动轴线仍应基本保持预备站位时向正前方的倾斜角度，即保持"C"形收杆姿势（见前图2-3-11）。收杆时头部的上升即是上述躯干转动轴线端部的上升。这种上升实际是有一个过程的，有的球员可能在上身驱动过程还没有完成就开始了头部的自然抬高，也就是提前开始了躯干转动轴线端部的抬高。显然，这会影响躯干扭转驱动的效率和对击球方向的控制。通常在球杆击球后达到左侧水平位置后才能自然随杆头的惯性完成后续的收杆动作。

（2）一号木收杆时右肩没有指向目标方向

产生这种情况的原因是躯干没有充分的扭转。

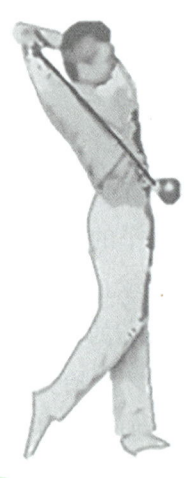

图3-2-33 收杆姿势

如前面章节所介绍，下杆后期身体驱动主要来自躯干相对髋部的爆发式扭转，同时，下肢应尽量挺直挺硬，这样的驱动会使肩轴这个躯干的顶端产生最大的转动幅度。正常情况下，收杆时右肩可以绕胸椎转到朝向目标的右前方（见图3-2-33），这就如同上杆时左肩转向胸椎的正前方甚至右前方。

如果一号木大力挥杆的收杆都不能形成如图所示右肩指向目标的情况，说明躯干没有得到充分的扭转，躯干的潜力没有得到足够的发挥。

（3）大力挥杆后的球杆未靠近球员后颈部，且与肩轴的角度大于45°

这个问题主要是因为球杆相对左臂的转动速度不够大。

在大力挥杆阶段，球杆的转动是由双臂绕肩轴的中点转动再叠加球杆绕左臂或者右手腕的转动合成形成的。这可以通过比较同样转肩幅度驱动挥杆的两个极端情况来说明：切击球时，动作要求手腕处尽量保持不发生手掌的伸屈，收杆后，球杆的最终收杆幅度小，也就是双臂为主的转动所带动的收杆幅度小；劈击球时，动作要求立腕和甩腕，收杆后，球杆的最终收杆幅度大，也就是球杆相对双臂为主的转动所带动的收杆幅度大。

前文介绍过，大力挥杆一定要遵循鞭打原理，才能使球杆相对手臂的转速尽量大。下杆后期，双臂叠加球杆相对左臂的转动主要就是驱动球杆绕手腕转动，这样才能使球杆相对左臂的转速尽量大。通过调整改进球杆及双臂转动速度的分配，增加球杆相对双臂的转动速度，可以明显提高击球距离。

（4）收杆时右脚尖没有点地

正常收杆时左脚应是撑稳的，而右脚则会由于躯干大幅向左扭转脚跟上提。特别是一号木挥杆惯性大，收杆动作完成时会自然带动右脚尖点地。否则，则表明挥杆过程中重心转移到左脚没到位，下杆后期身体并非主要由左腿支撑，或者躯干相对下肢的扭转幅度还不够大。

第三节　握杆用力的分布和手腕肌群的调控

一、手臂与球杆的连接方式

身体和手臂对球杆的所有作用力都需要通过握杆传递到球杆上，而且是将手臂的转动放大为球杆更快速的转动。

1. 握杆的方式

握杆方式因人而异。从外观看，按双手的连接方式可分为重叠式、互锁式、自然式；按握杆的强势程度可分为强势握杆、平行握杆、弱势握杆（见图3-3-1）。

虽然从外观上看有多种握杆方式，但所有握杆方式的用力方法和目的都是一样的，只是偏重略有不同。

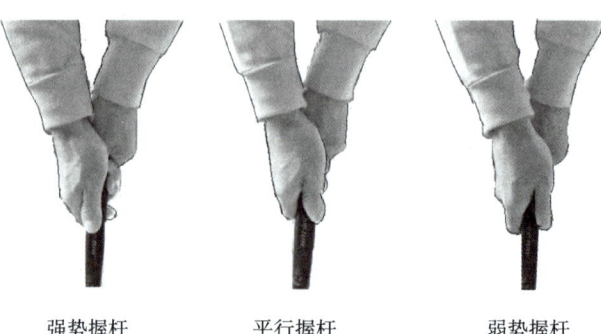

　　强势握杆　　　　平行握杆　　　　弱势握杆

图 3-3-1　按握杆强势程度分类的握杆方式

握杆最大的不同是上杆、下杆过程中用力的分布，特别是下杆前期和下杆后期用力分布的不同。在下杆前期，握杆必须保证球杆是随左臂转动；而在下杆后期，握杆又要让球杆快速相对手臂转动，并使球杆和左臂在击球位基本成直线击球。显然，在短暂的上下杆期间，握杆外观不可能有任何变化，有变化的只能是手腕转动的灵活程度和手指用力大小的分布情况。所以，手臂与球杆的连接必须既要牢固又要灵活，牢固的是握杆方式，灵活的是手腕和手指用力分布方式的变化。

2. 握杆的基本要求和用力方式

（1）要使球杆相对左臂转动，双手对球杆的用力必须分别作用到所握的两外侧部分。

由于双手驱动的是球杆的转动，握杆的双手对球杆的用力必须是对球杆横向地一拉一推。在下杆阶段，对右手球员而言，就是对球杆的左手抽拉、右手顶推（见图 3-3-2）。

图 3-3-2　手对球杆的作用

按照一般的用力常识，作用在杆上一推一拉两力作用点的距离相隔越远，则这对力的转动能力越强。所以，握杆的双手都要让靠外端的手指能用上力。

具体握杆的用力方式：左手只让左手掌靠小指的下侧去用力握杆，让靠近的无名指、中指协助，而左手食指和拇指则不再用力（见图 3-3-3(a)）；右手则是用拇指和食指尽量远地顶压球杆，右手的小指、无名指、中指则不用力。有的球员为了在后期增加球杆相对左臂的转动作用，还特意将右手拇指和食指外伸，以尽量增大动态杠杆的动力臂（见图 3-3-3(b)）。这也是为什么握杆动作强调食指要有"扣扳机"动作的原因。还有更特别的，有人采用棒球式握杆，又称"十指握杆法"，握杆两手的手指完全不交错，这样对增加两手作用点的间距是有利的。

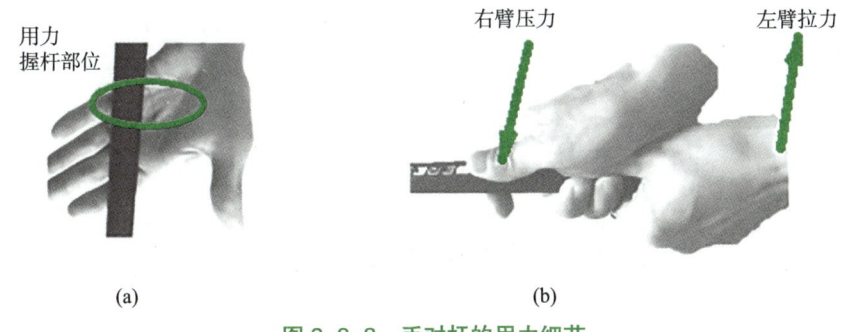

图 3-3-3　手对杆的用力细节

需要注意的是，握杆左手的食指和拇指不需要承担传递左手拉力的任务，左手的小指、无名指、中指用来传递左臂对球杆的拉动能力已经足够。同样，右手的小指、无名指和中指不需要承担右臂对球杆的推动任务。如果左手拇指、食指承担了传递左手对球杆的拉动任务，右手小指、无名指、中指承担了传递右臂对球杆的推动任务，则左手五指对球杆的拉力合力的作用点与右手五指合力的推力作用点就会靠近，由此会缩短作用在球杆上的左手拉力合力与右手推力合力作用点之间的距离，从而减少这些力对球杆的转动作用。双手的握杆范围本来就不大，拉力与推力作用点在球杆上的距离变化对转动的作用会非常敏感，因手指用力分布不当而产生的不利影响会被按比例放大。

（2）要使球杆随同手臂转动，握杆要保持两手腕肌群收缩，右手只用右手掌的根部推压球杆。

在下杆前期，球杆不能相对左臂转动（见图 3-3-4(a) 和 (b)），但是右手又要和左手配合以顶推左臂及使球杆随着左臂转动。这时，右手对球杆的顶推力必须尽量靠向左手，以避免这一时期前伸的右手手指推动球杆并造成球杆产生相对手臂的转动。所以，在启动球杆相对手臂转动之前，右手只能用手掌根部顶压左手，而不能让前伸的拇指和食指对球杆施加压力。对于常用的互锁式握杆，左手的拇指正好在右手掌根的下面，在"杆－臂"同步转动阶段，右手掌根对左手拇指处的顶压作用既能推动左臂的转动，又能避免提前对球杆的推动（见图3-3-5(a)和(b)）。

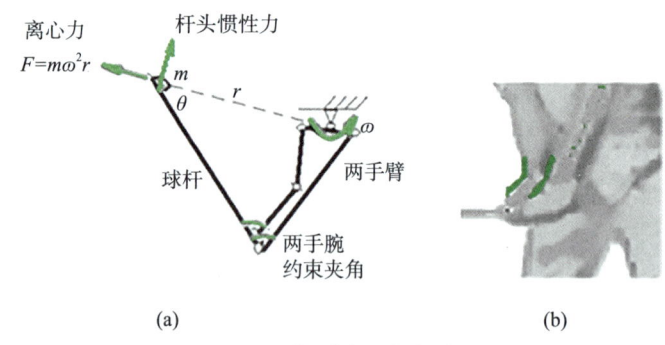

图 3-3-4　下杆前期手与杆的关系

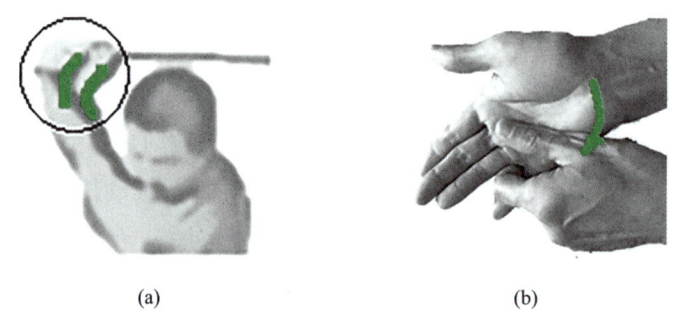

图 3-3-5　下杆前期握杆及用力细节

（3）握杆必须要牢固，以保证在快速挥杆过程中球杆不被甩出去。

在下杆后期，随着球杆转动的加快，球杆上的离心力对球杆的作用力非常大。这个离心力在垂直球杆方向的分力会驱动球杆相对手臂转动，而其在沿球杆方向的分力则可使球杆从手掌中滑出并甩远（见上图3-3-4(b)）。

阻止球杆从手掌滑出，主要靠手掌握紧球杆而产生足够大的摩擦力。手掌与球杆间的摩擦力和手掌的握力大小、握杆面积的大小有关。由于有增强双手驱动球杆转动的要求，握杆必须双手两头卡杆、中间放松。左手有三个指头卡杆，右手是拇指和食指头部卡杆。如果左右手是分开握杆，球杆很容易分别从双手滑出。

互锁式握杆法通过双手中间手指的互锁，将双手沿球杆轴线方向连成一体，并使五根握杆的手指构成一个阻止球杆滑动的整体，由此可以大幅增加双手和球杆间的总摩擦力，从而避免球杆在下杆过程中被甩出。这种握杆法是比较牢固的。以上就是握杆动作要领中"两手两头卡杆，中间放松像握着一只小鸟"说法的由来。

握杆的形式是可见的，而各种握杆的发力方式却是不可见的。同一种握杆方式在不同阶段的用力方式不一样，由于握杆用力不可见，所以往往被忽视，这是需要注意的。

握杆还有强势、弱势的差异，这些将在后面章节介绍。

二、手腕运动的特性

手腕是最灵活的关节。手腕是手臂和球杆之间转动连接的部位，也是挥杆过程中转动幅度最大的部位。要保证身体、手臂、球杆运动机构的快速运转，手腕这个连接部位必须是灵活的，并且该紧的时候要紧，该活的时候要活。

相比于躯干、前臂，手腕的肌群不多也不大，手腕肌群本身收缩的驱动作用相对于身体核心肌群扭转驱动力量而言非常有限，但由于手腕在驱动球杆转动的系统中处于关键位置，它能使球杆随手臂同步转动，亦可使球杆相对手臂转动。可以说，手腕肌群的作用是真正的四两拨千斤。另外，手腕还会影响改变双手对球杆作用方式的时机，时机是否掌控得当会直接影响击球的效率和方向。手腕运动的特性如下：

1. 手腕可以自行屈伸和旋转

手腕的屈伸来自手腕一侧肌群的收缩和另一侧肌群的同时伸展；手腕的旋转来自前臂肌群的斜向收缩。通过左手腕周边肌群的收缩和右手前臂斜向肌群的收缩，可以使球杆相对手臂转动进而实现上杆到位，也可以适时释放球杆与手臂的夹角，从而实现球杆相对手臂的转动。

2. 手腕可以瞬间变得非常牢固

手腕肌群可以迅速保持等长收缩，以抵抗外力作用而使手腕不发生屈伸。肌群在被拉伸过程中接受意识脉冲的指令，可以在瞬时实现由被拉伸到等长收缩的转变。当外力作用要使手腕发生屈伸时，如果手腕受拉一侧的肌群保持不被伸展，也就是保持等长收缩，则手腕能保持不被继续屈伸。例如掰手腕时，手腕内侧肌群保持不被伸展，就能使手腕不被弯转（见前图1-1-6）。肌群等长收缩能承受的力量远远大过肌群收缩驱动的力量，掰手腕和拔河比赛时要先以静制动根据的就是这个原理。

在挥杆击球过程中，球杆撞击球后，球因惯性会对球杆产生反冲击力，这个冲击力传递到"杆-臂"系统中最薄弱的左手腕处就会使球杆相对手臂发生反转（见图3-3-6）。如果球杆的这个反转产生作用，此时手腕就如同一个活动铰接点，而手臂、躯干的转动动量则无法传递到球杆，这就如同仅靠一根球杆的动量而非利用整个身体转动击球。

实际上，此时手腕靠目标方向一侧的肌群可以也应该立刻产生等长收缩，即立刻保持不被伸展。这样，手腕部分不再如同一个铰接点，而是成为手臂和球杆构成的"长棍"的一部分（见图3-3-6），从而可以充分利用手臂以及身体的动能来增加杆头的击球强度。

此外，在下杆前期，球员必须保证球杆不能提前释放，也需要保证上杆过程中已经收缩的手腕肌群保持等长收缩。这样，球杆相对左臂的夹角才不会提前扩大。

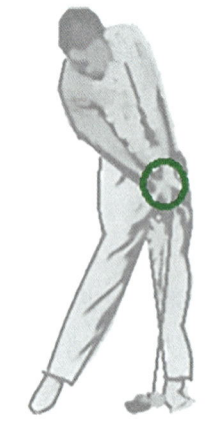

图3-3-6
击球时左臂及球杆状况

3. 手腕手指肌群的放松

肌群的驱动来自肌群被拉伸后的收缩。有时候肌群紧张会导致该放松的肌群因为紧张而收缩，导致肌群不能及时而有效地伸展进而影响之后的收缩，从而影响挥杆的效果。像手腕和手指肌群这些关键、敏感的肌群，因紧张而产生的不良后果更严重。

为了不影响手腕在下杆前期保持预先的屈伸，并为下杆后期手掌及手指能够有效传动力量，手掌的转动和手指的握杆应保持轻松待发力状态。我们经常会看到一些球员在挥杆前手腕并不是完全静止不动，而是习惯小幅度晃一晃球杆，其目的就是要保持手腕的自然放松，以便能够被顺利预屈伸。同理，球员身体其他部位的不断晃动也是为了保持肌肉的自然放松，便于顺畅发力。

三、挥杆各阶段对手肘和手腕的控制

手腕转动是球员日常生活中非常熟练的动作。通常情况下，球员不需要考虑手腕的肌群驱动，手腕动作可以在意识控制下自动完成。

1. 上杆阶段对手腕的控制

上杆阶段"杆-臂"的转动，包括球杆相对手臂的转动，速度都不快，通常比较容易掌控手腕的转动。为了给下杆引路，根据击球弹道要求的不同，有两种上杆转腕方式：为打出远距离、低弹道，"杆-臂"需要宽摆幅，通常在上杆过程中双手超过右腿才开始向上转腕；为打出高弹道，"杆-臂"需要窄摆幅，通常在上杆过程中双手未超过右腿就开始转腕。

2. 下杆前期对手腕和右肘的控制

通常用右肘关节的释放来划分下杆的前期和后期。下杆过程中，右肘关节释放前为下杆前期，开始释放即为下杆后期。

在下杆前期，手肘、手腕的控制要完成以下三个主要任务。

（1）使杆身进入标准挥杆平面内

在双平面挥杆模式中，由于躯干在上杆过程中充分扭转，上杆临近到顶点时，球杆已经偏离出标准挥杆平面，比标准挥杆平面更陡。为保证后续能大力和高效地挥杆，大力驱动"杆-臂"系统转动之前，即在"杆-臂"系统转动较慢的下杆前期，必须将"杆-臂"调整到挥杆平面内，这就是通常所说的"在下杆前期将球杆平置"。

球杆平置调整是由两个手腕的少量弯扭来实现的。

球杆上杆到达顶点时，是球杆转速为0的时刻。从上杆快要到达顶点直到下杆前期，球杆的转速都比较慢，在这个过程中两个手腕可以完成对球杆平置的调整。

下杆前期，左手之上的右手可以扶住球杆，用"四两"之腕力将"千斤"的球杆随左手拨向挥杆平面。为使这种拨动更省力，握杆时将右手食指、拇指前伸（俗称"扣扳机"）会更有效（见图3-3-7）。

（2）减少右前臂和右上臂之间的夹角

在双平面上杆到达顶点后，如果右前臂和右上臂之间的夹角较大（见图3-3-8），这不利于双臂下落后右臂形成强大的鞭打力。所以在下杆前期，不仅要将右上臂下落并靠向身体右侧，还须通过右肘肌群的收缩尽量减少右前

图3-3-7　握杆时右手食指、拇指前伸

臂和右上臂之间的夹角。

（3）使球杆只能随左臂同步转动而不应被推出去造成"提前释放"

下杆前期最主要、最难解决的问题就是手腕失控而导致"提前释放"，所以，此时核心任务就是保持球杆随左臂同步转动。下杆启动以后，下肢开始左拧躯干，杆头离心力就会驱动球杆相对左臂转动，手腕同时快速调节球杆平置到挥杆平面，这种情况下，上杆时已经被拉伸的左右手腕凸出部位的肌群，很容易习惯性提前收缩从而导致球杆提前相对左臂转动。

图 3-3-8　保持住球杆与左臂形成的夹角

保持住球杆与左臂形成的夹角，关键点就是保持住上杆阶段形成的左手腕的伸展和右手腕的环转（见图 3-3-8）。从第一章介绍的内容可以知道，保持左手腕伸展的方法就是让控制左手腕凸出部位的肌群放松，同时保持控制左手腕凹陷部位的肌群等长收缩。同样，保持右手腕环转的方法就是继续放松右前臂已经松弛的斜向肌群，同时保持住右手前臂已经收缩的斜向肌群的等长收缩。由于右手更靠近杆头，相比于左手腕，右手腕肌群继续保持收缩，对防止球杆与左臂夹角提前释放更为关键。

3. 下杆后期右手主导的"杆–臂"鞭打过程中手肘和手腕的主要行为方式

（1）下杆后期开始时，右肘关节和左右手腕关节的依次释放

下杆后期，"杆–臂"间的驱动方式已经改变，下杆后期开始时首先要改变"杆–臂"间的连接方式。

这些连接方式的改变就是根据"杆–臂"鞭打的要求，释放控制右手肘弯折的相关肌群以及控制左右手腕的肌群。如前所述，为保证下杆前期"杆–臂"鞭打释放前的整体性，控制右肘屈伸的肌群在下杆前期是收缩的，控制手腕的肌群则一直保持等长收缩状态，这些肌群的释放根据动作意识是可以依次瞬间完成的。

要注意，在释放右手腕的过程中，右手的握杆用力方式要由掌根顶压相靠的左手（见图 3-3-9(a)）转换为用前伸的右手拇指和食指抵压住球杆。

（2）双臂上下错动的驱动过程中手腕提高鞭打效率的主要行为方式

手腕释放后，左手腕成为一个可自由转动的铰接点，左手腕以下的手掌部分可以和所握球杆成为一个运动整体（见图3-3-9(b)和(c)）。同时，右手掌根脱离左手后通过控制手腕的肌群使右臂和右手形成能顶推球杆的整体，而右手前伸的拇指、食指顶压球杆处成为右臂对球杆的一个压力点（见图3-3-9(b)）。由此可见，经过手腕及握杆用力的调整后，左手腕以下的左手和球杆所构成整体的受力如同一个加速杠杆（见图3-3-9(c)）。并且，左手腕的释放和右手支撑点向杆头方向前移，使两手臂一拉一推两个力的作用间距增加了，这对加大双手驱动球杆快速转动是有利的。

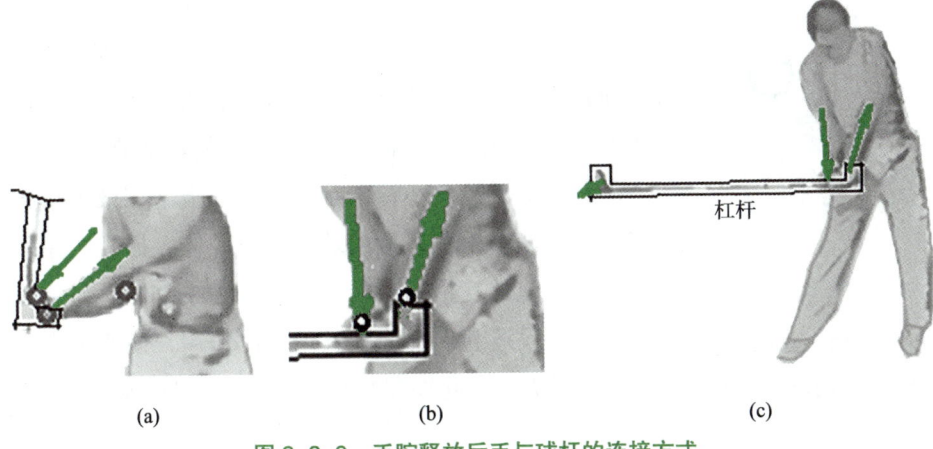

(a)   (b)   (c)

图3-3-9　手腕释放后手与球杆的连接方式

在这之后的过程，容不得手腕和手掌本身有任何驱动作用，它只是引导球杆顺"势"而"为"地转动，以使球杆与左臂成直线击球。

这里的"势"，主要是躯干的爆发式大力转动带动的双臂上下错动和杆头的离心力对球杆的推力。

这里的"为"，就是让躯干大力扭转通过左臂拉动左手腕，以及通过右臂的依次向右压、向下压推动球杆，形成更强烈、更快速的后期鞭打（见上图3-3-9(c)）。

在双臂错动力和杆头离心力的强大作用下，球杆得以快速转向与左臂成一条直线的位置。通过适当调整手腕松紧度，球员可以确保球杆与左臂在击球位置成直线将球击飞。

（3）击球时保持左手尺骨一侧坚挺

在球杆与左臂成直线击球时，被大力击打的球会对球杆产生强大的反作用力，这个反作用力可以使整个"杆－臂"系统中最薄弱的左手腕部位产生弯折，从而降低击打效果。这时，需控制左手尺骨一侧的坚挺，以抵抗住击球反作用力对左手腕的弯折冲击（见图3-3-10）。后面章节对此还会有更详细的说明。

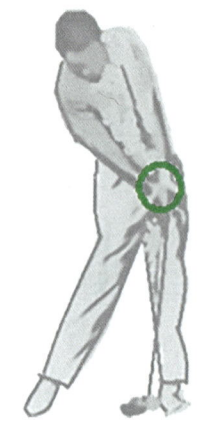

图3-3-10　击球时左臂及球杆的连接状况

（4）挥杆中避免左手拇指和食指抢位用力

在右臂主导球杆鞭打模式的下杆后期握杆阶段，最易犯的错误是：由于左手腕紧张，导致左手在握杆处另外形成一个连接左臂和球杆的替代转动节点。因为左手拇指和食指比其他三个指头更敏感、有力，所以左手拇指和食指握杆处是最常见的替代左手腕的转动节点。

正常情况下，左小指、无名指、中指这三根手指扎实握杆足以使左手和所握的球杆连成一体，握杆的左手与左臂在手腕处发生相对转动（见图3-3-11(a)）。这种情况下，左手还起到部分加长球杆的作用，使双手作用力的距离增大，由此提高左右手一拉一推的转动效应。

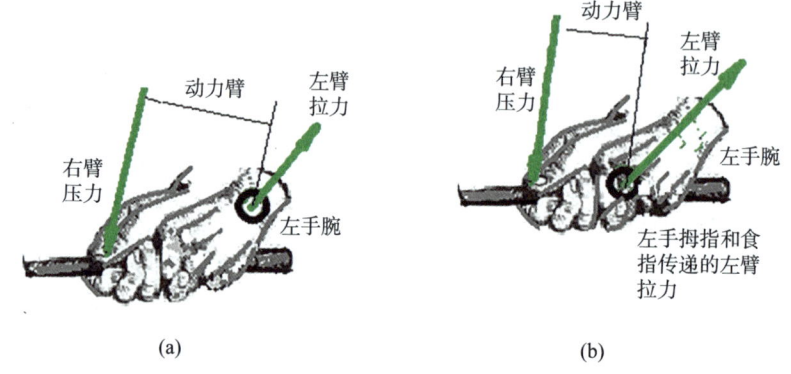

图3-3-11　左手腕僵硬的影响

还有另一种情况，左手腕僵硬而没有及时转动，左手和球杆构成的整体在左手拇指和食指处发生转动（见上图3-3-11(b)）。可以看到，这种情况下左手两手指的拉力对右臂支撑点的力矩相对于左手腕处的拉力对右臂支撑点处的力矩减少了很多，也就是说后者在动态杠杆下的动力臂减短了很多，双臂转动效果自然就差很多，导致击球距离短，手指还易磨破。所以，握杆过程中要防止容易强势的左手拇指和食指抢位用力。

为防止出现此现象，首先，应把握下杆后期错动手臂时左手腕的灵活度。一些球员习惯在挥杆前晃一晃球杆，目的就是为了放松两只手腕，尤其是左手腕。再者，可以通过合理的握杆方式解决左手拇指、食指抢位用力问题。常见的办法就是：左手握杆前将球杆置于食指正中指节和小指与手掌连接处（如图3-3-12所示位置），然后合拢四指，再将左掌垫压在杆柄上方。采用这样的握杆方式，可以保证左手后三指牢固握杆，左手食指和拇指则无力干扰了。

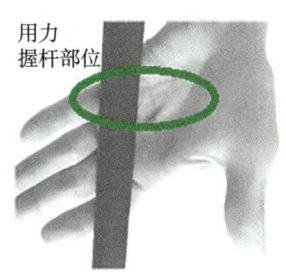

图 3-3-12　防止左手拇指和食指抢位的握杆

四、鞭打式挥杆练习

1. 第一步

分别体验右臂和左臂单独带动练习棒的鞭打动作。通过左臂、右臂分别单手大幅度挥动练习棒的动作，依次释放肩关节、肘关节、腕关节，依次启动上臂、前臂、练习棒相对上一环节的转动；体会从肩关节开始，依次释放各环节相对前一环节的转动而形成的鞭打运动。

2. 第二步

分别体验右臂和左臂单独带动球杆的鞭打动作。用球杆代替练习棒，按第一步的动作进行练习和体会。由于单臂对球杆的控制力度有限，形成的鞭打运动速度较慢，准确度掌控较差。

3. 第三步

双臂控制球杆鞭打动作的练习

（1）按右臂主导模式的鞭打动作次序，先主要练习球杆相对右前臂转动的鞭打，注意启动球杆相对前臂转动前，要尽量缩小两者间夹角。

（2）按右臂主导模式的鞭打动作中右上臂、右前臂、球杆依次相对前段转动的次序（上臂从上杆到顶点位置后的下落、右前臂相对上臂的转动、球杆与右手相对右前臂转动）进行下杆练习。主要练习右前臂相对右上臂转动的启动。要特别注意，启动右前臂相对右上臂转动前，需尽量减小两者的夹角（见图 3-3-13(a)），这是提高鞭打式挥杆效率的关键。

（3）练习左臂主导模式的鞭打动作。此练习既要考虑左臂主导的鞭打运动对杆头方向的控制，也要注意与右臂主导的次鞭打运动的配合（见图 3-3-13(b)）。在右臂主导的次鞭打运动中，同样也要注意，启动右前臂相对右上臂转动前，需尽量减小两者的夹角。

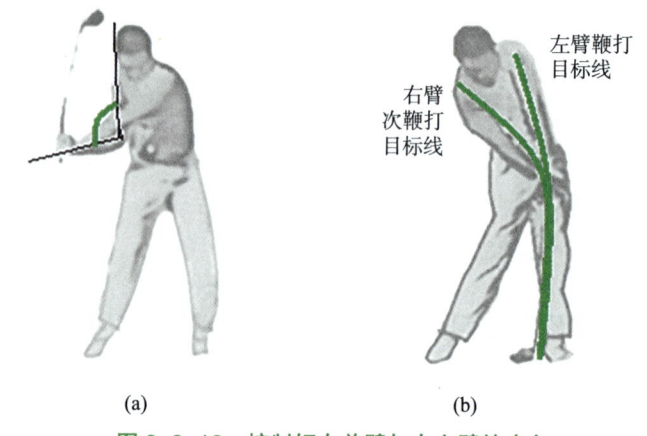

图 3-3-13　控制好右前臂与右上臂的夹角

第四章 杆头击打方式的控制

第一节　影响杆头击打效果的主要因素

一、对两节杆连接的构件端头击打方向的控制

1. 杆头速度的组成

左臂的转动加上左手端部球杆相对左臂的转动，这两个转动叠加的结果构成杆头的运动，所以，杆头的速度来自左臂的牵连速度加上杆头相对左臂运动的速度。这两个速度按平行四边形法则合成最终的结果（见图 4-1-1(a)）。从图中可以看到，杆头相对手臂的速度总是与球杆垂直，但一般情况下，杆头的实际运动速度并不一定与球杆垂直。

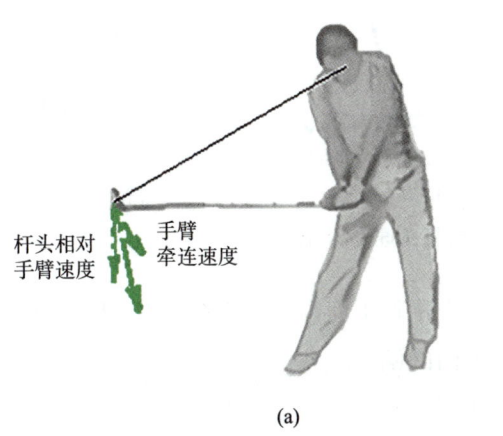

图 4-1-1　杆头速度组成示意

在击球位置，如果"杆－臂"成一条直线，手臂的牵连速度和杆头相对左臂的速度方向一致，即都与球杆垂直（见图 4-1-1(b)），那么这种情况下两个速度叠加的绝对值达到最大，速度的叠加值大小是左臂牵连速度值与杆头相对左臂速度值之和。

2."杆－臂"击球时的三种可能状况

击球状况除了杆－臂成直线击球外，还有另外两种可能的击球状态（见图 4-1-2）。只有在杆－臂成一条直线击球时，杆头速度的方向才会正好垂直于杆身，朝正前方（见图 4-1-2(a)）；在杆滞后于臂的情况下，杆头击球时的速度方向是向下偏的（见图 4-1-2(b)）；在杆超前臂的情况下，杆头击球时的速度方向是向上偏的（见图 4-1-2(c)）。并且，后面两种情况，杆头击球时的位置都高于瞄准姿势的位置。

挥杆过程中，挥杆平面是一个斜平面。如果从上往下观看挥杆击球动作，在水平的平面同样也有三种可能的情况出现。只有在杆－臂成一条直线击球时，杆头速度的方向才会正好垂直于杆身，是朝正前方的（见图 4-1-2(a)）；在球杆滞后手臂的情况下，杆头击球时的速度方向是向右偏的（见图 4-1-2(b)）；在球杆超前手臂的情况下，杆头击球时的速度方向是向左偏的（见图 4-1-2(c)），即常见的扣杆面的情况。

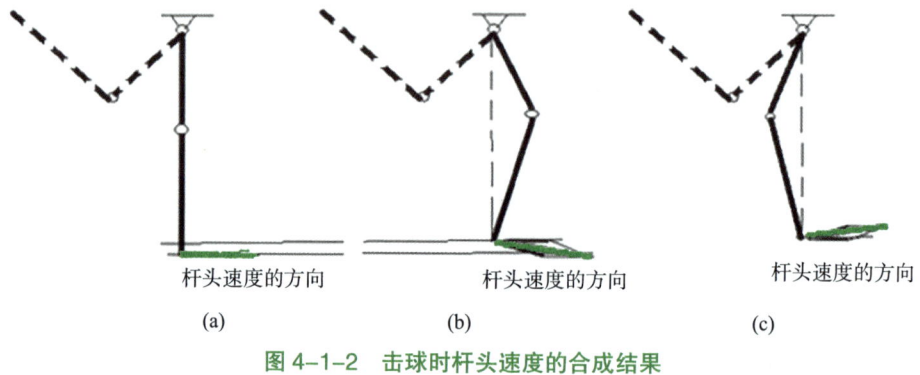

图 4-1-2　击球时杆头速度的合成结果

由此可见，哪怕"杆－臂"在标准挥杆平面内，只要击球时左臂和球杆不在一条直线上，仍会导致杆头速度方向的偏离。

一般情况下初学者击球偏右的居多。

多数未经专业指导的初学者不懂利用鞭打的方式，去驱动球杆转动到与左臂成直线的位置，他们只是提前释放了球杆与左臂的夹角，再由手臂的转动带动球杆转动。在这种情况下，球杆相对手臂转动的速度就会慢一些，那么击球时球杆就会滞后于左臂，结果就是杆头速度方向偏右，并可能打出剃头球，甚至打不到球。

一轮球打到后期身体疲劳时，如果已经不能有效地使杆身跟上手臂的转动，就必然导致击球时球杆相对左臂转动滞后，从而致使杆头速度方向偏右。

反之，如果过早驱动杆身相对左臂转动，由此导致击球时左臂滞后，结果就会致使击球时杆头速度偏左。

这种击球时杆头速度方向偏离的情况，不仅会发生在用一号木等做大幅度、大力挥杆时，同样也会发生在小幅度、较小力量的劈杆击球时。

3.保证"杆－臂"成直线击球的措施

在大力挥杆过程的下杆后期，整个时间段非常短暂，球员不可能精准操控"杆－臂"成直线击球，这需要通过平日大量练习形成"杆－臂"成直线击球的肌肉记忆。而且，球员在挥杆过程中仍须保持"杆－臂"成直线击球这种意识。

上述控制方向的道理很容易明白，但在实际挥杆时，球员的注意力会集中到身体发力或加速转杆，往往只兼顾了击球位置和杆面是否方正，而忽视了控制左臂与球杆成直线去击球，结果经常是事与愿违，击球方向无法控制，会大概率打出剃头球或相克球。这种忽视的情况要特别注意。

劈杆动作相对于大力挥杆动作要慢很多，球员控制"杆－臂"成直线击球不是难事，但初学者往往急于观察球的落点，而忽视对"杆－臂"成直线的控制，从而也可能会导致剃头球或相克球。

上述挥杆击球方向的控制还有一个前提，即手臂带动球杆相对左臂或右手腕转动之前，左臂和球杆已经回到标准的挥杆平面。

二、球杆和左臂不同转速对杆头轨迹弯曲程度和杆头击打力量的影响

1.增大球杆相对手臂的转动以增大击球位附近杆头轨迹线的弯曲程度

通俗说的切击动作或切杆动作就是保持以肩轴中心为圆心、以伸直的

"杆－臂"整体为半径的挥杆动作（见图 4-1-3(a)）。这样的杆头轨迹是一个以肩轴中心为圆心、以手臂和球杆为半径的一段圆弧线（见图 4-1-3(c) 所示最外围弧线）。

如果以下垂的手腕为圆心，肩轴带动双手和球杆绕手腕转动，以球杆为半径转动球杆击球（见图 4-1-3(b)），这样挥杆的杆头轨迹是一个以下垂的手腕为圆心、以球杆为半径的一段圆弧线（见图 4-1-3(c) 所示最内弧线）。这是通俗所说的劈击动作或劈杆动作。

通常，球员的大力挥杆和劈杆在击球位置都是既有手臂的转动，又有球杆相对手臂和手腕的转动。这种情况下，在击球位置附近，杆头的轨迹线介于上述两条圆弧线段之间（见图 4-1-3(c) 所示）。

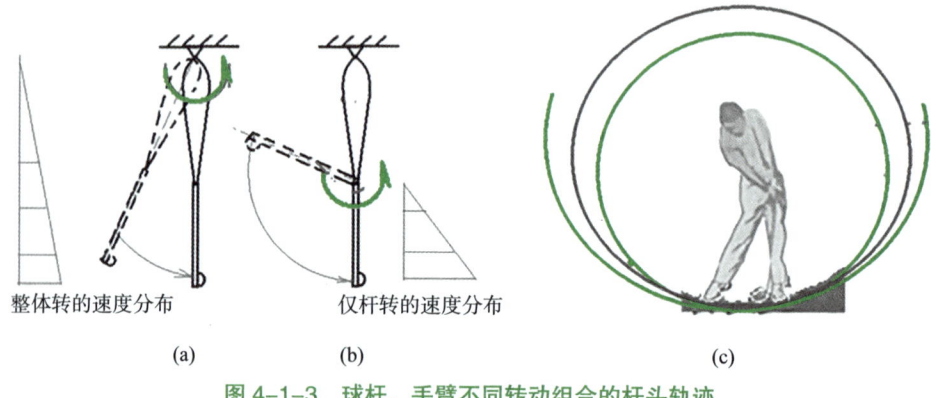

图 4-1-3　球杆、手臂不同转动组合的杆头轨迹

当手臂、球杆成直线击球时，由于各自转速不同，杆头在击球点附近的弧线的弯曲程度是不一样的。可见，同一根杆，不同的两种转动组合在击球时可以产生不同弯曲程度的杆头轨迹线。手臂转速小、球杆相对手臂转动大时，这种转动更接近手臂不转的情况，杆头弧线更接近手臂转速为 0 的劈击动作的圆弧形；这样的弧线曲率偏大，也就是线段弯曲程度大。手臂转速大、球杆相对手臂转动小时，这种转动更接近切杆的情况，杆头弧线更接近切杆动作的圆弧形；这样的弧线曲率小，也就是线段弯曲程度偏小。

在劈杆打沙坑球时，需要减少杆头在沙面下的路程。根据上述杆头轨迹线弯曲程度的规律，在打沙坑球时，手臂的转动幅度应该小些，而球杆相对手腕转动的幅度则应尽量大。我们经常可以看到，有的球员打沙坑球时手臂转动幅度很小，而杆头是靠着左臂右边下，击球后再送杆至紧靠左臂的左边。

另外，有时需要打高抛球时，球员宜将球位略偏左侧，然后采用球杆尽量多绕手腕转动的劈杆方式，使得杆面击球时的仰角增大，击出的球弹道高。

2. 增大球杆相对左臂的转动以增大杆头打击效率

同样是"杆-臂"成整体转动，或者球杆单独绕下垂的手腕转动，在同样的肩轴转动幅度的驱动下，两种转动体击球时的速度分布会有所不同，如图4-1-4所示。

用同样大小的肩轴转动力量驱动上杆再下杆击球，可以明显看到：像切杆一样转动球杆击球时，上杆幅度小，且击球距离短；而当肩轴带动球杆及双手以右手腕为中心转动球杆击球时，球杆转动幅度大很多，且击球距离更远。

为什么用同样大小的肩轴转动产生的击球效果会不一样呢？在错动手臂以右手腕为中心转动球杆的情况下，球杆的转动近似于一个如图4-1-4(b)中虚线所示的单摆，因为转动体转动半径相对短，容易被转动，所以上杆转动幅度大，下杆幅度自然大了，击球前的杆头速度也大（见图4-1-4(b)所示）；而在以切杆方式转动的情况下，球杆及手臂的转动近似于一个如图4-1-4(a)中虚线所示的单摆，因为手臂再加球杆后要转动的物体质量增加，整个转动体的转动半径也增大很多，转动难度大大增加（相关理论的表述是：转动难度与转动体回旋半径的平方成正比），同样的肩轴转动作用下转动幅度就小了很多，下杆击球前瞬间的杆头速度也就相对要小（见图4-1-4(a)所示）。

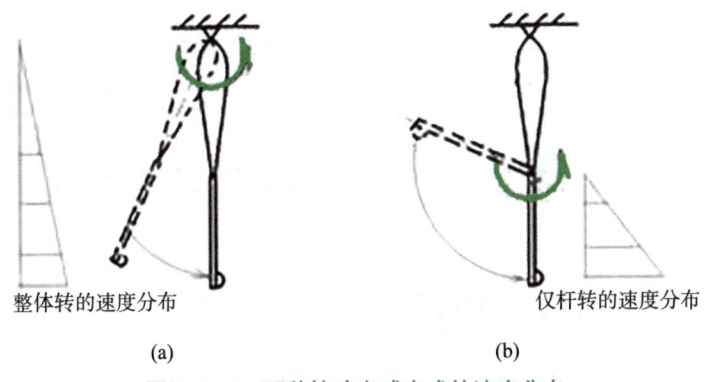

(a) 整体转的速度分布　　　　(b) 仅杆转的速度分布

图 4-1-4　两种转动击球方式的速度分布

挥杆击球时，球杆、手臂、身体体系是一个非刚性整体，这种非刚性系统对球的撞击与完全刚性系统的撞击是不一样的。

在第一章中我们已经介绍过同一质量的货物按不同方式放置在三个车厢情况下的撞击效果（见前图 1-3-1）。

对于图 1-3-1 中小货车组这样的非刚性系统，在总动量相同的情况下，动量分布越靠近撞击面，撞击效果越好；反之，动量分布越远离撞击面，撞击效果越差。

在球杆杆头与球的撞击过程中，球与杆面接触的时间非常短暂，只有 0.005 秒左右。切杆转动方式中击球前杆头速度相对小一些，而且离杆头较远的手臂部分的转动量对球的撞击效率要被折减；相对而言，以右手腕为中心转动球杆击球前杆头速度大，直接撞击效率高。所以，同样的肩轴转动幅度驱动上杆时，相对于切杆式转杆，以右手腕为中心转杆的劈击球方式的击打效应最好，所以击球更远。

一般的挥杆动作中既有左臂的转动，又有球杆相对左臂的转动（与相对右手腕的转动是一样的）。显然，球杆相对左臂的转动使杆头击球的撞击效率更高。因此，为了提高杆头的击球效率，在保证"杆－臂"成直线击球的条件下，在身体驱动手臂和球杆转动的方式中，应尽量提高球杆相对左臂的转速。

在大力挥杆时，要充分发挥杆头离心力、左臂拉力的作用。不仅如此，要使挥杆击球远，在球杆相对左臂转动前，球杆与左臂的夹角要尽量小，这样球杆相对左臂转动的角度值能尽量大，球杆相对左臂的转动被加速的过程尽量长，这样挥杆的击球距离就会更远。如果球杆与左臂的夹角在躯干大力驱动前被提前释放，球杆相对手臂的转动会减少，则杆头的击打效应必然减少。

第二节 "杆－臂"高效及方正击球的控制

一、保持左臂及球杆成弓曲线击球的原理

实际上，职业球员击球时杆身与左臂往往成一条向左略有弓曲的弧线（见图 4-2-1(a)）。这段弓曲弧线的顶点是由右手腕所支撑着的。只有在球离开杆面后，球杆转过一个角度，杆身才与左臂成一条直线（见图 4-2-1(b)）。

第四章　杆头击打方式的控制

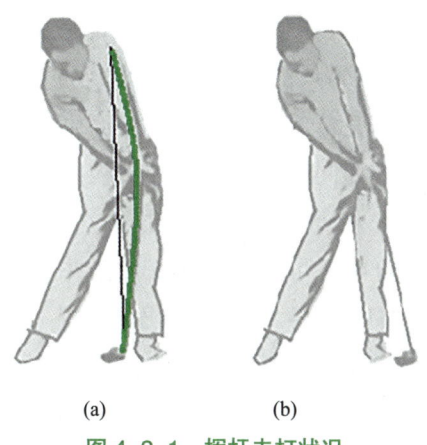

图 4-2-1　挥杆击打状况

杆面击球前保持左臂及杆身的左弓曲能保证手臂和球杆将手臂和身体的动量尽量多地传递到球上。

为提高非刚体系统的碰撞效率，球员通过鞭打方式，大幅度、大力加速球杆相对左臂的转动，将身体驱动产生的动量尽量向球杆杆头集中。但是，躯干与双臂在击球前仍是运动的，仍有足够大的动量，为此，球员仍要通过在击球时增强球杆、手臂及躯干的整体刚性，将身体部分的动量尽可能多地传递到球上，从而使球获得更大的加速。这就像小列车撞击小球，球员可以通过加固与前面小车之间连接（见图 4-2-2(b)），使这些连接更坚固，则后面小车的动量可以更多地传递到与球的碰撞。

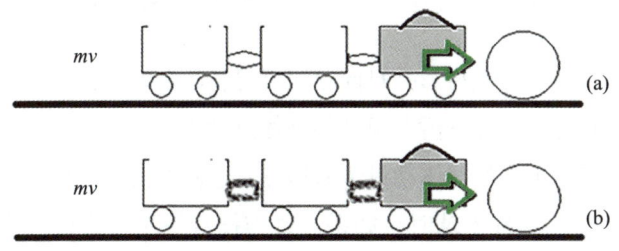

图 4-2-2　加固连接小货车组撞击比较

另外，在击球过程中，球对球杆会有强烈的反作用力。左臂上的腕关节是可以转动的，在左弓曲状况下，左腕关节处的前臂尺侧肌群（即，手腕旁使手腕伸展的肌群）仍然受拉（见图 4-2-3(a)）。受拉肌肉有一个特性，在受到更大拉力的时候，肌肉的收缩可以迅速变为等长收缩，并可以承受更大的拉力。当球对杆的冲击使左前臂尺侧肌群产生更大的冲击式拉力时，迅速产生等长收缩的受拉肌群能够承受球的反作用冲击所产生的拉力，而不会松掉，这时受拉的左前臂尺侧肌群如同绑在关节外的夹板一样，可阻止左腕关节被反向转动（见图 4-2-3(a)）。在球的强烈反冲击下，当杆身与左臂在右手的支撑下左弓曲时，这样的组合构件可以抵抗住反冲击并进一步向左弓曲，即杆头被撞后，较难被弹开，"杆－臂"组合构件仍能像棍一样击球。反之，如果击球前杆身与左臂在右手的支撑下成一条直线，甚至右弓曲（见图 4-2-3(b) 和 (c)），已经没有左弓曲的状况的左手腕关节左侧肌群已松弛或放松回位，肌群的抗拉能力小或完全没有，腕关节就会犹如门窗合页一样容易被转动，则这时身体、两手臂及球杆形成的组合构件整体刚性差，这会使球杆击打的力量泄掉很多。

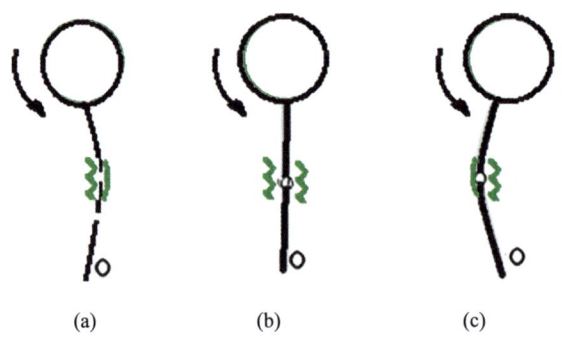

图 4-2-3　击球时球杆与左臂间的三种连接形状

显然，左臂及球杆呈左弓形并且此处肌群等长收缩时，左手腕抵抗球反弹力的刚性强，这种状态的"杆－臂"组件的整体刚性强，更多的身体动量能够投入到与球的碰撞，能将更多的身体动量传递给球，这样的击球当然会距离更远。

当身体转动带动球杆击球时，如果左臂与杆身呈左弓曲状，球员不仅手可以感受到球对手的冲击力，还能感受到手腕传来球对躯干的冲击力，其实，这也是身体动量对球的冲击的体现；如果此时左臂与杆身呈右弓曲状，球员躯干会感受不到击球时球的明显反作用，这时身体动量对球的冲击被松弛的左前臂尺侧肌群泄掉了。

按照上一节的介绍，当击球时转动半径大，则杆头轨迹的曲率半径大，击出球的初始角会相对小。击球时保持球杆和左臂成左弓曲的整体，并且同时左前臂尺侧肌群转换为等长收缩，相当于增加了击打件的长度，这不仅能够增加杆头的击打强度，还能减小球的起飞角。起飞角的减少也能增加击球距离。

在前期鞭打式挥杆尽量将动量向杆头集中的基础上，击打时再让余留的身体动量增加到对球的冲击，并减小球的起飞角，能使击球距离再增加10~30 码。

二、挥杆有效击打的动作要领

在杆面和球碰撞的瞬间，除了直接撞击的杆头动量，击打系统能再有效输送给球的动量就是现有的但在较远处的手臂和躯干的动量。如前所述，只有击球时保持左臂及杆身的左弓曲，才可以保证手臂和球杆能将手臂和身体的余留动量尽量多地传递到球上。可以这样说，击球时身体和手臂的运动惯性是杆头的强大后方动量；左臂及球杆的左弓曲，再加上左前臂尺侧肌群的等长收缩，是后方动量输送的桥梁。

其实，下杆启动开始时左臂和球杆就是向左弓曲，而且弓曲的程度最大（见图 4-2-4(a)）。下杆后期，随着球杆相对手臂快速转动，球杆相对左臂的夹角会由小变大，要保持击球时左臂与球杆呈向左弓曲状，也就是要在击球前控制球杆快要与左臂成一条直线但还未成一条直线的状态。通常，这个时刻，左手相对于左肩峰与球的连线要左凸 10~12 厘米（见图 4-2-4(b)）。

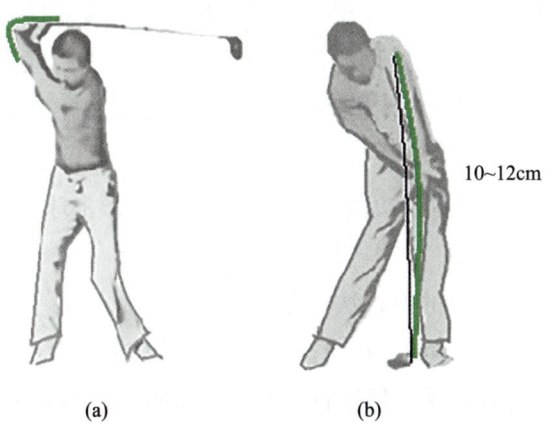

图 4-2-4　击球时球杆与左臂间合理的连接形状

所以，击球时形成左臂及杆身的左弓曲状态，以及即刻形成左手腕背侧肌群的等长收缩，并控制好"杆－臂"在挥杆平面内，就能形成最有效的"杆－臂"系统与球的碰撞。这实际上就是在击球的那一刻，将身体带动分别转动左臂和球杆，变为由身体带动成整体但略有弓曲地进行击球。注意，只是在击球的那一刻，手臂和球杆成一根棍似的击球。

当球员保持左臂及杆身的左弓曲状态并等长收缩左手腕背侧肌群击球时，如能感受到球对身体的反冲击力，可以说就找到了有效击球的状态。

三、对"杆－臂"成弓曲线击球导致开杆面的调整

在做挥杆准备姿势时，杆面是正对目标方向的。当左臂与球杆成弓曲线撞向球时，杆面会略微向右侧打开。这时如果不对杆面做一定的调整，当向右侧打开的杆面按正常杆头轨迹正向撞向球时，往往会击出右曲球。所以，击球前一定要将因左臂与球杆成弓曲线击球而导致的"杆面打开"调整至"杆面方正"。

调整的方式就是在下杆的过程中，以球杆为轴线旋转杆把。这种以杆的纵轴线为轴旋转球杆所需的力量不大，关键是旋转量和时机的掌控。下杆击球时间短暂，在下杆过程中有意识地完成机械动作的调整难以掌控。现在最主流的掌控方法是在准备姿势时采用强势握杆法。

强势握杆法的做法如下：左手在准备姿势正常握杆，然后往左扭转杆身造成杆面略微左扣，然后右手在现有位置正常握杆，接着回转左右手，使杆面与目标线方向垂直。按照这样的握杆，其实就是左手中性握杆，右手强势握杆（即预先顺时针扭转）。在击球位置释放右手的预先扭转，杆面会自动左扣。这种左扣正好在左臂与球杆形成左弓曲击球时，使杆面又回到瞄准时的方位。这种强势握杆法会自动解决因左手与球杆成弓曲形击球而造成杆面向右开的问题。

基于这样的原理，有的握杆法就是直接在握杆时使右手三个指头比中性握杆向上多握一点（见图 4-2-5(a)）。实际上就是在握杆时使右手逆时针多扭了一点，这样的握杆在击球位置同样会自动形成杆面的少量左扣（见图 4-2-5(b)）。

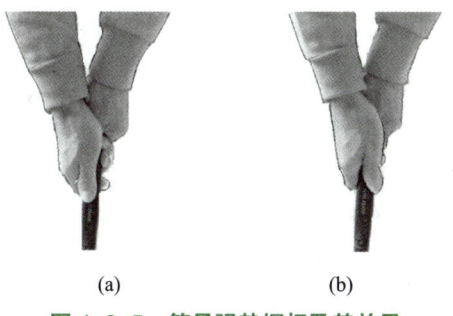

(a)　　　　　(b)

图 4-2-5　简易强势握杆及其效果

由于"杆-臂"系统击球时的这个左弓曲度并不大，并且也有方法有效校正由此产生的偏差，为了后续表述方便，本书仍将采用"杆-臂"成直线击球的说法。

第三节　球位与杆面角对铁杆击球的影响

一、劈击球的安全控制

1. 铁杆击球的安全空间

短铁杆的杆面倾角大，杆头底边突出，击球时的高度稍有偏差就会造成杆头底边"砍球"或者"先击地后触球"，这就是俗称的"剃头球"和"青蛙跳"。而长杆的杆面倾角小，一般情况下都是杆面击球，所以通常不会形成杆头底边砍球的剃头球。

击球时刻不同球杆与球的接触状态如图 4-3-1 所示。

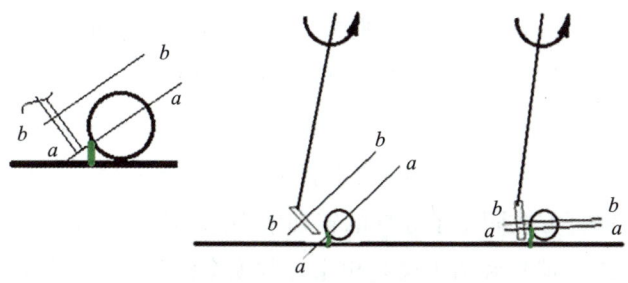

图 4-3-1　杆面触球方式

足够大的杆面与圆形的球接触，首先会碰到球面上最突出的位置。但不同角度的杆面能碰到的球上的最突出位置是不一样的。

根据几何关系可以知道，前图 4-3-1 所示球上对应于杆面的最突出位置是 a-a 线经过的球面。其中 a-a 线经过球心且与 b-b 线平行，b-b 线是垂直于杆面的直线。由此图可以看出，杆面击球时的倾角越大，则杆面与球的安全接触点越低。

如果杆面底线低于球面最突出位置，则杆面不会砍球；如果击球时杆面底线高于地面，则杆面不会先击地后触球。所以，杆面底线控制在球面最突出位置与地面之间，是防止"砍球"和"先击地后触球"的安全空间（如前图 4-3-1 中绿色线条范围所示）。由图 4-3-1 可知，杆面倾角大时，击球安全空间要小一些。这就是短杆击球容易砍球和先击地后触球的原因。

另外，球道上的球和坚实地面之间隔着约 5mm 的草（见图 4-3-2(a)），滚上沙平面的球则会陷入沙平面约 5mm 的深度（见图 4-3-2(b)）。显然，球道草上劈球的击球安全空间比沙坑救球的击球安全空间大很多。

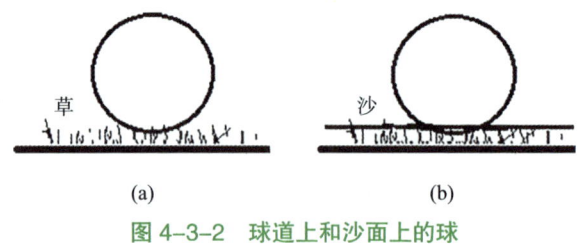

图 4-3-2　球道上和沙面上的球

2. 安全劈击的关键措施

（1）控制杆头击球高度

由前述内容可知，要避免短杆击球时的青蛙跳和剃头球，关键是要控制击球时杆头的高度。劈击球的挥杆过程主要是球杆相对左臂的转动，要控制做弧线运动的杆头的高度，关键是控制球杆转动中心的位置。

对于上杆幅度在 90 度以内的劈击球，可挺直、挺硬左前臂，从而固定左手腕，然后通过右上臂及前臂的收拢和撑直驱动球杆，以左手腕为转动中心进行挥杆。这种劈杆方式固定了球杆的转动中心，击球点的高度也就被固定了，基本能精准控制住球杆底边不会超出击球的安全空间。在上杆幅度不超过 90 度、击球安全空间又比较小的情况下，采用这种固定左手腕的劈杆击球不失为一种简单而可靠的方式。由于左臂固定，这是右手主导球杆相对左臂转动的一种极端方法。

在左臂主导的叠加球杆相对左臂转动的挥杆的下杆后期，球杆与握杆的两手是以右手腕为转动中心进行劈击球，而且击球时右手腕基本会回到准备姿势的位置，同时右手腕被右手臂撑住也是稳定的，所以采用左臂主导球杆相对左臂转动的劈击方式相对稳定一些，而且劈击幅度可以更大。

（2）用杆面底边对准球面最前端点在地面的投影点击打

为避免劈杆击球时的砍球或先触地后击球，除了通过精益求精的练习控制杆面底边的击球高度外，还有一个简易且有效的控制方法，就是击球时杆-臂成直线，并用短杆杆面底边线对准球最前端点在地面的投影击打，见图4-3-3。

当将球置于眼睛正下方时（见图4-3-3(a)），不管是劈击方式还是切击方式，杆头底边击球前和击球时的运动轨迹都不会低于击打瞄准点O点的位置，显然杆头底边在击球的过程中不会触地。

当将球位相对站位右移时（见图4-3-3(b)），杆面击球时相对地面的斜度会变小，但杆-臂成直线击向球最前端在地面的投影点，即O点时，杆头底边轨迹经过球位过程中仍不会低于地面，那么杆头底边也不会在击球前触地。与球位在眼睛正下方不同的是，杆头击球后会触地，但这已不会影响球的运动。

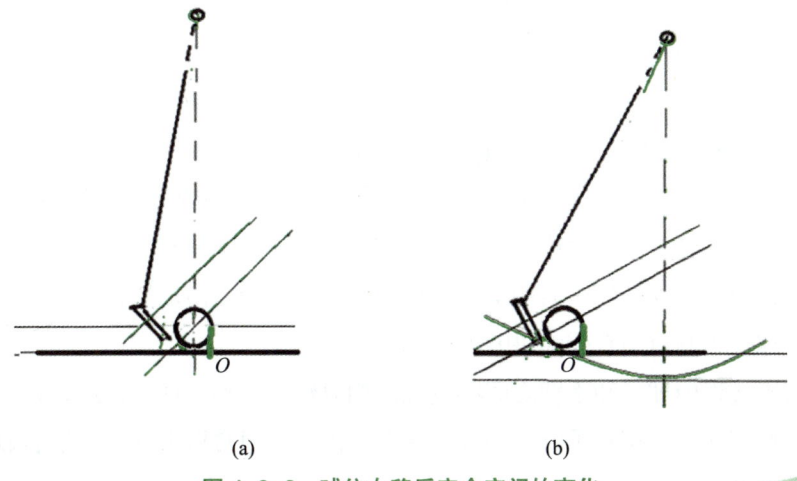

(a)　　　　　　　　(b)

图4-3-3　球位右移后安全空间的变化

当球位右移，杆头轨迹的最低点仍然是在杆－臂系统转动中心的正下方。所以，球位右移后，即使杆头在安全空间击球，杆头击球后仍会向下运动，这只会刨出更多的草皮。而且可以看到，杆面倾角越大，球位往右移动得越多，击球后刨出的草皮也会越多。

3. 利用短杆杆头底面的反弹击球

短杆杆头底面在制作时已经被加宽而且呈弧面（见图4-3-4(a)）。杆头杆面角越大，其底边弧面越大。这样宽大的弧面被砸向地面时，在较硬的高尔夫球场地的地面上不仅砸不进地面，还会被地面反弹上去。如果球位在眼睛正下方，甚至在眼睛左下方，球杆由右至左下砸，杆面底部边缘线可以直接伸到球下，如图4-3-4(b)所示。杆面这样砸地后会被自然弹向左上方，杆面必然在前述安全空间击球，由此能够安全并扎实地将球击向目标。

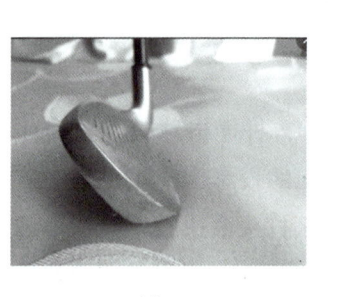
(a)

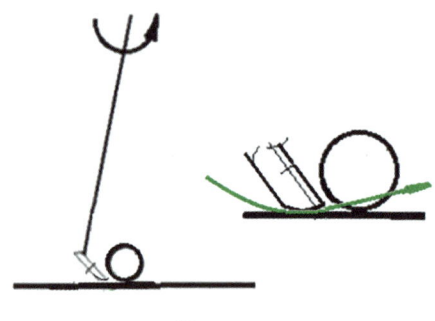
(b)

图4-3-4　短杆底边弧面及反弹方式

杆头能量在这个地面反弹过程中的损失并不大，其击出的球的角度和力度相对于没有经过反弹击打过程的差别不大，但其击球成功率能大大提高。

4. 在果岭附近用开杆面的切击代替劈击

切击过程中球杆和手臂间相对转动微小，整个杆－臂运动系统基本只有杆－臂转动幅度一个自由度，显然切击控制击球方向和距离的稳定性要好。但是，球被中、长铁杆切击后的空中飞行路程短、果岭上滚动远，通常切击方式不用于球位和洞口间有较大果岭外区域的情况。

劈击过程中球杆和手臂之间有较大的相对转动，整个杆－臂运动系统有手臂转动幅度和球杆相对手臂转动幅度两个自由度，通常劈击的方向控制显然不如切击精准。

为此，可以采用大角度杆面的短球杆进行切击，甚至采用大杆面的短球杆再开杆面握杆进行切击。这样的切击既可发挥常规切击方向控制好的长处，又可避免常规切击滚动多的短处。

5. 实际应用时需注意的事项

（1）短杆击球准备姿势中，杆面底线的摆放高度应略高于地面

在准备姿势时，可以在杆面触球的同时让杆头底线直接触地。但是，在这样的杆头准备位置，击球时杆头容易同时触球和触地，这应该避免。所以，在球道短杆击球准备姿势中，杆面可以触球，杆面底线应只触及一级球道草草顶。如果杆面右移，则会提高杆和球安全接触点的高度，略微提高杆头底线的高度不会影响杆面安全击球，又能保证先击球后挖地。

（2）击球时保证左臂与杆成直线击打在球上

此要点无须质疑，问题是业余球员一般习惯于以两脚中线的位置为目标去伸直杆和臂，而不是以球的实际位置去伸直球杆和左臂，这会导致力量的损失，也会改变杆面底线实际击球时的高度。

二、如何击出倒旋球

1. 击球时的杆面方向

因为球是一个对称体，在铁杆击球的时候，不管是用什么型号的铁杆，击出球的起飞方向都是几乎垂直于杆面，也就是杆面方向，如图4-3-5所示。在杆头中线和地面目标线构成的平面上，杆面方向角就是杆面方向线与地面的夹角，角的大小为 A；球杆固有的杆面与球杆的夹角大小为 B。击球时撑直的手臂和球杆虽然不在杆头中线和目标线构成的平面上，但手臂和球杆可以投影在该平面上，如图中粗实线所示。这个杆－臂的投影与地面垂直线方向向右侧的倾斜角大小为 C。通过几何分析，可知上述杆面方向角 A、球杆固有

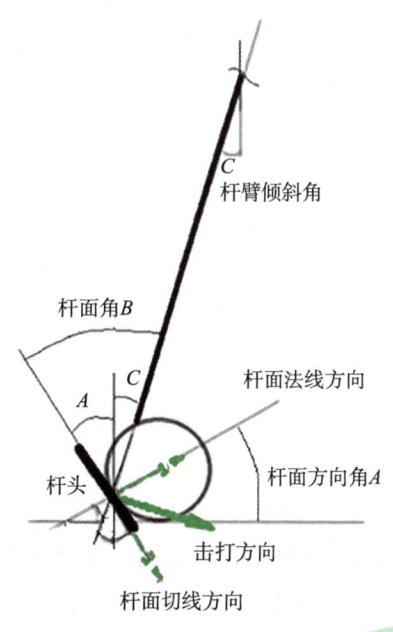

图 4-3-5　击球时杆面及击打方向示意

杆面角 B、"杆－臂"连线正面投影的倾斜角 C 之间有如下的数量关系：

$$A=B-C$$

由此可见，如杆面角度 B 大，则杆面方向角大；如球杆的倾角值 C 小，则杆面方向角大。如果球位是摆在"杆－臂"转动中心的左侧，以上各角度之间的数量关系依然成立，只是球杆的倾角值应取负值，此时杆面的仰角会更大。

2. 球的起飞角

球的起飞角是球被击出时的方向角。

当杆面击打方向与杆面方向一致时，球的起飞角与杆面方向角一致（如图4-3-6所示）。方正推杆就是这样的。

图 4-3-6　杆面方向与击打方向一致的击球

实际上击球时铁杆、木杆的击打方向是与左臂及球杆的连线垂直的，都是朝向杆面方向以下（见图 4-3-7(a)）。

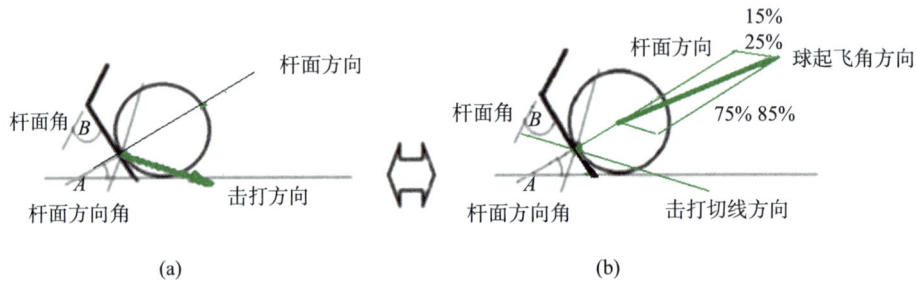

图 4-3-7　球被击打后的运动方向

相关研究表明，通常情况下球的起飞角方向主要受两个因素影响：一个是击打位置杆头运动方向，也就是击打位置杆头轨迹的切线方向，在击打位置这个方向垂直于"杆－臂"的连线（如上图 4-3-7(a) 所示）；另一个是击球时杆面角度方向，而且，杆面角度方向对起飞角方向的影响远远大于击打位置杆头轨迹方向的影响。对于铁杆而言,杆面角度对起飞角方向的影响占到75%,杆头轨迹对初始方向的影响占到25%。对于一号木杆而言,杆面角度的影响更大,占到85%,而杆头轨迹只占到15%[①](如上图4-3-7(b)所示)。

由此可见,实际上球被击后的起飞角方向都要约低于击打时杆面方向。

3. 球的倒旋的产生及其效果

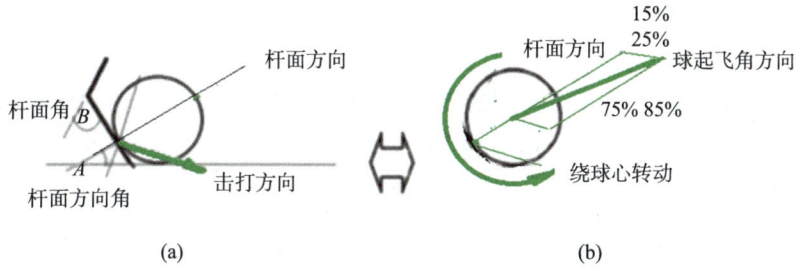

图 4-3-8　球被击打后的运动状况

杆面对球的击打是偏心击打,球体在接触面会受到杆面接触处的斜向撞击,如上图4-3-8(a)所示。因为球体材料有非常好的弹性,且杆面与球面的斜向撞击中有比较紧密的咬合,如球体材质弹性较好且有合适凹凸的球面(见图4-3-9(a)),而杆面上有清晰的凹槽(见图4-3-9(b)),当杆面在接触处快速撞击球体,必然会有效推动球体产生绕球心的高速转动,这个转动必然是球底面转向靠近目标方向,球顶面转向背离目标方向(如上图4-3-8(b)所示)。

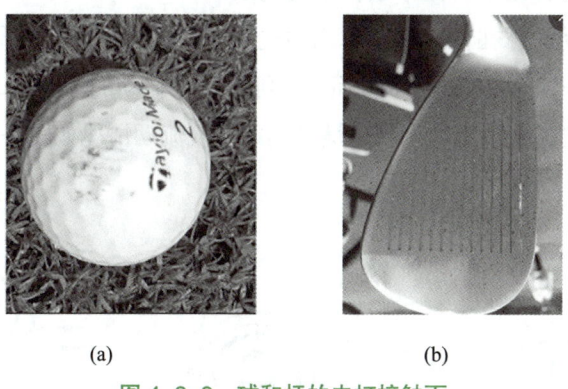

图 4-3-9　球和杆的击打接触面

---

① Andrew Rice. TrackMan:Definitive Answers at Impact and Beyond[EB/OL]. https://www.andrewricegolf.com/andrew-rice-golf/2010/10/trackman-definitive-answers-at-impact-and-more[2020-3-26].

由于球在地面的滚动通常是球顶面向前的，所以我们把这种球顶面向后的转动称为"倒旋"。

综合以上分析可以看到，在杆面的斜向击打下，球的运动由两种运动复合构成：一是沿球心的起飞角方向的高速平行移动，简称"平动"；二是球体绕球心的高速倒旋。

球被击后倒旋的程度与击球角度、击打力度以及球体内部和球体表面材质弹性有关。

如果球体材质柔性较差、材料强度不够，杆面又是光滑的，则杆面的斜向撞击效果差，球的倒旋少。所以我们常看到，为了增加击球的倒旋，职业球员在比赛中经常要换新球，而且打完短铁杆总会及时刷掉杆面凹槽内的残留物。

高速倒旋的球落在果岭之后，球被撞击以及在后续的滑动过程中要受到地面撞击反作用力及地表面摩擦力的作用，这些力会阻止球在地面的向前滑动并使球正旋前滚。由于短杆击出的球弹道高，又往下坠，这样的球落地之后前冲不多，在比较硬和光滑的果岭上，地面的撞击力和摩擦阻力不足以将球的高速倒旋完全停下来。所以，我们经常会看到，很多高手击出的球在果岭上前冲一小段后会倒转回来。

4. 倒旋球在空中产生的上弧旋线弹道

一个向前但不转动的球的飞行弹道是一条抛物线。但是，一个高速倒旋的球在空中的飞行弹道不再是一条标准抛物线。

一个不转动的球在快速移动时周边受到空气阻力的作用，周边空气相对球的流动情况如图 4-3-10(a) 所示；而一个纯转动不移动的球因为其外表的凹凸不平会带动周边空气随同流动，周边被带动的空气流动情况如图 4-3-10(b) 所示。

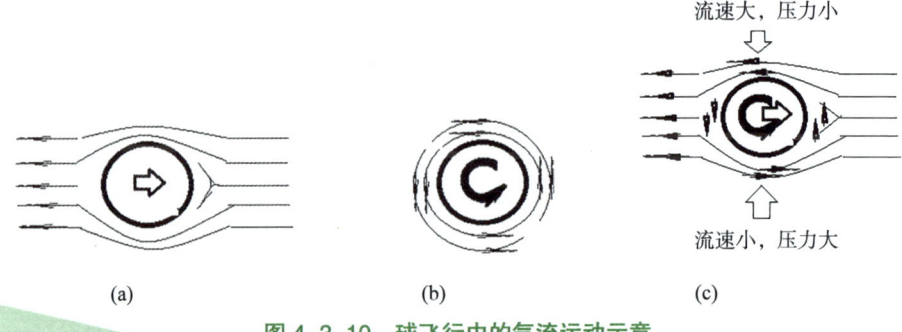

图 4-3-10　球飞行中的气流运动示意

一个快速移动又快速转动的球在前行时周边同样会受到空气阻力的作用，这时球周边空气相对球的流动是前述快速移动和快速纯转动的气流的叠加，如上图 4-3-10(c) 所示。

从叠加后的流速图可以看出：球的两种运动在球上方带来的空气流动方向相同，叠加后的流速值会增大；而球的两种运动在球下方带来的空气流动方向则相反，叠加后下方空气流速值会减少。流体力学已经通过实验表明：流体中流速大的地方压力小，流速小的地方压力大。从图 4-3-10(c) 所示球的上下侧的气流运动情况可以看到：球的下侧受到流体的压力大，球的上侧受到的压力小。由此，运动中的球要产生向更高速气流一侧的移动，也就是向上移动。

由此可见，倒旋球的弹道要高于同样起飞角和同样初始平移速度的球的弹道（见图 4-3-11），而且倒旋越多这个差别越大，这样的弹道通常被称为"上弧旋弹道"。当球体移动和转动的速度越大时，倒旋球的弹道向上越多。这也是我们会看到有些职业球员和业余高手的一号木击球能打出看上去好像二次冲高的弹道的原因。

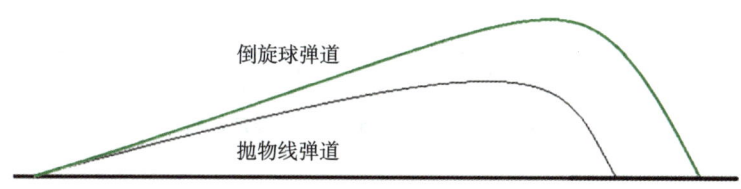

图 4-3-11　球的不同飞行弹道

我们以比较熟悉的乒乓球来与高尔夫球做下类比。乒乓球的质量比较小，人们很容易利用其球体高速旋转前行中受两侧气压差别的影响打出弧旋球。打高尔夫球像打乒乓球一样，通过杆头轨迹方向和杆面方向不同的组合，除了能打出前述上弧旋球，也能打出左弧旋球、右弧旋球。高尔夫球的杆面倾斜方向和轨迹方向与球弧旋方向的运动规律和乒乓球是完全一样的。只是高尔夫球球杆的杆面更小，高尔夫球杆握把及杆身的长度比乒乓球球拍握把和拍面的长度要大很多，所以高尔夫球做出弧旋球的难度较大，一般球员是难以控制的。

三、果岭边铁杆短距离切击/劈击的控制

远距离挥杆基本是通过选杆来控制击球距离。在果岭附近,击球距离已经小于最短铁杆的全挥杆击球距离,只能通过调整上杆幅度来控制击球距离,又因为切击/劈击出的总距离、球的滚动距离是不同的,因此还必须根据需要滚动的距离来选择击打方式。

1. 对切击/劈击方式的选择

切击方式击出的球的飞行弹道比较平,球的方向和距离更容易控制,但由于球的滚动路程长,更适合球位到洞口之间的果岭长度较长的情况;而劈击方式击出的球的飞行弹道比较高,球落地后滚动距离短,能应付复杂的果岭周边情况,更适合球位到洞口之间果岭长度相对较短的情况(如图4-3-12所示)。当然,劈击球的方向和距离的控制要相对更难。

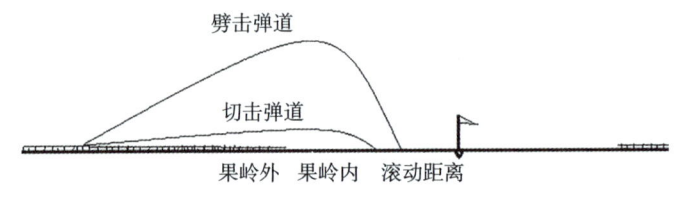

图4-3-12 劈击球和切击球弹道比较

2. 控制击球距离的两种方法

无论是切击球还是劈击球,都可以有两种控制击打距离的方法,即控制上杆幅度及下杆力度。

近距离情况,上杆幅度和击球距离有近似的正相关关系。经过一定的练习,球员可以找到同一根球杆击打出10码、20码、30码等不同距离所需的上杆幅度。根据这样的经验,经过适当的调整,球员能够通过控制上杆幅度将球击出所需的距离。

同样近距离情况下,下杆力度与击球距离也有近似的正相关关系。有一定经验的球员对同一根球杆某个上杆幅度的不同下杆力度、所对应的击球距离会形成一定的动作记忆。当需要将球切击或劈击到某个落点时,身体能够自动调节下杆力度将球击到目标落点,这就像我们生活中近距离地向某处抛物时,手臂会自动调节摆动力度一样(见图4-3-13)。

第四章 杆头击打方式的控制

图 4-3-13　抛物时手臂自动调节摆动幅度

3. 对劈击球前冲距离的调整

前面介绍过，在同样的上杆幅度劈击情况下，球在两脚间的左右位置不同，球的起飞角也会不同：球越靠近右脚，球起飞角越小，球落地后前冲距离越长；球越靠近左脚，则起飞角越大，球落地后前冲距离越短甚至倒旋。根据这个规律，球员在根据肌肉的动作记忆劈击球时，还可以再通过调整球在前后脚间的位置调整劈击球落地后前冲的距离。

4. 切击/劈击的练习

既然切击球/劈击球靠的是肌肉的动作记忆，那么大量的切击/劈击练习就是必要的。

练习的内容主要是对球落地点的精准控制，也就是对击打距离和方向的控制。与用手直接抛球不同，切击和劈击是通过球杆击打"抛球"，为保证击打的准确，球员必须像大多数人的推杆一样，要盯着在原位的球进行切击或劈击。通常情况下，要先设计一个落球点并在大脑中记住这个点，在瞄准后，切击通常由左手主导控制杆面的击打方向和上杆幅度，劈击通常由右手主导控制杆面的击打方向和杆头的上杆幅度。

一个球员至少要有两根得心应手的铁杆：一根用来切击，一根用来劈击。

第四节 沙坑球的处理

一、浅沙坑球的处理

1. 球道沙坑球的处理

球道沙坑一般都比较深,通常可以采用直接击球的办法将球尽量打远(见图4-4-1)。

图 4-4-1 球道沙坑击球

由于沙坑中的球底部没有可将球垫高的草,因此杆面甜蜜点触球时肯定会碰到沙。如果球没有陷入沙面,通常采用杆面底缘尽量少碰沙或不碰沙的方式击球。为此,建议下杆击球过程以球的最右边缘点在沙面的投影点作为杆头轨迹的最低点(见图4-4-2)。

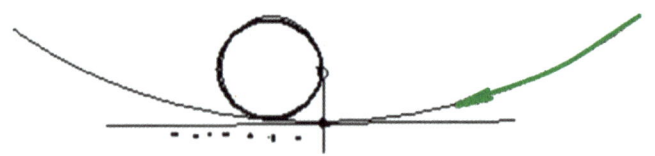

图 4-4-2 杆面底缘点经过位置示意

杆头碰沙后再击球或者击球点低于杆面甜蜜点,都会影响击球的距离。为避免击球距离的减少,解决方法通常是选用比球道上同等距离击球大一号的球杆。另外，挥杆击球过程中，手臂和球杆会略有伸长，这也容易使球杆底边在击球前先碰沙，再加上规则限定，因此击球准备姿势时，杆底边的瞄准摆放应略高于球下沙面。

2. 果岭边浅沙坑球处理

位于果岭边浅沙坑中的球，仍可以采用以上直接击球的办法救出。只要球到坡顶的斜度在30°以下，因击球距离不远，上杆幅度不大，仍可以用大倾角的沙杆直接击球上果岭，击球方式可采用上一节介绍的固定手腕小幅度劈杆方式。

如果要提高球的高抛程度，可以选用杆面斜度最大的球杆，球位更靠近两脚中线位置，因为此刻球下没有了草垫，这种情况下击球的安全空间已经非常小了。好在这种挺直、挺硬上臂的小幅度劈杆方式击球最大的优点就是球杆的转动中心被固定，杆头击球的高度可以精准控制，虽然是用甜蜜点以下的杆面击球，只要右手臂控制上杆幅度，就仍能像球道劈杆一样将球送向果岭上的目标位置。

二、果岭边中等深度沙坑击球

当球位到坡顶的斜度高于30°时，用大斜角杆面的铁杆通过球位左移的办法直接击球理论上可行，但击球安全空间太小，产生剃头球和刨沙击球的失误风险太大。为此，可以采用两害相权取其轻的策略，因为剃头球是完全不可控的，而刨沙击球则因沙层的均匀性而有一定的可控性，所以，应索性将球杆头打到球下的沙里去，也许还能从沙里脱困。

1. 沙坑救球运动分析

在采用大斜面球杆击打球位靠左的球时，球员如果按照正常在草地上劈击球的方式击打沙面上的球，必然会是杆头底边先进沙，然后才是杆面击到球并将球击出（见图4-4-3）。

通过一个近似模型的几何分析，可以

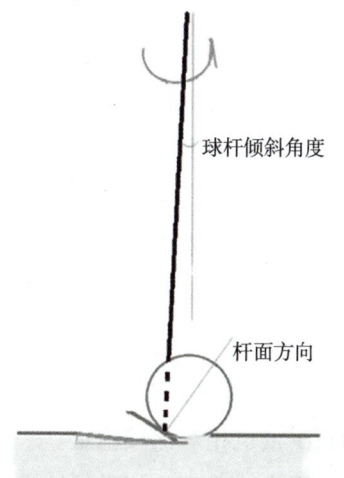

图 4-4-3　球杆进沙深度试验模型示意

看到以下现象。

如果用长度为85厘米的沙坑杆劈击正下方沙面上的球，用离杆面底边1.5厘米处的击球点击球，则有以下几何上的计算结果：

杆面击球点在沙面之上的高度还有0.4~0.5厘米，杆面底边在沙面之下也有0.4~0.5厘米（见前图4-4-3）。

此外：

杆面底边在沙面下最深0.3厘米时，其刮过的沙痕长度约14厘米，也就是杆面底边击球前在沙面刮过的沙痕长度约7厘米。

杆面底边在沙面下最深0.4厘米时，其刮过的沙痕长度约16厘米，也就是杆面底边击球前在沙面刮过的沙痕长度约8厘米；

杆面底边在沙面下最深0.5厘米时，其刮过的沙痕长度约18厘米，也就是杆面底边击球前在沙面刮过的沙痕长度约9厘米；

由以上分析可见，杆面底边进沙的深度对杆头底边刮沙的长度影响非常大。在球杆转动半径为85厘米的情况下，杆面底边每进深0.1厘米，这个底边在沙面刮过的痕迹长度大约要增加2厘米，也就是杆面底边击球前刮过的沙痕长度增加约1厘米。并且，杆头转动半径越大，杆面刮痕增加的长度越长。如果加上手臂，考虑手臂和球杆转动构成的复合转动时，轨迹也不一样，轨迹更平、刮沙更多。

上面的实例是球在眼睛正下方的情况，也就是击球时杆身的倾斜角为0°的情况。如果球杆的倾角为正，即球位靠右侧，杆头击球前刮沙会少一些，球被击出的角度小一些；如果球杆的倾角为负，即球位靠向左侧，杆头刮沙会多一些，球被击出的角度大一些。

这种杆面底边先进沙的击球方式与球员平常劈杆击球时"啃地"失误是一样的，击球效果也类似，即球可以飞起但飞出距离将会大减。

由于沙层比土层松软许多，所以阻力小许多，同样的上杆高度，杆头击球前由于"啃沙"造成的速度减幅比之"啃地"击球的距离减幅要小，此外，由于沙层比土层更均匀，杆头击球前被沙阻碍速度减幅比较稳定，因而击球距离的减少量也相对比较稳定。

通常情况下，如果沙坑中的球位于两脚中间，相较于草地上同样球位、同等上杆幅度的劈击球，杆头先进沙后击球的劈击球距离要比前者少10~15码。

这个距离的减少主要是杆面击球前杆头刨沙相对于刨草阻力更大被减速所致。再就是杆底边进沙后刮起的沙有少量会隔在杆面和球的被击打点之间，这些沙对杆面击球会有些许的减速作用。杆头具体的减速幅度还因底边进沙深度、沙层中沙的颗粒粗细及干湿度不同而有差别。

2. 沙坑救球的难点

沙坑救球失误的主要原因是杆头刨沙过程中，杆头速度的迅速降低，导致球杆相对手臂的转动迅速减缓。

沙坑救球的一种常见的情况是杆头进沙太深。如果杆头进沙太深，杆头减速太多，当杆头再碰到球时很难将球送到预设的高度和距离。

除了因为杆头进沙太深导致杆头刮沙长度增加，从而影响击球距离精准度之外，最令众多球员恐惧的是杆面底边没有到达预想深度而刮沙太少，导致杆面直接将球击飞。

造成杆头击球深度失控的主要原因是击球时球杆过于超前或滞后于左臂（大多数情况是由于滞后）。挥杆劈击是左臂和球杆两个杆件转动的组合动作。球员瞄准的时候是按"杆-臂"成直线击球准备的，击球时手臂和球杆如果没有成一条直线，则杆头的深度就达不到瞄准位置的深度（见图4-4-4），在草地上这样的击球就是剃头球。所以劈击球动作要求击球时"杆-臂"必须成直线，事实上，所有常规挥杆击球状态中"杆-臂"都必须成直线。

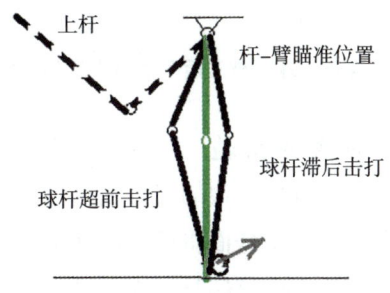

图 4-4-4　杆臂击球时的三种状况

沙面上和草地上击球都必须保证左臂及球杆成一条直线，从而使杆面的底边线通过球的底面，但二者也有不同的地方：在草地劈杆击球过程中，杆头从上杆顶点到击球点都是在空气中运动，球道草带来的阻力也可以忽略；但在沙坑击球过程中，杆面底边要经过球底部周边的沙层，当杆头从上杆顶点运动到沙面，杆面的底边要先刮过一段沙层，然后才是杆面击中球面上的击球点。可见，同样是劈杆方式击球，杆头击球之前在沙坑比在草地要多经过一段沙层。如前文实例所分析，当这段沙层最深约0.5厘米时，理论上这段被刮过的沙层长约8~9厘米，尽管其中很长一段沙层很薄。显然杆头击球前会受到沙层的阻力，杆头速度则会迅速减小。杆头速度的减小必然导致球杆和手臂的转速减小。此外，由于球杆离被阻碍的杆头近、手臂离被阻碍的杆头远，故球杆转速的减小量远大于手臂转速的减小量。如果球杆触沙前转动速度仍然和草地上击球一样，那么，在杆头底边触沙后球杆相对手臂的转速就会迅速减小，此后球杆和手臂就不可能成一条直线击球，杆头底边就不会按预想的路线前行，也就无法到达预想的球的底面位置。因此，在手臂到达击球位时，整个"杆－臂"系统继续运动在通过球位时，就会形成"球杆滞后手臂"的击打方式，杆头运动轨迹由此提高，结果是直接将球击飞（见图4-4-5(b)）。

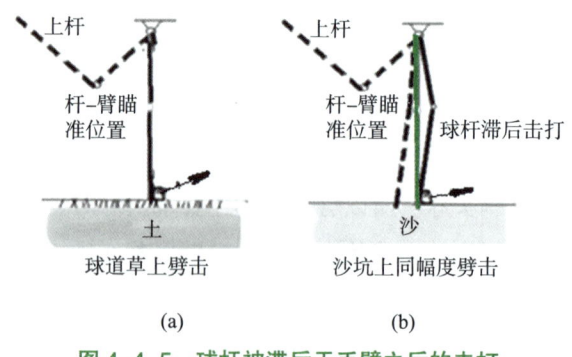

图 4-4-5　球杆被滞后于手臂之后的击打

3. 沙坑安全救球的主要措施

（1）以球底面下的沙作为杆面底边的击打瞄准点

沙坑救球最根本的目的是要用杆面将球打出沙坑，尽管击球时杆面和球之间隔了一些沙，但击打物理论上应该还是杆面，瞄准点应该还是球。然而，由于沙坑救球时，杆头进沙的深度对击打效果的影响至关重要，因此球员可以考虑用杆的底边作为击打物，以球底部下面的沙作为瞄准点（见图4-4-6(b)和(c)）。这样，沙坑救球的击打方式可以变换为：以杆面底边作为击打物，以球底的沙面为瞄准点，控制转动的左臂和相对左臂转动的球杆正好成一条直线时，使杆头底边击中并通过球底面沙层这个瞄准点（见图4-4-6(a)）。通过的速度越快，则击球距离越远，杆面向上的角度越大，则球的起飞角越大。

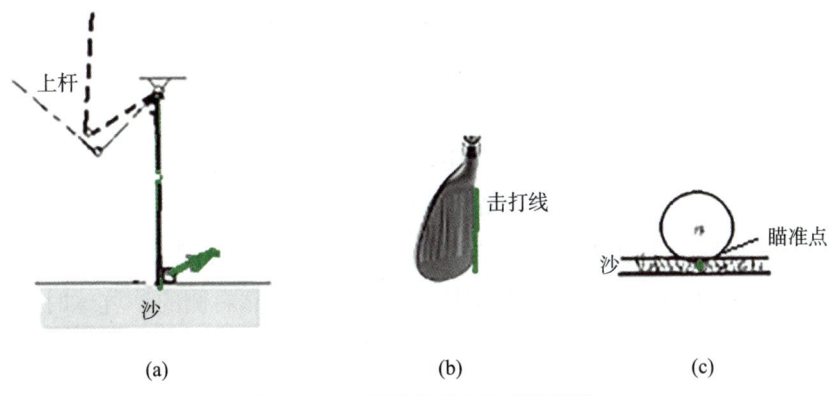

图 4-4-6　沙坑救球击打意识调整

虽然前文所述的沙坑救球方法的分析是以球在两脚之间的中心位置为基础，其实，只要球员按照上图 4-4-6 所示，以球杆和左臂成直线通过球下的沙层作为控制"杆－臂"转动的目标，那么，球位靠两脚中心、靠中心偏右侧或靠中心偏左侧的情况都可以囊括，都是瞄准球下面的沙层。

前面介绍过劈击球之后球的起飞角的计算公式，即

$$A = B - C$$

其中，A 为球起飞的方向角，B 为球杆杆面倾角大小，C 为击球时球杆及手臂相对于直立身体的倾斜角，当球位偏至两脚中心左侧时 C 取负值（见图 4-4-7）。

在沙坑救球时，除了球杆要增加相对左臂的上杆幅度以克服沙的阻碍，其他几何关系和球道上劈击球完全一样。所以沙坑救球时，球的起飞角 A、杆面倾角 B、击球时手臂及球杆的倾斜角 C（见图 4-4-7），同样有以下关系：

$$A = B - C$$

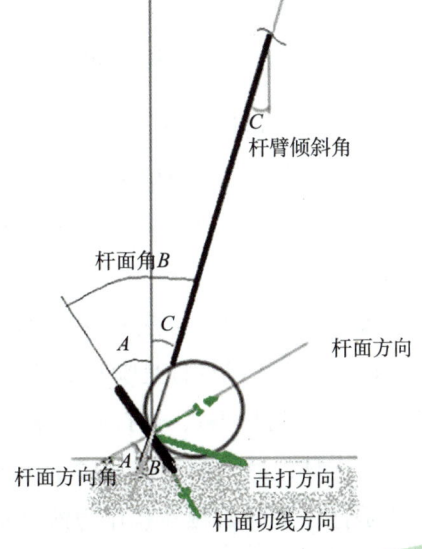

图 4-4-7　沙坑击球时杆面及击打方向示意

所以，沙坑劈击球和球道劈击球同样遵循如下规律：球位靠右，则弹道低，击球距离远；球位靠左，则弹道高，击球距离近。

因此，要将沙坑中的球吊近、打高，应将球位靠左脚；要将沙坑中的球打远、无须打高，应将球位靠右脚。

沙坑救球需要另外注意的是：当球位靠右侧时，杆面底边在沙层刮过的路径短；球位越往左侧，则刮过的路径越长（见图4-4-8）。为了保证"杆－臂"成直线将杆面底边击过球底沙层的瞄准点，击打球位靠左侧的沙坑球时，手臂上杆幅度和球杆相对左臂的上杆幅度，都需比击打靠右侧的沙坑球时大一些才行。

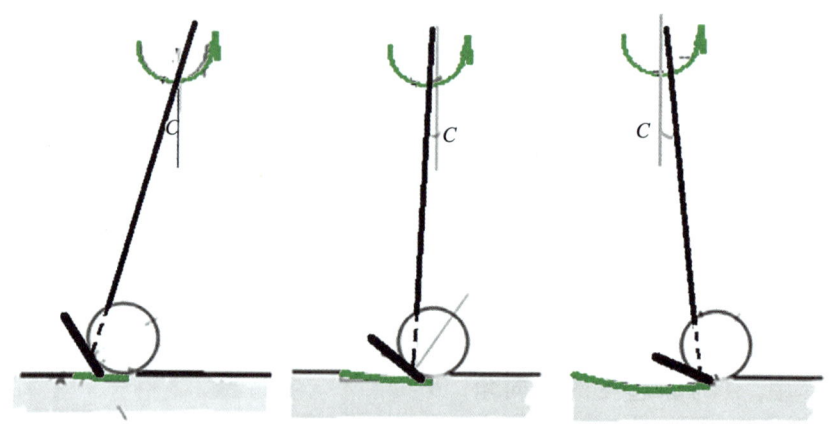

图4-4-8　球位对杆面刮沙深度的影响

按照前述目标控制方式，即以球底部下面的沙层为杆头底边击打的瞄准点，则不再需要以"离球多远的触沙点"作为杆头底边击打的瞄准点。以离球某个距离来控制击打效果，容易忽视"杆－臂"呈直线形态击打球下沙层这个最根本的要求。

有些打球攻略中会强调沙坑救球在打沙后要继续"送杆"，这其实并不准确。通常意义上的送杆是瞬时击打后的顺势而为，是对击球后杆头运动趋势的控制。如果照此理解，击打沙坑球时，在"触沙后，还未接触球"这个阶段即完成了击球，后面的动作均属于送杆，这显然是不符合实际情况的动作，这其实是把杆头开始触沙就作为沙坑救球的击打了。因此，把触沙后的动作理解为送杆会造成击球力量的不足，且不一定能实现"杆－臂"成直线击球的

第四章 杆头击打方式的控制

目的。

所以，更可操控的沙坑救球方式只能是：仍然像球道草上劈杆击球那样挥杆，不同的是，通过提高上杆幅度的方式克服触球前沙层对杆头的减速作用，在杆头穿过球前沙层之后，使"杆-臂"成直线，按预定速度将球击出。按照这样的办法可以保证击球时杆头进沙深度不会偏差太大，可以避免出现将球打飞的情况发生。

（2）提高上杆幅度并提高球杆相对手臂的上杆幅度是"杆-臂"成直线通过球位的关键

通过上面的分析可见，因沙层阻碍使杆头速度减小造成击球失误，改进的办法是通过增加上杆幅度来提高杆头速度。并且，由于沙层的阻碍使球杆的减速比使左臂的减速更多，那就必须还要额外增加球杆相对左臂的转速，而增加球杆相对左臂的转速就是增加球杆相对左臂的上杆幅度。因此，要在沙坑里打劈击球达到像球道草上打劈杆击球一样的效果，就必须要提高杆头速度，也就是要增大上杆幅度。同时，还必须要额外增加球杆相对左臂的上杆幅度，如图4-4-9(c)所示。

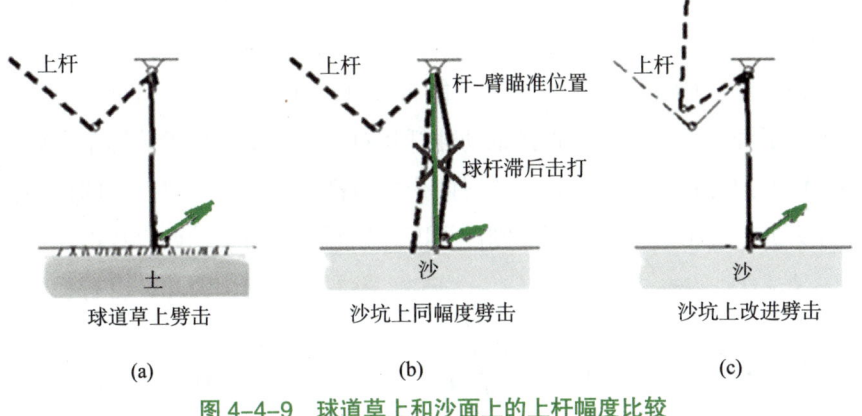

图 4-4-9　球道草上和沙面上的上杆幅度比较

图 4-4-10(a) 和 (b) 分别是 30 码距离球道草上劈击的上杆顶点位置和 30 码距离沙坑里劈击的上杆顶点位置。可以看到，沙坑救球时左臂上杆幅度增加了，球杆相对左臂的转动幅度也明显增加。

(a)   (b)

图 4-4-10　球道上和沙坑中同距离击球的上杆幅度

（3）沙坑击球的下杆过程中，应由右手主导杆头刨沙和控制"杆-臂"成直线击球，并且引导击球后的送杆。在上杆幅度的控制方面，应先将球杆相对左臂的转动幅度用到极致后，再增加手臂的转动幅度。

草地上劈杆击球时，控制"杆-臂"成直线击球并引导杆面的方向，通常由左手主导，也可以由右手主导。沙坑里击球时，杆面刨沙过程不确定性大，杆面底边在球底的深度对"杆-臂"能否较好地成直线击球的影响非常关键。而右手在下杆过程中，一是直接推动球杆相对左臂转动，负责传递来自肩轴右侧和右臂的推力；二是右手腕、右肘两个关节都可用于调节对球杆的推动；三是靠杆头最近，由右手调控杆面刨沙深度并控制杆面与手臂成直线击球是最有效的，因此，由右手主导更适宜。

上杆时，把球杆相对右手的上杆幅度用到极致是为了减少杆头在沙层中的路程。对于同一个劈杆动作，如果球杆转动相对手臂转动增多，手臂转动可减少（见图 4-4-11(b)）。由此合成

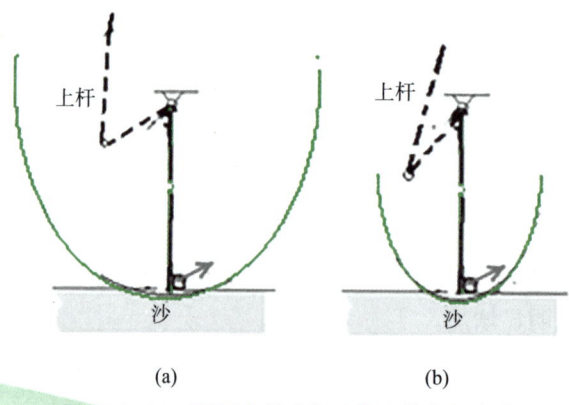

图 4-4-11　不同弯曲度杆头轨迹的上杆方式

的杆头轨迹曲线在沙层中的深度不变,但弯曲度更大,杆头在沙层中的路程就会减少,更容易将球打出。

(4)其他稳固措施

由于击球时杆面底边进沙深度对击球距离的影响较大,所以,沙坑击球时还要尽量减少其他因素对杆面底边进沙深度的影响。这包括:挥杆中脚在沙上的沉降、下杆时产生的身体偏移等。因此,常可看到球员在沙坑击球前,会转动双脚使自己在沙坑中立稳。

另外,由于沙坑击球的用力幅度有限,为了防止转髋不稳造成手臂和球杆偏离预定击球位置,下杆时可以不用转髋,而仅使用躯干的扭转进行驱动。

4. 像在球道草上劈高抛球一样击球

在草上用劈杆击球是多数球员已掌握的基本击球技术,可将这种可控的技术和感觉用于打沙坑球,这对于球员掌握沙坑救球技术可达到事半功倍的效果。

陷入长草或老草根中的球都要加大挥杆幅度,以克服触球前草根的阻力,更何况现在是实实在在沙层的阻碍。要在沙面上击出像球道草上同样高度、同样距离的球,杆头就必须在触球前突破沙层之后,仍保持有草地上击球的杆头速度(见图4-4-12)。

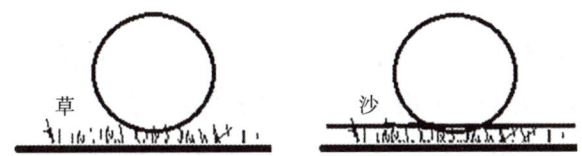

图 4-4-12 草和沙对杆头的阻碍比较

触球前的沙层会使球杆和手臂的转速大减。杆头速度是由手臂的转速和球杆相对手臂的转速这两个转速决定的,而杆头进沙后,前面球杆转动的减速比后面手臂的转速减速多。

为了弥补球杆和手臂这些被减掉的转速,沙坑上救球比球道草上救球要大大增加上杆幅度,特别是加大球杆相对左手的上杆幅度(见图4-4-13(b))。此外,还要通过右手主导使杆头底边从球底面通过的精准度更高。

沙坑脱困时决不能犹豫、手软,更不能抬头追球。

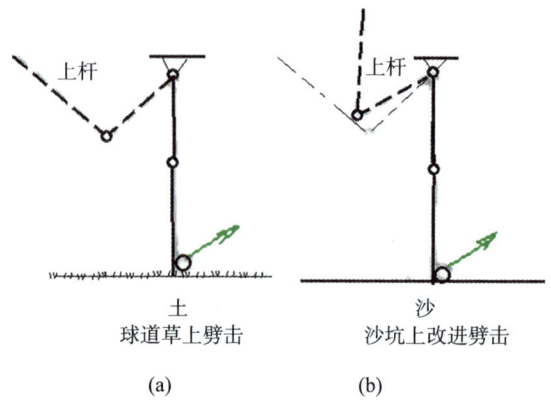

图 4-4-13 特别增大球杆相对手臂转动幅度

5. 沙坑击球的练习

学习沙坑击球，要重点练习"杆-臂"成直线击球，要找到那种控制杆、臂各自不同的转动在击球的位置成直线的感觉。沙坑击球中杆头触球前受到的阻力与草地上触球前受到的阻力不一样，因此球杆相对左臂上杆的幅度也就不一样，"杆-臂"成直接击球的主导手臂也不一样，所以需要专门的练习，以掌握控制杆头克服沙层的阻碍后仍然保证"杆-臂"转动成直线击球的感觉。

三、果岭边深沙坑救球

一般的沙杆杆面角是 56°，再大也就是 60°。在果岭边沙坑里，对大于 60°以上的坡（见图 4-4-14）采用沙杆直接救球难以奏效。

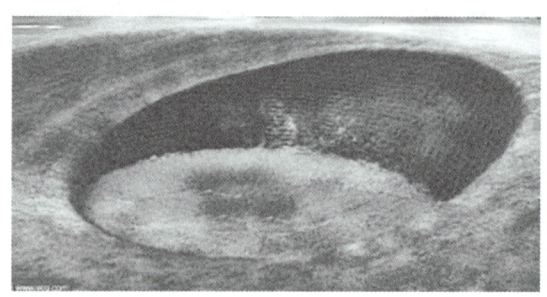

图 4-4-14　深沙坑

这样的情况必须将杆面打开。

当球员将置于地面的球杆向右旋转一些角度，杆面就会向右躺（见图 4-4-

15(b)）。这时，杆面与地面的夹角就会减小，或者说杆面会更朝上了，按几何学的说法是杆面法线（垂直于某个平面的直线被称为这个平面的法线，下同）更朝上。需要注意的是，这时杆面的朝向也会向右偏转，也就是通常所说的杆面向右打开，按几何学的说法就是杆面的法线也从打开前的方向向右偏转了。

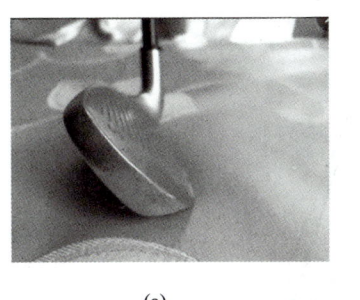
(a)

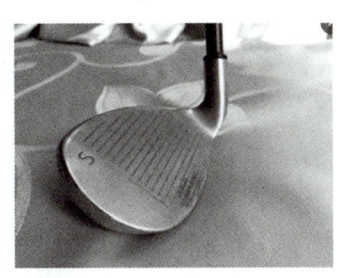
(b)

图 4-4-15　杆面右躺

杆面打开后，球员可以用前文所述方式去击打沙坑球。由于杆头运动方向仍然是向前的，但杆面方向又偏右，显然，被这样向右打开的杆面所击出的球起飞角明显增大，同时，球在的水平方向会主要偏向杆面所朝向的方向。球的飞行方向不再是杆头的运动方向，还会受杆面朝向的影响偏向杆面的方向（见图 4-4-16），而且将主要是偏向杆面的朝向。

实际上，由于杆面对球面的摩擦力作用加之沙的冲击作用，球会朝着相对杆面方向略偏左的杆头运动方向。所以，为使球飞向目标方向，在做击球准备用打开的杆面瞄准时，杆面要朝着目标略偏右一点，以纠正上述偏左的影响。

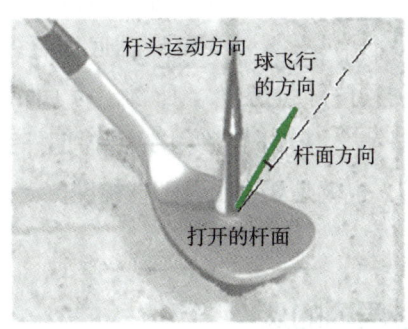

图 4-4-16　不朝杆面方向运动的击球方式

所以，球员想在沙坑打出高抛球，应先根据目标确定杆面打开的程度和朝向，然后根据通常握杆方式来确定准备姿势（见图4-4-17），而击球则按没有打开杆面的准备姿势和相应的标准挥杆平面进行挥杆；也就是说，打开杆面，但按没打开杆面的正常挥杆方式进行上杆、下杆和击球。

图4-4-17　不朝杆面方向运动的击球站位

打开杆面击球另一个不同点，是杆面下部受到的阻力增大。

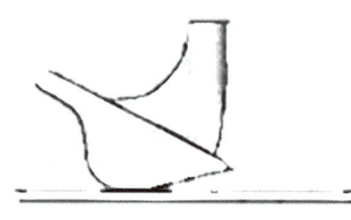

图4-4-18　反弹角

为减少球杆底边以下部分在沙面下受到的阻力，沙坑杆面底边以下的部分被削成一个比较平滑的凸出部分（见图4-4-18），以形成反弹角。

在打开杆面击球时，杆面下凸出部分陷入沙层低于球底面更多，也就意味着杆头部分受到的沙层阻力比不打开杆面时更大。所以，为了保证打开杆面时杆面穿过沙层到达球底前，"杆－臂"依旧成直线击球并保证杆面底边能从球下顺利通过，就要用更大的力量，也就是要求手臂上杆幅度更大、球杆相对左臂的上杆幅度更大。

四、救出陷入沙层内的球

陷入沙坑中的球被球友们称为"荷包蛋"（见图4-4-19）。

此时，如果球陷入沙层不深，仍可采用前面所述尽量陡的劈杆进沙击球方式。不过，由于触球前杆头的刮沙量增加，导致杆头减速更多，同样的上杆幅度，击球距离和高度会大大减少。

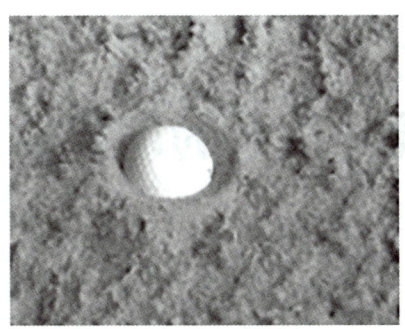

图 4-4-19　沙坑"荷包蛋"

当球陷入沙层达到一半以上，如果仍采用前文所述的劈杆进沙、高抛击球方式，即以球底面为目标去劈击球，势必需要杆头刨开更多的沙，这几乎难以做到。要想将球击出，就必须减少沙层的阻碍，减少击球前的刨沙量。为此，不应再以球底面作为劈击的目标，而应以球迎向杆面的斜面作为劈击的目标（见图 4-4-20）。这个斜面的斜度应该随球陷入沙层的深度的加大而变陡。球落在沙面和沙没过球顶面可视为两种极端的情况，沙杆的劈击目标分别是球的正底面和球迎向杆面的侧面。

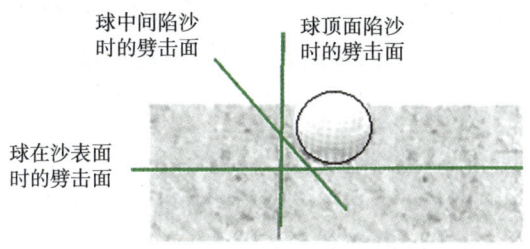

图 4-4-20　对"荷包蛋"的击打面示意

由图 4-4-20 可看出，调整劈击面的斜度可以增减杆面触球前的刨沙量。随着杆面击球时球杆倾角相应增大，球的起飞角度则随之减小、抛高角度也明显减少。但是，这种方式下刨沙量减少，击球距离会明显增加。

第五章
推杆技术的理论分析及应用

第一节　推杆的驱动和传动方式

一、两种推杆驱动方式的由来

高尔夫球的推杆和铁杆及木杆挥杆一样需要肩轴转动的驱动，并由肩轴带动手臂和球杆成一个整体在类似的挥杆平面内转动，由撑出最远的杆头部分击球。推杆动作的运动幅度小、转动速度慢，但是推杆对运动的精准度要求更高。

下肢只需稳定的支撑，整个推杆运动只需要躯干小幅度的扭转驱动。推杆过程中两手臂不需要也不可以再增加驱动，只需要稳定地传递躯干对球杆的驱动。

从挥杆动作简化而来的推杆运动一般驱动方式如图 5-1-1(a) 所示，这里肩轴中心和头部中心的连线 AB 是肩轴的转动轴线。显然，在这样的驱动方式中，躯干转动轴线 AB 的倾斜幅度因人而异，杆头随着肩轴的转动在回位时将球击向前方。

因为推杆比较短，球员也可以更大幅度地弓背，使眼睛达到球位和杆头的正上方，并让头部及肩轴转动的轴线达到与地面平行，如图 5-1-1(b) 中 OH 线所示，此时杆头转动半径如 OD 线所示。杆头随着肩轴的转动同样在回位时将球击向前方，这是推杆行为的另一种方式。

肩轴转动平面的倾角不同，杆头运动的路线在地面的投影是不一样的。显然，上述两种肩轴转动方式带动的杆头运动轨迹在地面的投影是不同的。

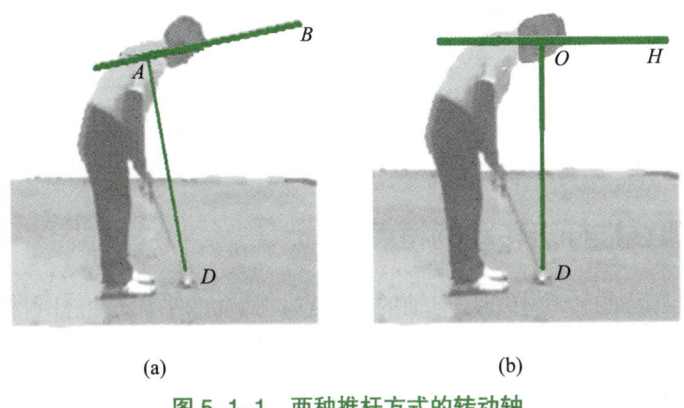

图 5-1-1　两种推杆方式的转动轴

图 5-1-2(a) 为以斜向的 AB 线为轴转动肩轴时杆头运动轨迹在地面的投影，图 5-1-2(b) 为以水平的 OH 为轴转动肩轴时杆头运动轨迹在地面的投影。可见，推杆在倾斜挥杆平面内转动时，杆头在地面的投影是一条对称于球位的弧线，但该弧线在球位处的切线是对准目标的。

对于肩轴在垂直平面内转动，即以 OH 为轴转动推杆的情况，可以想象，经过杆头引一个与水平转动轴 OH 垂直的平面（见上图 5-1-1(b)）。显然，这个平面垂直于地面。因为推杆、手臂、肩轴以及转动轴线是一个整体，并且整体绕 OH 轴转动，随着 OH 轴线的转动，杆头一定在那个与 OH 轴垂直的平面内转动。由于这个平面垂直于地面，那么，在这个平面内的杆头的运动轨迹在地面的投影一定是一条直线（见图 5-1-2(b)）。

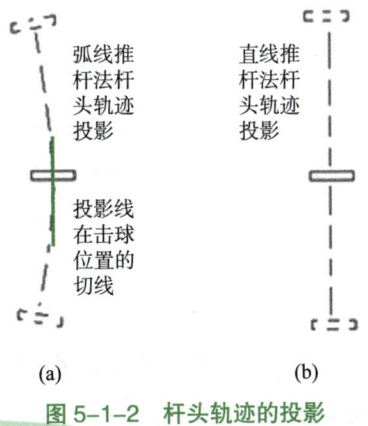

图 5-1-2　杆头轨迹的投影

通常，人们将推杆过程中杆头在地面的投影为弧线的推杆方法，称为"弧线推杆法"，将推杆过程中杆头在地面的投影为直线的推杆方法，称为"直线推杆法"。

经过不断发展，推杆技术已经变得非常规范、精准，动作完全符合立体几何规律，球员只需运用基础立体几何知识就可以理解并掌握这门技术。

二、弧线推杆法转动的特点

弧线推杆法的转动中心是肩轴的中心点，转动的平面是推杆目标线和肩轴转动中心构成的平面。

由于弧线推杆法的杆头转动平面与挥杆平面相近，转动轴与肩背、脊椎相近，肩背肌群的驱动比较自然顺畅，所含动作普通人日常已经十分熟悉，所以被多数人所采用。

弧线推杆法操作的难点主要在于对标准推杆平面的理解和对运动推杆平面的控制。

1. 弧线推杆法的标准推杆平面

根据立体几何原理，空间中的一条直线和直线外一个点可以构成一个空间平面。

推杆瞄准时，推杆杆头上的瞄准线是对准目标的，瞄准线延伸到目标是一条长直线 a。球员推杆过程中杆-臂要保持绕肩轴中心 O 转动，这个转动中心是固定的。空间中的一点和一条直线可以构成一个空间平面。弧线推杆法中杆头瞄准线的延长线 a 和杆头转动围绕的圆心 O 构成一个平面，这个平面也称推杆运动的标准推杆平面（见图 5-1-3）。

需要注意的是，这时的肩轴显然不是在肩顶面位置的，此时肩轴是背侧两臂中心的连线（见图 5-1-3），这和铁杆和木杆挥杆运动中的标准挥杆平面完全一样。可见标准推杆平面是一个容易想象得到的固定平面，通常情况下这个平面是倾斜的。

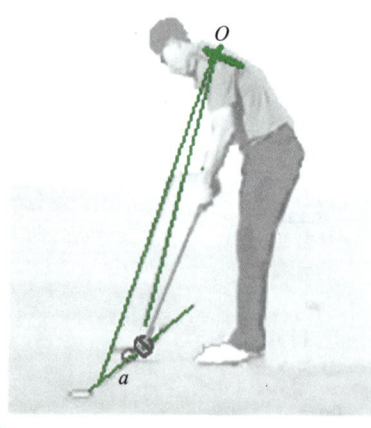

图 5-1-3 弧线推杆法的标准推杆平面

2. 运动推杆平面及其控制

推杆瞄准站位时，球员会先用杆头上的瞄准线 AB（见图 5-1-4(a)）对准目标。瞄准站姿确定后，肩轴线段 CD 与杆头上的瞄准线 AB 必须是平行的，如图 5-1-4(b) 所示。根据几何原理，这两条空间平行直线可以构成一个空间平面 ABDC。

通过手臂、手腕各关节的控制，空间平面 ABDC 可以保持成一个整体并成整体运动。推杆运动实际就是使这个空间平面 ABDC 绕 CD 线段的中点 O（也即肩轴的中间点），在 ABDC 所在的更大空间平面内转动，并在 AB 线段转回到原位时将球击向目标。

因此，瞄准站位时，肩轴两端的连线必须与杆头上的瞄准线平行，即 CD 平行于 AB。前述目标线 a 是线段 AB 的延长线（见图 5-1-4(b)），在推杆预备姿势时，运动推杆平面和前述推杆标准平面重合，所以这两个平面都通过肩轴的中心点。如果推杆绕肩轴中心运动过程能够将运动推杆平面始终保持在标准推杆平面中，则推杆一定能够准确地回到瞄准位置，并将球击向目标方向。

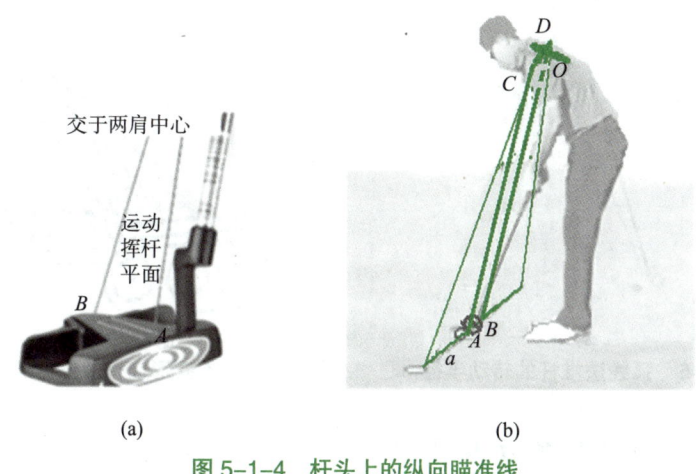

图 5-1-4　杆头上的纵向瞄准线

推杆运动中将运动推杆平面保持在标准推杆平面内，这与铁杆和木杆挥杆中将挥杆平面保持在标准挥杆平面内以保证挥杆击球的方向是一样的。而且，由于推杆运动速度比较慢、转动幅度比较小，运动推杆平面保持在标准推杆平面的可实现性更强。

略有不同的是，杆头到击球目标之间的直线线段较短，杆头和肩轴之间也无有形的实物相连,所以,推杆运动平面不像铁杆和木杆的挥杆动态平面,由左臂和球杆两个直线杆件构成那样直观。

推杆动作中,手臂和球杆两个实物构成的是一条折线,这条折线并不是推杆摆动体的转动半径,真正的转动半径是连接这条折线两端的直线(见图5-1-5,如两肩中心到杆头中心的连线所示)。

人们在感觉上通常容易接受以一个实物作为转动体的半径,实际上,实物两个不同部位的连线也可以成为转动体的转动半径。例如,起重机用弯钩吊具吊动重物时,重物发生摆动不受弯钩形状和大小的影响,摆动半径是穿过吊钩的中空部分(见图5-1-6)。为了使摆动不受弯钩形状及大小的影响,弯钩必须牢固不变形。所以,在推杆的摆动运动中,要将运动推杆平面保持在标准推杆平面内,"杆-臂"构成的折线结构不能变形,且手臂与躯干的夹角、手掌与手臂的夹角都不能变动。为了保证身体、手臂、球杆的整体性,有的球员在推杆准备姿势时和推杆过程中会保持两手臂夹紧并用两上臂靠住上身躯干。

图 5-1-5　弧线法推杆的转动半径

图 5-1-6　不变形连接件保持运动的连续性

3. 弧线推杆法的注意事项

首先,运动推杆平面在标准推杆平面内摆动的过程中,手臂绕转动中心摆动,手腕不能偏转。

其次,防止杆头因受重量影响造成击球后运动轨迹向下偏移。弧线推杆法的推杆标准平面是倾斜的,伸长的手臂和球杆在推杆运动过程中受杆头重力的影响容易向下垂,特别是在击球后,杆头容易产生向下的运动偏移。其结果就是击球时杆面向左偏转,导致击球偏左。

最后，送杆不能向着目标线的上方，否则必然导致杆面击球向右偏离。此要点似乎与通常习惯不符，对此，我们将在送杆一节中详细分析。

三、直线推杆法转动的特点

理论上讲，运用直线推杆法时，杆面在运动过程中始终朝着击球目标的方向，不用担心杆面方向左右偏转及送杆大小的影响，球员只需专注于转动幅度即可，这是直线推杆法的主要优点。

直线推杆法的难点是转动轴的控制以及肩、臂和球杆在转动中须保持整体性。

1. 转动轴线的确定

由于直线推杆法中的转动轴线不是实际可见的线，也没有可直接借用的固定参照物，因此容易造成转动的偏差。实际应用直线推杆法时，可以在摆好杆面后将头低至与地面平行的位置，并且使头部的中轴线与杆面上的水平横向直线平行，然后以头部的中轴线作为直线推杆法的身体转动轴。这样，肩轴只需带动手臂和球杆整体参照这个转动轴转动即可。为了使背部驱动部分转动轴线与参照转动轴接近，有些球员还有意大幅度弓曲背部（见图5-1-7），最典型的例子是韩裔美籍球员魏圣美。

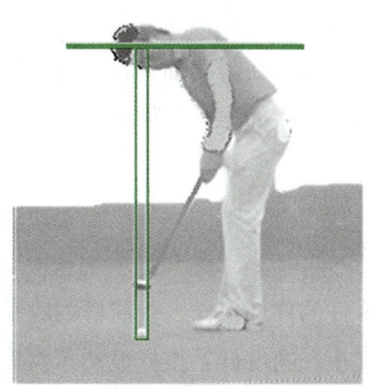

图 5-1-7　直线推杆法中大幅弓曲背部

2. 转动体整体性的保持

直线推杆法中的肩、臂、推杆必须形成一个整体而且其整体性要求比弧线推杆法的要求更高。在静止准备姿势时保持整体性较容易，但在动态中手与球杆的连接处是最薄弱的节点，最需要注意。推杆动作的用力和运动速度都不大，只要注意上下杆过程、启动上杆以及上下杆转换时保持平缓，就能够在推杆运动中保持整体性。

需要注意的是，直线推杆法中，随着"杆－臂"和肩轴的转动，头部作为这个整体的一部分，也必须转动相同的角度。

由于转动轴线就是头部中轴线，中轴线在转动的过程中是保持不变的，靠近转动轴线的头部转动幅度也不明显，但是头部必须有绕中轴线的转动。物体各部分的移动从转动轴线开始，由内及外，随半径的增大而增大。例如，推杆时看上去面部左侧转动幅度很小，但其转过的角度和杆面转过的角度却是一样的。如果固定头部则会破坏整体转动的协调一致性，就有可能产生多个转动中心，由此必然影响推杆的精准度和幅度。在头部引导推杆转动的过程中，目光应该是带着杆头走，而不是追着球走。

由于直线推杆法中转动轴、转动的肩轴以及球杆保持为一个转动的整体，在推杆瞄准时，可以想象处于推杆之上的眼睛和推杆之间似乎被一根无形的杆件固定连接（见前图5-1-7），而肩轴带动的推杆动作就是水平转动轴带动这根无形的杆件转动，最终形成肩轴、手臂、球杆一起转动并击球。这根想象的无形杆件垂直于转动轴，它随转动轴转动的平面在地面的投影正好是推杆的目标线。推杆运动中想象头部这个转动体通过无形杆件带动杆头转动，会使得推杆距离和方向的控制更加简易。在转动轴、转动的肩轴、球杆能保持为一个整体的前提下，想象这根固定连接的无形杆件向目标略有弓曲，动作的感觉和效果会更好。

四、推杆动作的驱动

推杆运动同铁杆和木杆的挥杆一样，受肌群的收缩驱动。

由于推杆运动的幅度小、速度低，推杆显然不再需要腿部、髋部肌群的收缩驱动，只需要躯干旋转肌群收缩的驱动，且收缩幅度也不大。

由于躯干旋转肌群驱动躯干转动是球员已经非常熟悉的动作，因此，球员不需要刻意用肌群收缩的意识去驱动躯干转动，直接通过转动躯干的意识去完成相应的转动即可。

虽然肩轴、上臂肌群、前臂肌群，甚至手指肌群也能驱动，但在推杆动作中，为了保证推杆运动的精确性，上肢肌群是不能另行驱动的，它们只能保持等长收缩以传输运动。

1. 弧线推杆法的肌群驱动

躯干上部肌群通过协调的收缩可以驱动躯干随肩轴转动。这个转动是以肩轴在后背面的中点为中心，以这个中心到杆头中心的连线为半径，以垂直这条半径的脊椎段为转动轴线（见图5-1-8(a)）。这个转动通过手臂和球杆的传动，最后使杆头带动的运动推杆平面 $ABDC$ 在以肩轴 CD 的中点及瞄准线的延长线 a 构成的标准推杆平面内摆动。可以看出，弧线推杆法动作类似于铁杆和木杆挥杆动作后期的躯干肌群驱动，并且驱动幅度还不大，下肢保持稳定不动，右手臂保持稳定不变形，这样的驱动会更加轻松、平稳。所以，大多数球员都采用这种推杆驱动方式。

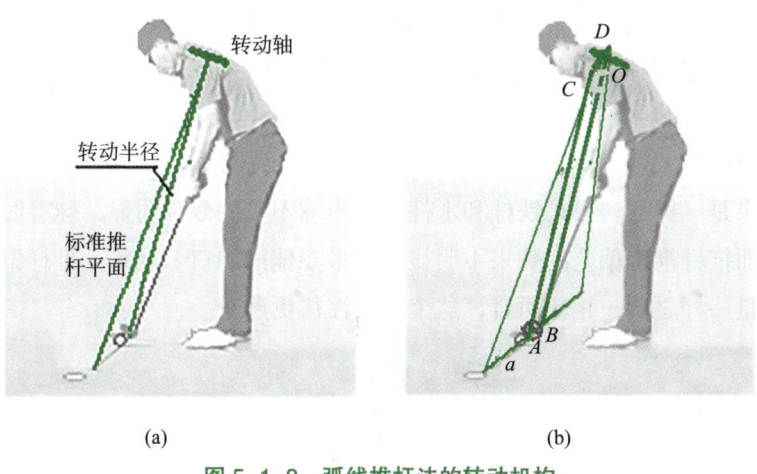

图 5-1-8　弧线推杆法的转动机构

弧线推杆法中，双肩及胸背构成的转动体就是整个推杆动作的发动机，其转动就是整个推杆运动的核心动力源，肩、手臂和球杆只是传动杆件。

实际上在动作熟练了之后，身体驱动转动球杆只需要肩轴 AB 转动驱动的意识，可以不再需要相关肌群的收缩驱动意识。

2. 直线推杆法的肌群驱动

直线推杆法的转动中心轴线是在矢状面（即将身体分为左右两块的对称面）内穿过两肩中心和头部中心的直线，并且头部正好处在推杆的正上方（见前图5-1-7）。所以，必须以头部的转动意识为启动和牵引，来带动躯干旋转肌群收缩。躯干旋转肌群协调地驱动肩轴以及臂、杆成一个整体随头部同步转动，由此带动完成推杆运动。

通常一些高尔夫球技术书籍要求躯干驱动手臂和推杆转动时，头要保持不动，这主要是为防止眼睛追球导致推杆方向的偏离。但是在我们讲的直线推杆法中，头的转动要起到发动和引领的作用，所以头部不能固定不动。头部转动轴线是躯干旋转肌群驱动头、肩、臂、杆整体转动方位的控制标杆。头部的转动速度和幅度引领躯干旋转肌群控制整体的转动速度和幅度。

3. 推杆中的"杆－臂"弓曲现象

在推杆击球前和击球时，因为最下端手腕靠向目标方向、肌群受拉伸展的特性，"杆－臂"必然会向目标方向弓曲，形成一条弓向目标方向的弧线（见图 5-1-9）。这和铁杆和木杆挥杆触球时，左臂和球杆向目标方向弓曲的现象是一样的，只不过这个弓曲度很小，往往难以直接观察到，但可以感觉得到。例如，一般业余球员推出的球往往偏向洞口右侧，而且推球的滚动距离偏短。在推两码以内的球时，这种现象会更加明显。

推杆中的"杆－臂"弓曲现象产生的结果与铁杆和木杆挥杆中杆头滞后击球的效果是一样的。只是铁杆和木杆挥杆击球不实的效果明显，球有时候偏出球道；而推杆推击偏差的效果不明显，球最多偏出洞口。但是，推杆偏差的后果至少是一杆之差，相比而言，这个后果往往更严重。

图 5-1-9 推杆中的"杆－臂"弓曲现象

铁杆和木杆挥杆中的"杆－臂"结合处形成弓曲现象导致击球偏右的问

题，可通过握杆的预先左扣（稍强势握杆）来解决。而推杆对精准性要求更高，预先左扣则难以保证精准性。由于推杆的幅度不大，速度已经较慢，球员可通过后续介绍的握杆方式的选择以及推杆过程中的击打和送杆控制，来调整这个误差。

五、握杆方式及主控制手的选择

推杆时虽然肩轴的转动是动力源，但也要经过手的感受和传递从而带动球杆的随转。握杆的两手同时用力时，对力的感受和传递通常要有一个主次之分。这样，双手在方向的引导方面会更协调一些。

对右手球员而言，通常的推杆握杆方式是左手在上、右手在下（见图5-1-10）。这种握杆方式有两个明显的好处：一是习惯，轻松自然，铁杆和木杆的挥杆也是这样的握杆方式；二是左手背朝向目标方向，可以通过左手背感受引导推杆的方向，此时，左手背对推杆的引导是牵引式引导，被引导物的方向会始终收敛于引导方向。

图 5-1-10　通常的推杆握杆方式

这种握法也有不足之处。由于右手离杆头更近，相对而言，右手传到杆身的力对杆头的干扰效果更明显，右手成为实际上的主导手。特别是如果仍采用铁杆和木杆挥杆的握杆方式，两手碗相隔更远，双手之间的转动更难控制。这样，左手背的引导不仅实际被弱化，甚至还可能因为右手腕的失控放大，而造成较大的偏差。

为此，有如下四种改进的办法：

1. 手掌的中性握杆法

具体是在铁杆和木杆握杆的基础上让左手下滑，双手手掌相对，双手拇指贴近推杆杆把，左手食指不再扣住右手小指，而是压在右手手指上面（见图5-1-11）。这样的握杆能增强两只手腕的整体性，增大左手对推杆的主导性。

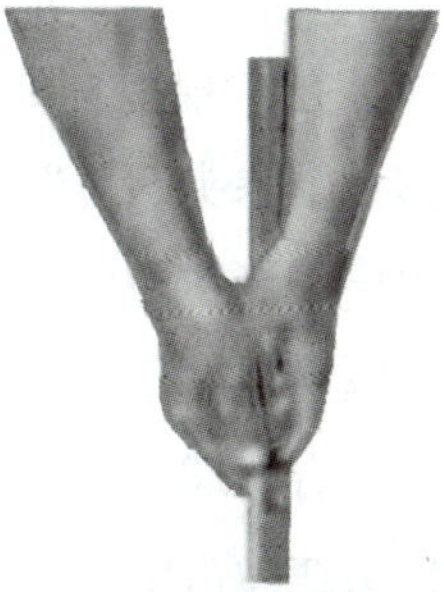

图 5-1-11　中性握杆

2. 左下右上握法

即左手在下、右手在上握杆，这相当于左手球员的铁杆和木杆握杆法。采用这种握杆法则既有左手背引导方向的收敛性好的优点，又有左手能相对强势而少受干扰的优点。当然，这需要一定的适应练习。

3. 常规握杆但右手主导法

即采用常规铁杆和木杆握杆方式，但由右手掌主导感受和引导推杆的方向。由于右手靠杆头更近，右手相对左手而言是实际存在的主导。在这种握杆法中，右手腕从启动到触球，一直保持略向左弓曲（即手掌伸的状态，仰向手背方向，下同）（见前图5-1-10）。这样，在推杆的下杆、击打和送杆过程中，右手腕内侧肌群就可以一直保持等长收缩。由此，右手腕可以较好地控制推杆的下杆、击打和送杆过程，不再因推杆的惯性和球的反作用力而产生推杆和手臂间弓曲的增加，从而保证了球杆和手臂转动的整体性。

特别是在推杆击打球的一刻，球对推杆的反冲击力最大，球的反冲击作用会使推杆和手臂之间产生弯折，而导致推杆击打方向的偏转和推击力量的损失。这一刻保持右手腕伸的状态最为重要。这种有意识的控制行为其实就是推杆高手所说的"手感"。

为了保证在推杆击打过程中主导握杆的右手腕不发生弯转，有的球员的握杆会有意增加前臂和上臂间的弯折，从而增加前臂和手掌之间的弯折。这实际是在握杆时先增加了手腕向手背伸的程度。事先增加的手腕背伸能提高下杆过程中控制手腕伸的肌群在等长收缩状态抵抗被拉伸变形的能力，由此提高右手腕在推击时抵抗被迫向手背伸的能力。

还有一种在推杆击打过程中仅保证主导推杆的右手腕不增加伸展的办法。球员在常规握杆的推杆开始时（见前图5-1-10），两握杆手先向目标方向平移一个拳头的位置，然后再保持杆-臂成整体开始上杆到位和下杆推击。在其中第一步中两握杆手略向左移的作用就是增加右手腕的伸展和杆面的下扣，由此既增强右手腕在推杆击球时抵抗弯转变形的刚度，又增加球的滚动。

有的球员还通过给杆头加大配重以增加杆头击打时的惯性，从而相对提高杆头在撞击中的稳定性。

4. 尼鲁恩握杆法

尼鲁恩握杆法的显著特点就是握杆时将原本的两个肘窝"相对"变成了都

"朝前",如图 5-1-12 所示。

在推击中,最容易出现的问题是杆面开放或闭合,不能方正击球。造成此种问题的原因就是球员推球时,将铁杆和木杆挥杆的手腕旋转动作迁移到了推杆。

当握杆时两肘窝朝前后,两个腕关节的外旋和内旋会受到限制。此时,腕关节如果还想旋转,就只能转动肩轴,但同时,与球前进方向一致的腕关节外展和内收运动未受影响。因此,尼鲁恩握杆法使得腕、臂、肘、肩轴的运动更加一体化,整个推击动作也就更加稳定。

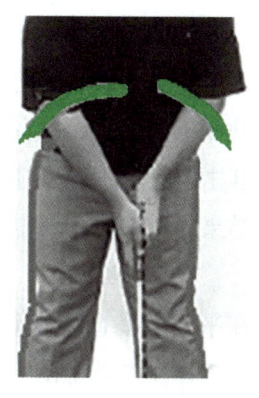

图 5-1-12 尼鲁恩握杆

第二节 不同击打方式与球运动状况的关系

球在果岭上的运动形式可能有多种:纯滑动、有滑有滚、纯滚动。球的不同运动形式来自杆面不同的击打方式。球的滑动是球在地面的平行移动,球的滚动是球相对于地面接触点的转动。

推击球是精细动作,弄清不同的击打方式对球的运动的影响可以更好地控制球的运动。[①]

一、球在站位正中位置的情况

杆面方正击打时球的受力和运动如图 5-2-1 所示:

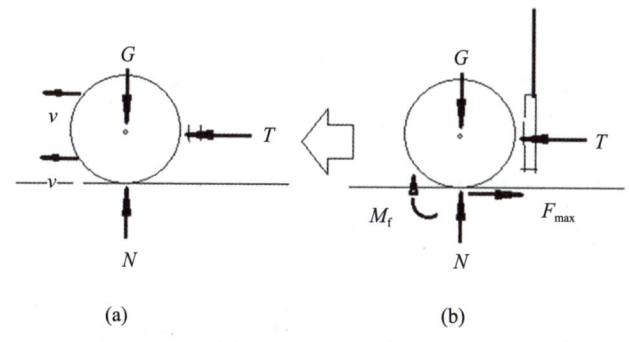

图 5-2-1 杆面方正击打时球的受力和运动

---

① 屈建平. 高尔夫打推杆击打方式中的推与敲[J]. 力学与实践,2019,41(1):10-13.

在前图 5-2-1(b) 所示杆面击打过程中，重力和地面支撑力是平衡的，推杆的撞击力能使球的接触面产生压缩变形，还有地面最大滑动摩擦力及地面滚动摩擦力偶，后二者相对推杆的撞击力而言是很小的量，可以忽略。那么，推杆击打过程主要是杆头对球的撞击，撞击力的方向正好通过球的质心，撞击的结果是使球整体获得向前滑动的最大初速度，如图 5-2-2(a) 所示。

在撞击结束时，球主要是滑动，可以看到这时球面上的斑点是随球心保持在平面上呈直线运动的。在瞬间的击打结束之后，球上的击打力消失了，这时，作用在球上的滑动摩擦力成为影响球运动状况的主要作用力，如图 5-2-2(b) 所示。

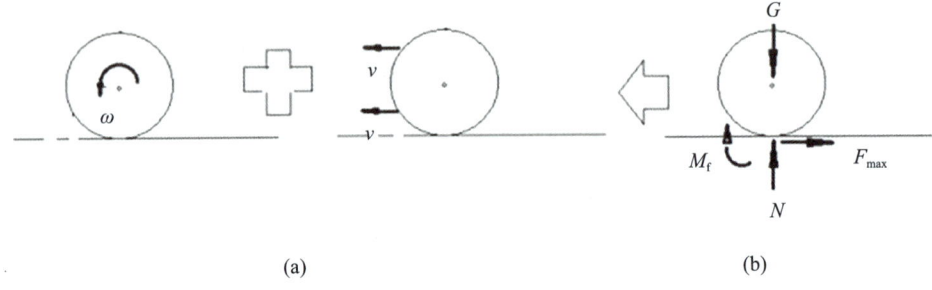

图 5-2-2　球滑动和滚动

这时滑动摩擦力的大小 = 动摩擦系数 × 压力（支持力）的大小，即 $F_{max}=\mu N$，方向与球的滑动方向相反，力的作用线是不通过球心的。所以，这个滑动摩擦力的作用一方面会阻止球向前滑动，另一方面又使球向前加速滚动，这个过程中球是又滚动又滑动，如上图 5-2-2(a) 所示。当球心的移动速度减少到加速滚动的球的角速度乘以球半径的值时，球面上触地点的速度会减少到零，球底面就不再滑动，同时球的滚动角速度达到最大值，这时球开始只滚不滑，球面上的斑点随球面滚动。

在球形成滚动后，球前的草高于球的底面，其对球的滚动会有一定的阻碍或者说减速作用，定量表示就是滚动摩擦力偶（M_f）（见图 5-2-3）。在停止滑动开始纯滚动后，球在滚动摩擦力偶作用下做减速滚动。

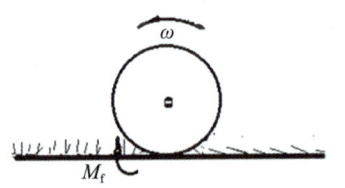

图 5-2-3　地面滑动摩擦阻碍滚动

在品质好的果岭上，草比较低平，滚动摩擦力对球的阻碍作用很小，所以球能继续滚很远。存在最极端的情况，例如在水平的玻璃面上完全没有滚动阻碍，球就不会停止滚动。在保养良好的果岭上，相对于滑动摩擦力对球的加速滚动作用，滚动摩擦力对球的减速作用要小很多。所以，这个减速滚动状态，是球被击打后球员所见的最长时间的运动状态。

二、球放在偏左位置的情况

当球被置于两脚中间偏左位置时（见图 5-2-4(d)），球被杆面击打时的受力如图 5-2-4(c) 所示。

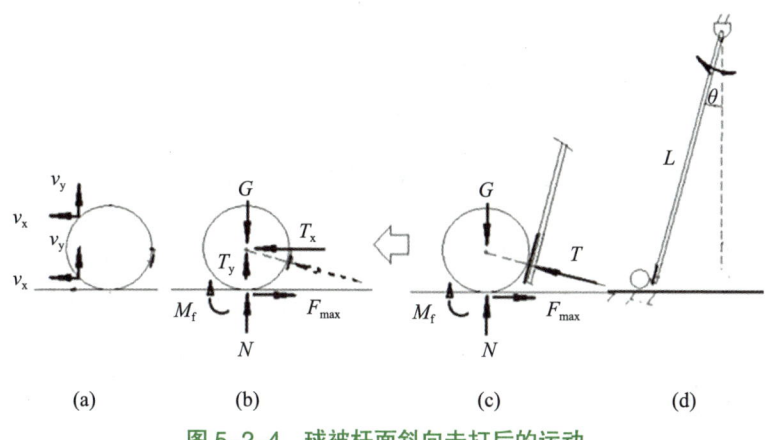

图 5-2-4　球被杆面斜向击打后的运动

在杆面与球面的接触点，球面的正方向（与球相切的平面的法线方向）和杆面的正方向一定是一致的，都经过球心。在杆身与杆面在同一个平面的情况下，杆面的法线方向垂直于杆身，杆身定点摆动时杆头的速度方向垂直于杆身，正好也是杆面的法线方向，所以，杆身定点摆动时的击打力方向仍然是通过球心的。因此，这样的击打不会直接使球产生转动。

这种情况下，可以把过球心的推杆击打力等效分解为过球心的水平分力和垂直分力（见上图 5-2-4(b) 和 (a)），然后分别分析击打效果。水平分力对球的击打效果，如同前述摆放在两脚中间时被击打一样；垂直分力会减少重力的作用，当它的冲量大过同期球的重力冲量时，球会向上跳起。

三、球放在正中位置但击打时杆向上抬起的情况

有些高尔夫球教材在介绍上旋推杆中写道,球杆推出后在击球时刻向上抬起,从而使球产生正上旋滚动。这种上旋推击的效果根据球员日常生活的经验是容易理解的,受这种击打的球的受力状况如图 5-2-5 所示。

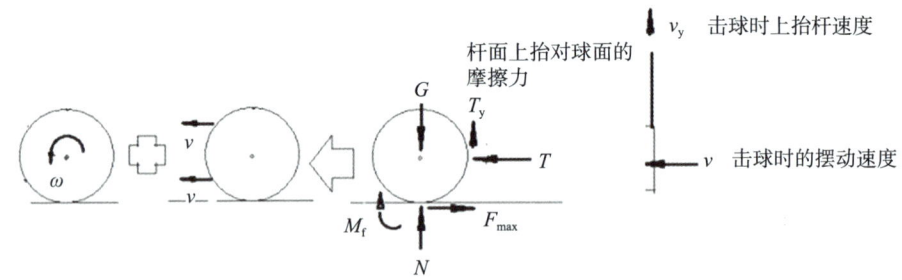

图 5-2-5　球被正向击打并上提

在此击打过程中,杆面既有水平向前的速度,也有向上的速度。水平击打的效果已在前文叙述。上抬杆面使杆面产生垂直向上的速度,由于杆面和球面都有一定的粗糙度,因而杆面对球面会产生垂直向上的摩擦作用力。杆面对球面的摩擦力冲量直接使球产生向前的转动,同时减少球的重力的作用(在大于球重力的时候使球向上跳)。

可见,这种形式的推杆击打既使球产生向前的滑动,又直接使球产生向前的滚动。不过,这种推球方式对把握上抬的时机、方向、力度,以及对熟练程度和心理的要求较高。

四、球放在偏左位置并下扣杆面的情况

来看下球放在偏左位置的情况(如图 5-2-6 所示)。推球时,杆面正对着球瞄准,下扣杆面,即人为地减小杆面倾角(如图 5-2-7(b) 所示)。

此时,杆面实际触球的速度方向如图 5-2-7(a) 所示。可见,由于球位偏左,杆面击球位置不仅有水平击球速度还有向上的击球速度。此外,由于杆面下扣,杆面碰击点处的速度方向并不是指向球心,而是在杆面上方(见图5-2-7(a))。所以,杆面撞击球时不仅向球心方向挤压球面,还向球上切线方向拉扯球面。显然,这种撞击状况与上述第三种情况是完全一样的,球被撞击

的结果也一定与第三种情况完全一样（即，球不仅被撞击滑动，还被直接撞击向前转动）。

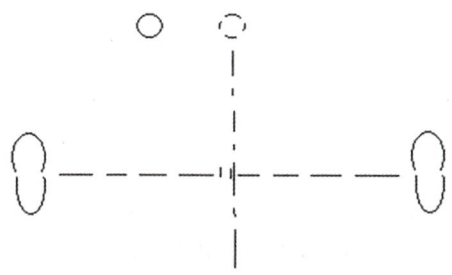

图 5-2-6　球置于偏左位置

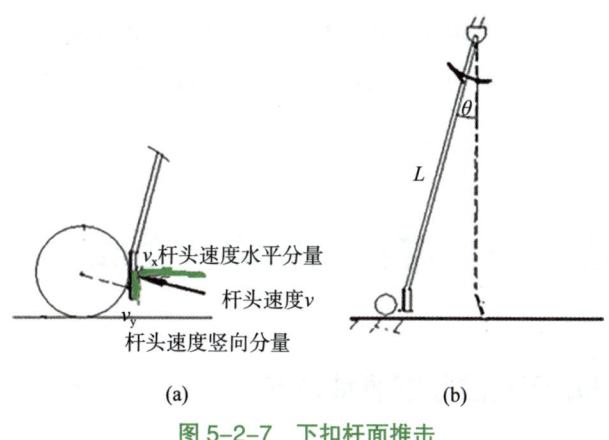

图 5-2-7　下扣杆面推击

由此可见：同样是球位偏左，只有杆面下扣才能直接将球撞成滚动（转动）；同样是将球撞成向前滚动（转动），事先将球位左置且下扣杆面的转肩摆动，比在转肩摆动过程中上抬杆面更简单、更稳定。

需要注意的是，这种球位左移、杆面下扣、转肩摆动的推杆法更适用于直线推杆法。对于弧线推杆法，杆头转到偏左的球位时，杆面不仅上偏还会左偏，这会使球产生向左的弧旋。

由上文可以看到：杆头运动方向和杆面方向一致时，对球的撞击力是通过球心的，杆面的撞击使球面向球心对称压缩变形，球被撞击完成后的时刻只滑动不滚动，并且撞击的声音比较清脆；杆头运动方向在杆面方向之上时，杆面的撞击不仅使球面向球心压缩变形，还使接触的球面向切线方向拉扯变形，球被撞击完成后的时刻不仅滑动,还会滚动,并且撞击的声音比较沉闷。

由此,可以对通常所说的推杆动作中的"推"和"敲"下一个定义:把能直接将球撞成滚动的击打称为"推球";把不能直接将球撞成滚动、需要靠后续的地面水平撞击才形成滚动球的击打称为"敲球"。

具体而言,只有杆面击打点的运动方向在杆面的朝向之上时,才能将球撞成滚动,才是推球。

推杆在制作的时候,厂家一般考虑了推击球的作用,已经使杆面相对杆身下扣3°~4°,所以,球置于左眼下方或置中加钟摆击球是现在主流的推杆方式。

当然,如果想要有更好的推击滚动效果,还可以增加杆面下扣的程度和增加球位的左移量。可以通过握杆时增加球杆的倾斜度来实现增加杆面下扣的程度。通常而言,球员一般是在准备姿势中完成杆面下扣和瞄准,但也有一些熟手在短推的轻柔击球过程中有意后翻右手腕,让杆面抹过球面,最后使球按抹的方向滚入洞内。

第三节　推杆动作中的距离控制

一、推杆动作各阶段的驱动方式

铁杆和木杆的挥杆动作有三个阶段:上杆、击球前的下杆、击球后的送杆直至收杆。一般情况下,推杆动作同样分为三个阶段:上杆、击球前的下杆、击球后的送杆。

同铁杆和木杆的挥杆动作一样,推杆的上杆、下杆及送杆的驱动肌群主要是躯干旋转肌群:上杆动作靠的是躯干右转收缩肌群的收缩来驱动,而下杆和送杆都靠的是左转收缩肌群的收缩来驱动。左转收缩肌群的收缩是推杆下杆和送杆的动力源泉;右转肌群的收缩会使左转肌群得到预伸展,以便左转肌群的收缩更有力、收缩幅度更大。

由于推杆所需力量不大,身体小幅转动即可,上杆主要是右肩胛骨附近肌群收缩的驱动,下杆及送杆主要是左肩胛骨附近肌群收缩的驱动;而髋部和下肢不需要参与驱动,只要保持稳固就行了。

在直线推杆法中，主要发力驱动的肌群更靠近肩部；而在弧线推杆法中，主要发力驱动的肌群位置略低于上述位置。

有些球员推杆上杆时身体会扭转驱动，但下杆动作则缺乏有意识地用左转收缩肌群驱动，完全或主要靠手臂和球杆的重力驱动，送杆则是靠"杆-臂"系统下杆转动的惯性。当然，这样的驱动也是有效果的，缺点是击球后的送杆幅度会比较有限。并且，相比较用左转肌群的驱动下杆和送杆，运用这种主要靠重力下杆的推杆方式时，上杆幅度必然要更大一些才能达到更好的效果。

二、参考个人上杆幅度与推杆距离的经验控制击球距离

一般来讲，对同一个人而言，用同一种推杆方法在同一个平整的果岭推杆，上杆幅度和推杆距离的数量关系是较稳定的。例如，有的人一只脚长的上杆幅度对应约6码的推球距离；一只半脚长的上杆幅度对应12码；两只脚长的上杆幅度对应18码（见图5-3-1）。每个球员都能找到自身的推杆距离和上杆幅度的对应关系，并在实战中直接应用。当不是上述确切码数的推杆路程时，也可以参考这个对应关系，大致估算相应的上杆幅度。

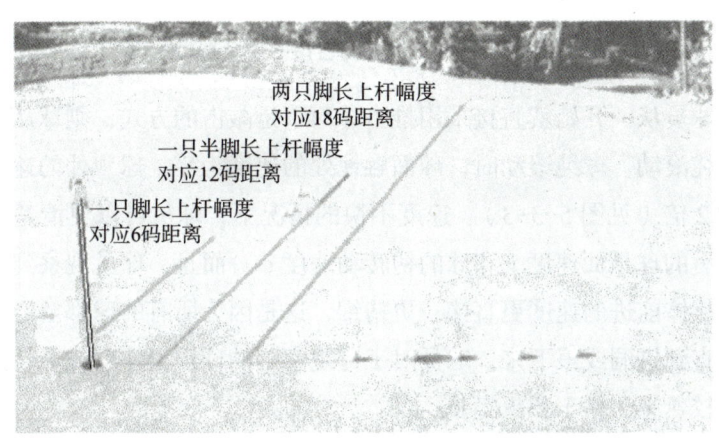

图5-3-1 积累上杆幅度与推击距离的经验

当遇到果岭速度不同、推球路线有上坡或下坡时，可以根据经验对上杆幅度再次调整。

对新手而言，有一个这样的参考依据会优于盲目上杆，然后再慢慢积累经验。

三、参考球心初速度与路程的经验关系控制敲击球的距离

有一定经验的球员在果岭上看到球被击出，马上就能判断出球速是过快还是过慢。也就是说，积累了一定经验的球员基本能够根据球的路线比较准确地判断出球心需要被敲击出（只有滑动）的速度。进而通过实践经验的积累和推击的掌控，球员能够直接敲击出想要的球心速度 v（见图 5-3-2）。

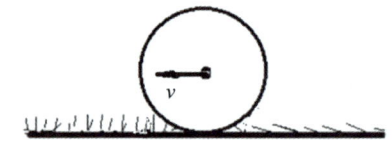

图 5-3-2 通过球心初速度控制击球距离

击球前，要想比较仔细地分析球的击出速度，可以从洞口进行反推。假定洞口速度接近 0，依次考虑沿途的坡度、长度和果岭草的平滑度，逐段加上被减少的速度，即可估算出球应该被击出的初速度。由此即可根据以往积累的经验确定推杆力度，找到敲击的手感。

四、参考球面初转速与球滚动路程的经验关系控制推击距离

如果球员从一开始就直接采用推击球而不是敲击的方式，则球从开始启动就基本是纯滚动。球纯滚动时，球面触地处的速度为零，球顶处的速度是球心处速度的 2 倍（见图 5-3-3）。速度不快的情况下，球员可以更清楚地观察到球被击出后的球顶面速度 v 和球的初转动速度 ω。而且，球员观察到的球顶面速度比球整体前进的速度更直接、更精细，这是因为所有的球都要经历慢速滚动阶段，直到进洞或停下来。球员对于可观察到的球顶面速度或球转速与距离的关系比较熟悉，易于积累经验。

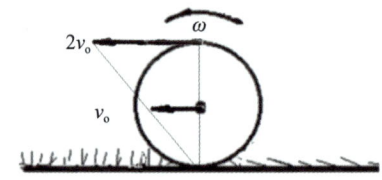

图 5-3-3 球纯滚动时的球面线速度沿高度的分布

所以，可以利用球员对球顶面初转速与球滚动距离的经验和手感，通过直接推击产生的球顶面初速度来控制推球距离。

上一节分析过杆面敲击球和推击球的区别，即球被推杆杆面敲击后一定会相对地面滑动一段路程才开始纯滚动，球的转速是由小而大，再由大变小，其难点是球被敲击后滑动路程的长度难以确定，球员无法感知球的最大转速。在进行了控制球顶面初速度的直接推击之后，球员就可以直观感受到球达到的最大转速。并且，相对球被敲击后自行滑动一段再滚动而言，在直接推击球面滚动的推击过程中，杆面与球面接触的时间相对要长，球员推击的手感可以更精准。

在推快果岭下坡的情况，根据球整体前进速度控制推杆距离时，往往会因为送杆而使距离失控，小力度敲击又可能因为未送杆而导致方向失控。这样的情况下，采用控制球面初转速的推击方式则可以更精确地控制球面转速，又能掌控球的方向。

在日常生活中，人们积累更多的是敲击的经验，而少有推击的经验；但是，经过一定量的果岭推击球练习，球员控制推击球距离的能力能够很快得到提高。

五、击球距离控制要点

1. 推杆时控制击球距离比控制杆面方向更重要

如果推球初始速度太小，推杆方向正确，球仍100%不会进洞；如果触洞速度太快，球会越洞跳出去；但如果球触洞速度适宜，只要球心进了洞圈，球就会掉下洞，这相当于把洞口的半径扩大了约半个球。

推球初始速度偏大，球至少有进洞的可能性。并且，球即使越过洞，其后续滚动路线还能为下一杆的推球带线，由此提高下一杆推球进洞的概率。所以，通常应该按"球过洞再滚半码才停"来控制推杆的初速度。

在推杆的速度和方向两个控制因素中，速度的控制通常比方向的控制更重要。除了很明显的推杆距离短则球100%不进洞之外，侧向斜面上推杆时，推杆速度的掌控仍然重要。因为方向偏差，也就是常说的推击线的偏差可以看到和预测，这个偏差度是有限的；而距离的控制来自球员对球速的想象和对本体感觉的控制，所以偏差度要大得多，推击距离失控造成三推、甚至更多推的几率更大。

当球的滚动轨迹绕过洞口时,球员一般都会认为是方向控制的偏差,而很少考虑也有速度控制的偏差。这种忽视对球员吸取真正的教训以提高速度控制手感是不利的。

2. 推杆控制击球距离的动作要点

(1) 推击球时要沿杆头标记线并用线的前端击球

杆头的质心就是杆头这个物体的质量中心,也称作杆头的"甜蜜点"。实际杆头甜蜜点就在杆头甜蜜点标记线的正下方,它被厂家设计在离杆底半个球的高度。杆头甜蜜点标记线如图 5-3-4 所示。

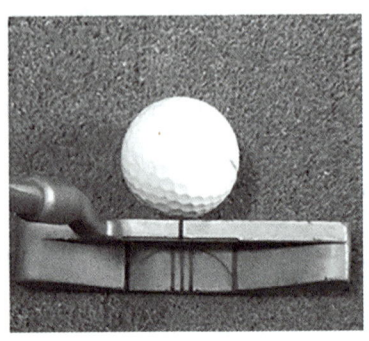

图 5-3-4　杆头甜蜜点标记线

当杆头击打球时,如果杆头甜蜜点标记线正对准球心,这是杆头质心和球心之间的正面相撞,则杆头的动量全部撞向了球;而如果杆头的甜蜜点运动方向没有对准球心,杆头在撞击时会出现绕击球点向左或向右偏转的情况,同时推杆主导手也会有细微被扭转的感觉,杆头的动量则没有全部撞向球,杆头对球的推击效果会被折减。

所以,推杆时应保持主导手不被向左或向右扭转,也就是应让手控制杆头标记线的前端,沿标记线击向球心或者是球心的上方,其中击向球心是敲击(见前图 5-2-4),击向球心上方是推击(见前图 5-2-7)。

(2) 推杆上杆幅度宜大不宜小

推杆击球距离与推杆上杆幅度大小有非常直接的关系。业余球员控制上杆幅度和下杆速度的精准度是不够的,往往会在下杆击球前和杆球碰撞瞬间根据手感对杆头速度做一些微妙的调整。通常,杆头加速是通过相关驱动肌群的加速收缩来调整，而杆头减速则是通过相关驱动肌群的减缓收缩来调整。一般情况下，肌群的减缓收缩比肌群的加速收缩更快捷而且平稳。所以，先增大上杆幅度，再在下杆过程和碰撞过程根据手感做微妙减速是适宜的。

（3）侧向坡面上推杆力度的选择

当球位与洞口之间是一个侧向斜面时，球滚过的路径是一条近似炮弹弹道的抛物线。由于果岭草的阻碍，近似抛物线的曲率会偏大一些。不同的推杆力度和推出方向的组合会产生不同的进洞路径（见图5-3-5）。

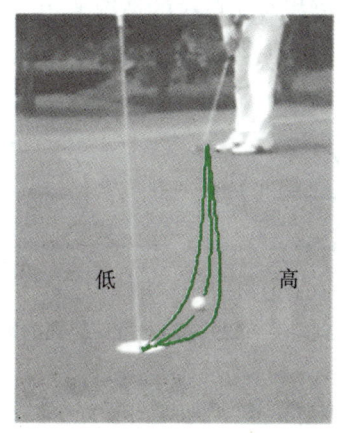

图5-3-5 侧向斜面上多种进洞路径

例如：设计的推球力度大，则推球方向往地面高的一侧偏离就应大一些，并且一旦球不能进洞，则球向下滚过洞口的路程会多一些；设计的推杆力度小，则推球方向往地面高的一侧偏离就应小一些，并且一旦球不能进洞，则球向前滚过洞口的路程会多一些。理论上而言，如果限制了球被推过洞口后滚过的方向和长度，那么球进洞的路线就是唯一的，由此可以确定推球偏离洞口的方向和球被击出的初速度和方向。通常以球过洞后停在半码的位置来控制球的初速度。实际上，现场操作是通过试推的方法找出这条曲线的初始方向和球的初速度的。随着经验的积累，试推后的推球准确性会不断提高。

通常情况下，在球位和洞口之间是侧向斜坡时，有经验的球员会略向高的一侧调多一点方向，因为球经过洞口边高的一侧掉入洞的机会大，而经过洞口边低的一侧基本无进洞的机会。

对于业余球员特别是初学者而言，进行推杆时精神较紧张，因为既要控制推击方向，又要控制球的初始前进速度，往往会顾此失彼。为此，应该在推杆杆头瞄准好之后专注于控制球滚过的路程长短，也就是专注于控制球的初始速度。这样至少能提高球靠近洞杯的概率。

（4）不同草纹上推杆力度的选择

球顺草纹滚动时，草纹对球的滚动阻力减少（见图 5-3-6(a)），相当于球路中增加了下坡，球在球道的滚动距离相对无草纹的情况要长；反之，球逆草纹滚动时（见图 5-3-6(b)），草纹对球的滚动阻力增大，相当于球路中增加了上坡，球在球道的滚动距离相对无草纹的情况要短。如果对果岭草纹的方向判断相反，实际推出距离长短的误差将增加两倍。

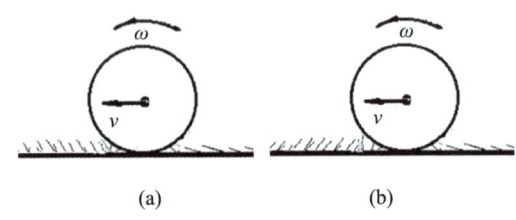

图 5-3-6　草纹方向对推球距离的影响

3. 控制击球距离的练习

球员不仅要关注推杆方向的控制及相关练习，更要关注推杆速度及相关的练习。球员应练习想象合理出球速度的能力，以及击出这个合理出球速度的能力。

推杆速度的练习包括：各种标准距离球的起步速度的想象及击出这些速度的练习；不同坡度推杆速度的加减练习；不同类型草坪推杆速度加减的练习；逆草推杆速度和顺草推杆速度的加减练习。

此外，还包括比赛前赛场同类型果岭各种情况下的适应性调整练习。

第四节　送杆动作中的方向控制

一、送杆的作用

推杆击打和枪械射击有些相似，对精准度要求比较高。射击时是通过眼睛在后方瞄准，直接控制枪管和目标在一条直线上，从而使子弹击中目标；但推杆是用眼睛在球和推杆上方进行瞄准，只能通过眼睛监控下方杆头保持在瞄准线及其延长线上的运动来控制击球方向，根据需要的击球距离控制上杆幅度或者击球力度。

在瞄准、击球过程中，眼睛自然会盯着对准目标的球上瞄准线或者盯着对准目标的推杆杆头上的瞄准线。击球后，球和杆头是分道扬镳的，眼睛继续盯球实际上已经无法控制球的运动，但眼睛盯球反而会失去对击球后杆头运动的观察和控制，这就可能出现杆头后续运动的偏离。所以，在击球后的送杆过程中，眼睛只能盯着杆头而不能追球。眼睛在击球后继续盯着杆头可以控制杆头的送杆轨迹与下杆轨迹在同一个平面内，由此来保证杆头的方正击球。

同铁杆和木杆的送杆一样，推杆的送杆也是通过对球杆运动趋势的控制来提高击球方向的精准度。球员在推杆击球后，可通过对"击打目标附近的延长线上的一个参考目标"（以下简称"送杆目标"）送杆，来减少推杆击球的人为偏差。

人在拉动一个物体的时候，这个物体的运动向拉动方向收敛；但击打一个物体时，物体被击打后，其运动方向是具有发散性的，它并不收敛于击打瞄准的目标，总有一定的偏差。

球员控制杆头向瞄准目标球推击时，杆头实际到达并击中球的位置与瞄准的目标球位置总会有偏差，这个偏差因人因时而异。在杆头击球之后，球飞向目标还会产生偏差。在一定偏差的基础上再产生偏差，则总的偏差会更大。

同一个人在同一段时间、同一大小范围内，眼、手对不同目标的瞄准和击打的偏差程度是相近的。推杆时，如果实际击打目标球和想象的送杆目标都在杆头运动的弧线上，由于球员眼睛到送杆目标和实际目标的距离近似相同，因此，当球员控制杆头分别向如图 5-4-1 所示的实际目标和送杆目标推击球时，眼睛对这两个目标位置定位的精准度也近似相同。所以，在推杆下杆前和推杆过程中，人们对实际击打目标和对在推杆延长线上送杆目标的瞄准及击打，偏差范围基本一样。但是，由于物体运动的惯性能保持物体运动的稳定，对于运动过程中的杆头，当它朝击打目标后的延长线上的送杆目标运动时，杆头碰中实际目标的偏差量却能被较大幅度纠正。

例如，击打命中偏差基本都是"范围 A"。如果采用直线推杆法，当实际目标位于杆头下杆起点（即上杆顶点）和送杆目标中间时，实际动作是向送杆目标推击（见图 5-4-1）。

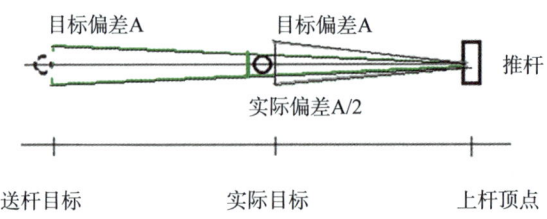

图 5-4-1　送杆减少击打偏差示意

由于杆头在经过实际目标击球过程中，仍然保持向送杆目标的运动，杆头到达送杆目标位置的偏差仍在范围 A 内，所以杆头在中间点的路线偏差不会超过 A/2；同样，也不会发生杆头击球过程方向发散的现象，这让偏差再次减少。可见，送杆对减少推杆击打偏差作用明显。

在弧线推杆法中，如果从倾斜的标准推杆平面看下去，送杆目标的偏差和实际目标的偏差同样有如图 5-4-1 所示的关系，只是想象起来没有直线推杆法那么直观。如果从上往下垂直看下去，弧线推杆法的送杆主要应使送杆弧线和下杆弧线在击球点与目标线光滑、对称相交。只有这样，杆头轨迹在击球点的切线方向才是目标线方向。这样方能保证推杆在击球位方正、流畅地将球沿目标线方向射出（见图 5-4-2）。

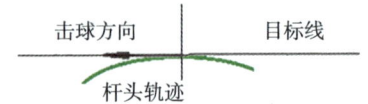

图 5-4-2　对称轨迹保证击打方向方正

所以，推杆动作都要求有送杆意识。送杆的意识就是向推击实际目标后面的送杆目标推击，即，在击打实际目标后，保持杆面向送杆目标光滑、连续的运动，直到在送杆目标处停住。由于后续送杆的连续运动，使击球的持续时间增加，这样的推击还能增加推球距离和促使球向前滚动。

由此可见，送杆的实质是为杆头运动方向设定一个更远的目标，以便在一个更大的范围内保持对杆头运动方向的把控，从而减少推杆击球方向的偏差。

二、推杆送杆方向与推杆整体运动方位的关系

推杆运动是一个整体系统的运动,系统运转的动力来自身体的驱动。推杆杆头击打的准确度只是身体和"杆-臂"系统运动精准的一个局部表现。只要系统的整体运动合理,杆头作为系统一个局部的击打也一定合理。前面所介绍的弧线推杆法和直线推杆法都属于机械式推杆法。对机械式推杆击打方向的控制一定是从源头开始,也就是从系统的驱动部位开始。

送杆作为一种控制击球方向的行为,其动力源头同样来自身体和"杆-臂"系统核心部位的驱动。而且,送杆是推杆击球之后的后续动作,要控制这些后续动作也必须通过身体和"杆-臂"系统核心部位的连续驱动来控制。

非常奇妙的是,虽然推杆运动的准备状态、上杆到顶点状态、送杆到位状态乃至整个运动状态中,杆头的位置是不同的(见图5-4-3(a)),但是,身体驱动部位和"杆-臂"系统的转动轴线的位置和方位在整个运动过程却是不变的(见图5-4-3(b))。因此,球员完全可以通过保持整体转动轴方位稳定的驱动,来控制推杆运动的送杆,并由此保持杆头运动轨迹始终在固定轨道上,这个轨道就是以转动轴为中心并经过杆头瞄准位置的标准圆弧线。

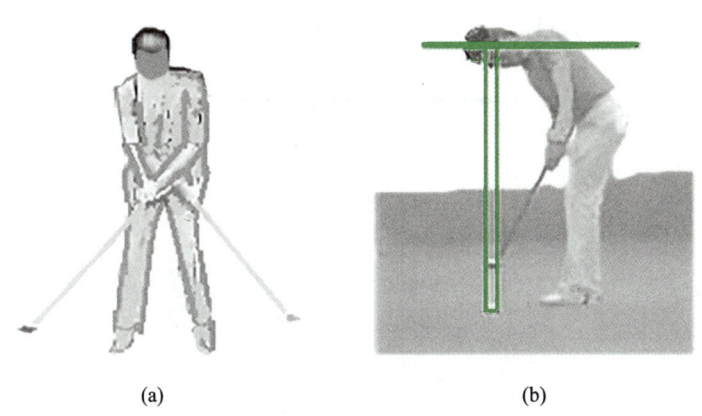

(a) (b)

图5-4-3 稳定整体转动轴方位直到完成送杆

在推杆运动中,送杆这个词在描述击球之后手与杆头的关系确实是非常生动形象的一个术语。正因为太过形象和生动,送杆一词也容易掩盖这个动作来自身体核心持续驱动的实质,而误导初学者用手和手腕直接驱动送杆。这一点是初学者需要特别注意的。

三、由核心持续驱动以控制送杆

整个机械式推杆运动的核心就是身体和"杆-臂"系统的转动轴线。整个身体转动部分以及随转的"杆-臂",从开始到结束整个过程,都要绕这个轴线转动。身体肌群是绕这个转动轴驱动转动,手臂及其带动的球杆是绕这个轴被动随转。

在推杆转动准备状态,可以根据已经瞄准好的杆头确定身体驱动部分的转动轴,再通过送杆目标校正身体转动轴的方位。在推杆送杆过程仍可参考送杆目标,以保证转动轴不偏离。推杆完成时,身体驱动部分的转动轴仍然要保持在原位。所有这些与送杆目标有关的对转动轴的持续驱动和调控,其实就是送杆行为。换言之,送杆到位,其实才是核心驱动的目标。

在身体肌群驱动过程中,手臂和杆头除了随整体转动,无须其他作为,更不能随意调整。

1. 直线推杆法的送杆

如前所述,直线推杆法的身体核心转动轴线 a 是一条水平线段,这条线段穿过头部和肩轴中心。为此,头部和颈部必须置于水平位。同时,这条转动轴线应垂直于地面上的目标线 c(见图5-4-4)。

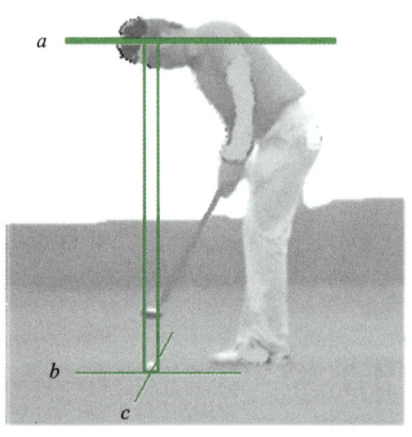

图 5-4-4　直线推杆法的送杆

在握杆和准备姿势完成并确定身体驱动转动轴线后,根据直线推杆法的目标线再校正身体驱动转动轴的方位,这就必须依靠参照更大范围的送杆目标来完成。然后就是围绕这条转动轴线开始身体肌群驱动、"杆－臂"随转，直到身体驱动到合理的幅度。

直线推杆法因其转动轴线与地面平行，而且眼睛就在杆头的上方，与杆头同角度转动，所以转动轴带动的球杆转动比较直观。直线推杆法瞄准时，应尽量增强眼睛对正下方杆头的关注度，弱化对斜置的杆身的关注度，这样可以增加水平转动轴线与杆头的整体意识，同时可减小斜向杆身对水平转动轴线定位的干扰。

尽管如此，由于直线推杆过程只考虑转动轴来控制方向并不是球员生活中已经习惯的动作，还是需要一定量的练习才能熟练掌握。

2. 弧线推杆法的送杆

如前所述，弧线推杆法的身体转动轴线是一条过肩轴中心的线段，这个转动轴不是水平的，而是垂直于肩轴中心与杆头中心连线。这条轴线的方位可以通过推杆准备姿势时杆头中心与肩轴中心连线的位置确定（见图5-4-5）。更确切地说，弧线推杆法身体转动轴是过肩轴中心且垂直于标准推杆平面的一条线段。弧线推杆法就是围绕这条转动轴线开始身体肌群驱动，由此带动"杆－臂"构成的运动推杆平面在标准推杆平面内随转，直到身体驱动到合理的幅度。

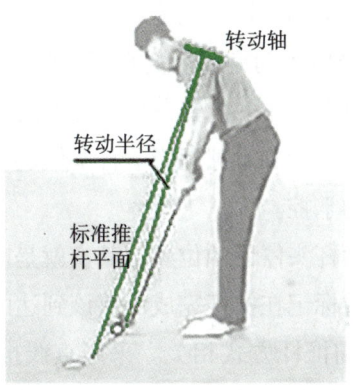

图 5-4-5　弧线推杆法的送杆

弧线推杆法的送杆是最容易被送杆这个术语误导的。初学者很容易在击球后想象着用手沿杆头上所标纵向目标线将杆面直接送向目标前方的正上方。

弧线推杆法的送杆方向并不在目标线的正上方。如果向目标线的正上方送杆，则杆头的轨迹就从斜向的标准推杆平面转到了垂直地面的平面上（见图5-4-6中垂直平面中的绿色线所示）。由此，杆头轨迹在空间必然要发生向右的偏转，杆面自然随之向右偏转，击球时必然将球推向目标线的右方，而且由于送杆方向的偏差，推杆杆面击球反而不扎实，击球距离不稳定且往往明显小于球员设想的距离。

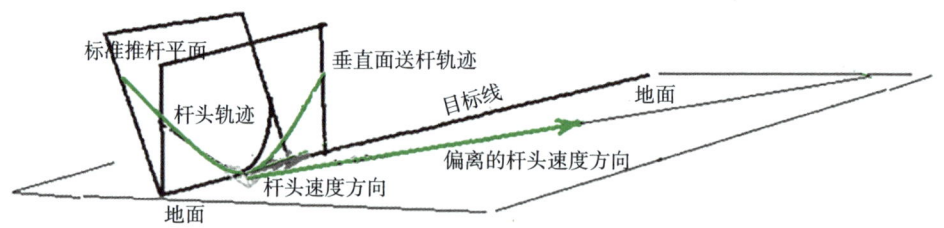

图 5-4-6　弧线推杆法送杆易偏离的途径

由此可见，弧线推杆法的送杆必须随转动轴线在倾斜的标准推杆平面里。

与直线推杆法不同，弧线推杆法瞄准时应尽量增强眼睛对杆身和地上目标线的对称性的关注。可以将准备位置的杆面作为杆头下杆送杆轨迹的对称面，避免产生向杆面正上方送杆的意识。

3. 送杆后的停留和杆头停留位置的确定

我们可以看到，职业运动员送杆完成之后，杆头会在一个基本固定的位置停留一会儿。这是一种身体驱动完成后的自然停顿，是从推杆启动前的"静"回归到推杆完成后的"静"，是一整套完整而完美的专注动作。自然地完成这样一套动作有利于避免提前抬头看球而影响杆头轨迹，有利于对推球方向的掌控，有利于对击球距离的掌控。

这里所讲送杆完成后杆头停留的位置，其实就是前面所讲的送杆的目标位置，也就是杆头上的定向标记在推杆完成后应该到达的位置。

送杆停留位置其实和推杆方式相关。采用直线推杆法的送杆停留位置是在垂直地面的杆头轨迹的延长线上（见上图5-4-6中竖向平面中的弧线）；而采用弧线推杆法的送杆停留位置是在斜向推杆平面上的杆头轨迹线的延长线上（见上图5-4-6中斜向平面中的弧线）。在推杆过程中，球员只需在击球后，继续用核心驱动力，将杆头上的定向标记推送到相应的送杆停留位置，杆头就会比较准确地将球推击到瞄准目标。

能够做到这样的动作并保持住的前提,是用身体核心驱动部位驱动下杆和送杆。靠推杆上杆后的"杆-臂"重力下杆或靠下杆后的运动惯性送杆,是无法完成这个动作的。这是因为,用身体核心部位驱动下杆并继续驱动送杆,会有一个习惯的用力完成位置,而靠运动惯性完成送杆后的位置只与下杆击球后的运动惯性相关,也就是只与上杆的幅度大小相关。

所以,推杆完成后是否有一个稳定的停留,可以检验身体核心部位是否有持续驱动送杆。

由于两手握杆的不对称性,身体转动所带动的推动和送杆,还是会产生自然送杆实际停留位置与设想送杆停留位置的偏差。对于右手在下的握杆方式,自然送杆的停留位置往往会略偏向目标方向右侧,这样推出来的球会偏右。为此,缺乏经验的球员应该在推杆前做一些校正推杆,找到合适的送杆停留位置,然后再到推杆位推击并送杆,以达到理想的停杆位置。

随着球员对送杆目标位置的判断越来越准确,向送杆目标位置送杆到位后停留的动作也会越来越精准。

4. 短推时的送杆

两码内的短距离推杆,特别是快果岭的上坡或下坡短推的速度必须很慢。正因为球在洞口附近的滚动速度比较慢,球滚动过程中的方向变化也较大。

这样的情况下,考虑到杆头的运动惯性,短推的上下杆幅度自然要求小很多,而且送杆的幅度也要控制。

决定球前进方向的主要是送杆。因此,在快果岭上推杆时,调小上杆幅度的同时,为保证对推杆方向的控制,仍要尽量保持足够的送杆幅度,不能因上杆幅度的减少而减少太多。

前面所述采用控制球面转速的拨滚球面方式其实也是一种推杆。这种推杆方式是将球位更多的左置,这样推杆击球时球杆的水平斜度更大一些,杆头击球时的方向会更多地偏向于瞄准时送杆延长线的正上方(见图5-4-7)。由于以拨击球面的方式击球时杆头上的标记线上翘更多,会使杆头对球面正面推击量减少,而往上的推击量却增加了,可见这种推击的送杆路程并没有减少。在这样的拨

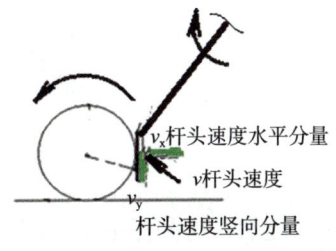

图 5-4-7 短推时的送杆

击过程中，杆面对球心的撞击减少，但杆面沿击打球面切线方向"抹过"的动量增加，因此，即使杆头对球的击打缓慢，但也不会因杆面超时间贴靠球面而造成违规击球。这样，杆头对球面的拨击速度可以尽量缓慢。这样的推杆方式可以用杆面更精细地拨滚球面，又能精准掌控球面滚动的方向。

这样的推杆方式因为推杆下杆幅度小，一般情况下，握杆主导手的腕关节肌群的伸展会非常小。在下杆和击打时，这些伸展量非常小的腕关节肌群可能难以带动推杆的同步转动，由此会产生推杆击打时杆面的偏转。为防止此问题发生，握杆宜采用前面提到的右手主导握杆法或尼鲁恩式握杆法。

当然，球员也可以用杆头轻敲球来控制推球距离，甚至可以学习乒乓球削球技术，练习用推杆向下削球的方法，以减少推击球后球前冲的距离。不过，由于送杆的距离都不能大，杆头敲球或削球方式对方向的控制，显然都不如用杆面拨滚球面那样精细和从容。

四、利用杆头标记调整身体运动定位系统以及控制送杆

推杆是非常精细的动作，略大一点的偏差都会随着球在果岭上的滚动前行而放大。为使推杆更精细，很多杆头上增添了一些标记，例如：平直的推杆顶部标记线、推杆杆面的击打标记点或标记线、过杆面击打点且垂直杆面的纵向直线等（见图 5-4-8）。

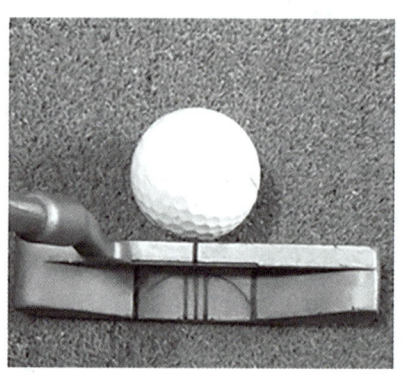

图 5-4-8 杆头上定位定向标记

显然，这些标记主要用于瞄准目标。其中，击打点标记关系着杆面击打位置的精准度，而方向标记线关系着击打时及击打后杆面方向的控制。

杆头瞄准完成之后，这些标记也可以用来控制送杆，下面提供四种不同的方法。

1. 利用杆面顶部边线送杆

在身体的机械式转动驱动过程中，使球杆和躯干保持成一个整体，随着推杆转动轴的转动，使杆面顶部的边线随转动轴转动并一直保持平行运动，直到送杆到位、杆头停住的位置（见图5-4-9）。

图5-4-9　杆面顶线保持平行于转动轴线

所以，这种方式完全可以通过关注杆面顶部的这条边线来送杆，来代替关注整个杆头的送杆（见图5-4-10）。这种方法相对而言更简单、直观。

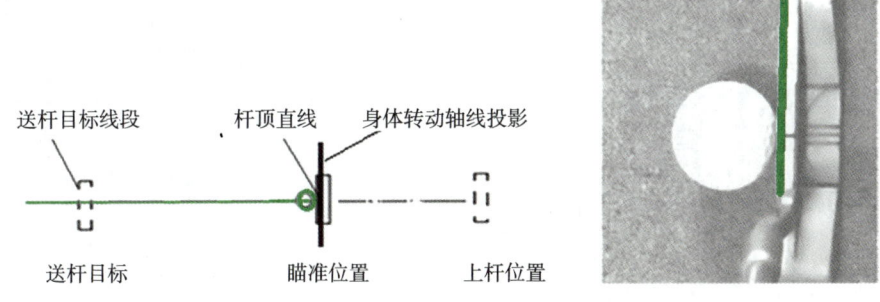

图5-4-10　关注杆面顶部边线送杆

直线推杆法需参考瞄准位置的杆头来确定整体转动轴。在瞄准位置的杆面顶部边线实际上也就是整体转动轴线的瞄准线。直线推杆法在杆头瞄准完成、身体其他准备位置也到位后,首先要调整身体驱动转动轴线与杆面顶部边线平行(如前图 5-4-4 中 a 线和 b 线所示)。在推杆的过程中,从上杆到下杆,直到送杆到位,都要保持杆头顶部边线绕上述已确定的身体转动轴线做转动。

需要注意的是,当推球时集中关注杆头上的杆面顶部边线时,相对而言,对击打点的关注度则被弱化,实际击打点与推杆杆头上甜蜜点(即,杆头质心)标记点的偏离度就可能增大,即杆头甜蜜点可能并未击向球心,也就是通常所说的"击球不甜"。长推情况下,这可能导致推击距离略有减小。

弧线推杆法转动轴线是倾斜的,杆头转动平面是一个倾斜的平面(见前图 5-4-5 和图 5-4-6)。当杆-臂在这个倾斜的平面内转动时,杆头及其各个特征标线与倾斜的转动轴照样有前述直线推杆法中的相关关系和相关规律。标准推杆平面的转动轴与杆面顶部边线仍然是平行线。所以,弧线推杆法除了利用杆面和顶部边线作为杆头运动轨迹线的对称面和对称线外,不宜简单将杆面顶部边线视作推杆。

2. 利用杆头纵向标记线送杆

杆头中间的瞄准标记线就是杆头的对称线(见图 5-4-11(c)),对称线也是杆头甜蜜点(也就是杆头质心)所在的位置。所以,推杆时完全可以用关注杆头标记线的上杆、推击和送杆来代替关注整个杆头的上杆、推击和送杆(见图 5-4-11(a))。这种方式同样比较简单直观。

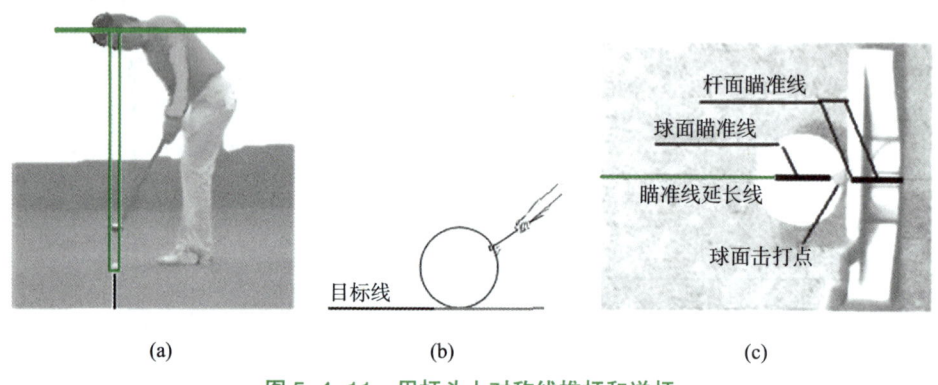

图 5-4-11 用杆头上对称线推杆和送杆

采用直线推杆法时,上述杆头标记线摆动形成的圆弧轨迹线在地面的投影是保持在目标线上的。由于杆头上的标记线与杆面垂直,因此,推杆过程中只要瞄准线的投影保持在目标线上，也就能保持杆面没有偏转。同时，由于该标记线又通过杆面甜蜜点，这样进行推杆，既有利用观察杆面顶部线保持杆面方正击球的优点，又可以克服杆面击球不甜的不足。并且，因为杆头击打点一直沿着目标线方向，球员在心理上会更踏实。所以，在对距离精准度要求高的情况，这种推杆法更适合。

高尔夫球是一种特殊的实心对称体。在将球面上的瞄准线对准目标后，球员可以把推击前的球想象为一个圆环，这个圆环就是经过球面上瞄准线的一条圆周线。后续的推杆就是双手用推杆像滚铁环一样，将这个圆环推向目标。推击和送杆过程要使圆环沿着设想的球前面地面上的目标线滚过（见前图 5-4-11(b)）。

3. 用瞄准站位时球面最左点和球面最右点的连线控制推击及送杆方向

多数球员是先用球面上的瞄准线对准目标，再用杆头对准球上瞄准线进行推击。

也有些球员不用球上标线瞄准目标，而是直接用杆头上的标记线在球后瞄准目标（见图 5-4-12）。这些球员一定会记住这条瞄准时的杆头瞄准线的位置，并想象这条瞄准线向前延长线的位置、送杆目标位置以及向后的延长线的位置。然后，照样可以用直线推杆法，让身体转动轴的转动牵引杆面的标记线沿着向后的延长线上杆，回到瞄准的位置击球以及沿着向前的延长线送杆。

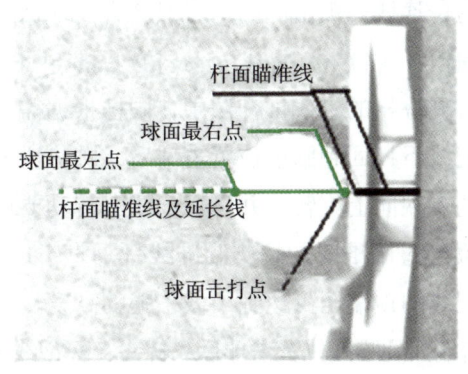

图 5-4-12　想象的球面瞄准线及目标线延长线

绝大多数球员都要做大量的推杆练习。在大量练习中，球员往往不是推每个球都会摆好球面上的瞄准线，也仅是将推杆杆头上的标记线对准推击目标，然后上杆，按记忆中的杆头瞄准线下杆，击球。

这里记忆中的瞄准线毕竟不如实际可见的瞄准线准确，由此容易产生回落的杆头击打不甜并由此带来击打中杆面偏转。虽然这种击打点的偏离和击打时方向的偏转幅度不大，但在实际推杆中也可能就是一杆的增加，十八个洞下来，这种可能的加杆数还是不可小觑的。

在不摆球面上的瞄准线瞄准时，实际上可以在球上找到一条无形却实际存在的瞄准线。在杆头瞄准目标后，杆面会贴靠球面上一个点，这个点是球面上离目标最远的点，见前图 5-4-12 所示球面最右点；同样，球面上还有一个离杆面最远的点，也是球面上离目标最近的点，见前图 5-4-12 所示球面最左点。这两个点就在球员站位时眼睛的下方。按两点成一线的原理，这两点可以直接构成一条连线并确定杆头推击方向，这条线段实际上就是推杆击打的目标线，并且这条线不再是想象出来的。杆头瞄准完毕时也就确定了球对准目标的最左点和最右点及其连线。

推杆下杆击球过程中只要将杆头上的纵向瞄准线通过眼睛下方球的最左点和最右点的连线，被击出的球自然会被击向瞄准的目标方向（见前图 5-4-12）。

推杆过程中杆头运动弧线的曲率（即弯曲程度）不大，杆头经过球位过程的运动轨迹可以近似直线段。在球心位置处于站位对称中心的情况下，采用弧线推杆法，照样可以在推杆下杆时将杆头瞄准线对准眼睛下方球的最左点和最右点的连线并通过这条连线，被击出的球自然会奔向球员所瞄准的目标方向。

4. 利用击球时杆头上标记线的加速上旋进行送杆

在右手主导的常规握杆的直线推杆法中，同样根据需要推击的距离控制上杆幅度，当杆头标记线下杆回到瞄准位置击球后，顺势增加杆头纵向标记线相对于该标记线后面的末端向上旋转，并且标记线的转动要保持在一个特定的空间平面内，这个平面经过瞄准时的杆头瞄准线且垂直于地面（见图 5-4-13），收杆时杆头纵向标记线的顶端至少达到半截小腿的高度。

当杆头标记线前端回到瞄准位置击球后，杆头上标记线即刻增加的这种顺势转动的动力来自下杆阶段一直保持等长收缩的右手腕肌群的向心收缩（即右手腕屈）。当然，杆头上的标记线是固定在杆头上的，实际上不可能相对同在杆头上的标记线末端点转动，其增加的转动只是杆头标记线相对右手腕的转动。

一方面，这种送杆法使杆头运动由随杆－臂整体绕肩轴中心的转动变为杆－臂系统绕肩轴中心的转动再叠加球杆绕右手腕转动，这种杆头运动弧线的半径由大变小，球被推击后的运动形式基本是纯滚动，其运动稳定性更好；另一方面，由于击球前杆头会回到瞄准位置，并在击球后立即启动杆头上标记线相对"标记线末端"的转动，这种送杆动作完全在球员视野范围内原标记线的垂直平面内进行（见图 5-4-13 和 5-4-14(b)），所以，球员对杆头后续运动趋势的控制，比向想象的远处目标送杆的控制更直接、更精准。因此，杆头标记线前端回到瞄准位后利用这条标记线的加速上转来控制击球送杆方向的精准度，比只向前方"设定目标"送杆的方法（见图 5-4-14(a)）精准度更高。

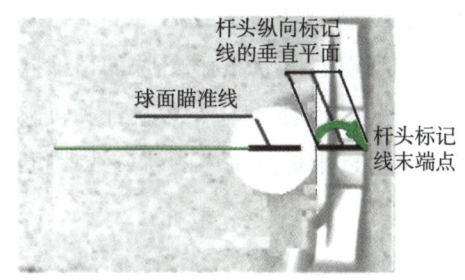

图 5-4-13　杆头上标记线的向上旋转

又因为这种推杆法推出的球从启动到停球前都是纯滚动，球顶面的速度是球心速度的二倍，球员能更清晰地观察和判断球的真实启动速度，由此也更容易估计出想要的球的启动速度。

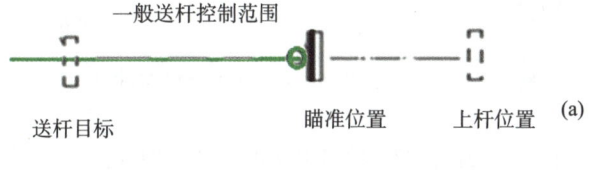

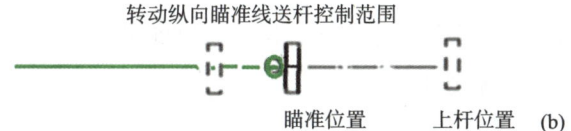

图 5-4-14　转动纵向瞄准线送杆

从以上的分析可以看到，这种推杆法其实也是一种鞭打动作，这是与前面利用惯性保持送杆稳定所不同的地方。这种鞭打动作更精细，犹如投飞镖（见图5-4-15）。我们可以想象下：杆头上的标记线就如飞镖，而球面上的目标线或者想象的送杆目标线就是飞镖要击穿的靶子。如果按照前面滚铁环式的推杆方式，这种推击就是用鞭打的方式使杆头标记线推击铁环向前滚动。

这种推杆法作为一种鞭打行为，在主要由手腕肌群驱动球杆相对手腕转动的阶段，为了保证有效的驱动球杆转动和保证球杆转动方向的稳定，除了直接转动球杆的手和被转动的球杆，支撑手腕转动的手臂自然会受到一定制动。如果支撑的手臂的移动没有被有效地制动，后续推杆杆头的运动将不再是规则的圆弧线，后续杆头的击打方向将是失控的。

另外，由于这种增加标记线处上旋的送杆法的送杆控制范围很小，它同样可以适用于弧线推杆法。虽然弧线推杆法中整条杆头轨迹在地面的投影不是直线而是弧线，但在击球位附近很短范围内的轨迹线段可以近似视为直线线段（见图5-4-16）。

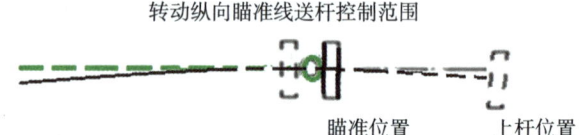

图5-4-15　投飞镖　　　图5-4-16　弧线推杆法的杆头推击和上旋送杆

这样的送杆法如同前述拨滚球面的推杆法，但无须将球位左置。

这种送杆法宜选用条形杆头的推杆球具。因为将球推着滚动起来相比将球推着滑动起来所需的力量要小很多，反过来讲就是，要将杆面转动起来，杆头越瘦越轻则越容易被转动。

第五节　自由式直线推杆法

一、推杆动作中肌群的作用

推杆是一种非常精细的动作。它的运动幅度不大，所需的驱动力也不大。所以，推杆主要靠身体的躯干肌群驱动就可以了。

推杆的转动主要由核心部位的躯干开始驱动，由此带着上肢随动。躯干的驱动来自相关核心肌群的向心收缩，上肢整体性的保持和跟随躯干的运动来自上肢相关肌群的等长收缩。

由于推杆过程中上肢在上下杆过程不会刻意变形、驱动，但又必须传递运动，所以上肢各关节连接部位的相关肌群不应主动产生向心收缩驱动。但是，这些连接部位的相关肌群，特别是控制左右手腕屈和伸的肌群，又必须在推杆动作启动之前先产生一定的伸展，以便在推杆运动过程中有被伸长的肌群能产生等长收缩，由此来维持"杆－臂"系统在运动中的整体性。

二、推杆过程肌群作用的特点

第一，身体驱动推杆运动的用力由躯干驱动并逐次向肢体末端传输。

第二，推杆力量启动后，力由内而外传递到末端有一个过程。推杆的用力不大，运动速度不快，这个过程可以被感知。推杆过程中身体各部位应顺应这个时间差，后端肌群不能超前启动用力。

第三，上杆转换有一个短暂的过程。与铁杆和木杆的挥杆动作一样，推杆的上杆转换过程也要发生驱动肌群的变换，包括维持稳定的下肢肌群也需要发生相应变换，这个变换也需要时间。铁杆和木杆的挥杆动作中有一个下杆前期，就是为躯干用力变换过渡的。因为推杆的用力小，身体驱动的幅度也小，这个上下杆驱动变换的过程不明显，所以容易被忽视。如果推杆忽视了上下杆转换过程而急促下杆，并且又发生末端手腕肌群的急促转换，造成杆头的提前启动，结果自然是击球力量的不足或方向的偏差。所以，推杆用力要有这种微小的上下杆变换的短暂过程的手感，才能顺畅启动下杆。

第四，受肢体末端目标意识的引导，放松状况中的肌群发力和节奏能自动微调。人类经过亿万年的进化，已经具备了根据眼睛确定的目标，自动协调各肢体的运动顺序、力度、方向，从而将肢体末端的物体抛向或击向目标的能力。例如，人们可以看着垃圾桶，单手将一团废纸抛向垃圾桶（见前图 4-3-13），也可以直接盯着篮筐投篮等。由于驱动过程是由多个肢体共同完成的，这些肢体通过肌群连接并传递运动，要使这些肢体根据向终端抛击物体的目的，有序、自如地完成协调的动作，各肢体间的肌群就必须是放松的。这是身体自动调节肢体投掷动作的前提条件。由于人所具有的学习能力，这种自动调节的投掷动作练习得越多，动作的协调性就越好，效果自然也就越好。

三、眼睛盯着球洞的自由式推杆法

有一种和自由投掷相似的放松身体的推杆法，本书称之为"自由式推杆法"。步骤如下：先按通常的推杆方式摆好推杆，头偏向目标，眼睛只看着球要滚入的洞口或是想要推到的目标；然后，让身体本能地驱动手臂、手掌、球杆，完成上杆、下杆、送杆，直到球入洞或在洞口边停下（见图 5-5-1）。这种推杆的效果不错，也有一定数量的球员采用这种推杆法。

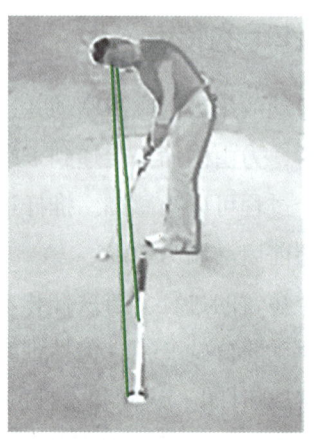

图 5-5-1　盯着目标的自由式推杆

不盯着球也能用推杆将球推进洞，初看起来较为神奇。其实，采用眼睛盯着洞口推杆的球员首先也要熟悉常规的推杆法，并且有一定的熟练度。这些球员在采用只看洞口推杆时，他的身体包括手臂都呈放松状态，当他驱动球杆上杆、下杆、送杆时，身体的各个肢体及关节会按照过去练习过的动作，加上根据眼睛传来目标点的信息，自动调节身体各部位的运动顺序、力度和方向，使杆面方正地将球击向目标。

这种推杆方式最大的优点是眼睛盯着目标，而这个被盯着的目标就是最准确的推杆送杆目标。这种方法能很好地引导球杆的送杆方向和推杆的力度。当然这种方式也有其不足之处：因为眼睛只盯着目标，眼不见球，这时人对杆头上杆方向和下杆方向的控制精度就会减弱。这种情况下，球滚动路线上在起点处的偏差就会带来终点处的偏差。

四、控制身体和球杆整体的机械式推杆方式

推杆与一般的用手抛扔物体还是有一些不同，因为手与球之间隔着一根推杆。增加的推杆这一个物体对于推杆运动体系而言，又增多了运动的自由度，手通过推杆击球显然不如用手直接抛球感觉灵敏。所以，更多的人不采用眼睛盯着目标推球的方式，而是采用眼睛盯着眼前的球和杆头的方式。

采用控制身体和球杆的推杆法时，球员的视觉对身体运动的关注度增大，这时可以通过比较牢固的握杆方式，使球杆和身体转动部分形成一个整体做运动。并且，球员可以通过控制身体和肢体构成的整体的机械式运动来实现推杆控制的简化。如前文所述，直线推杆法在固定转动轴、固定杆头标记线的位置之后，推杆过程中杆头标记线的投影会自动保持在目标线上，那么，整体推杆运动中的多个自由运动量就可简化为只有"上杆幅度"和"送杆幅度"这样的自由量了。这就使推杆动作变得简单，动作精度也会提高。

但是，身体的运动毕竟不是简单的机械运动，而是要靠肌群有序的收缩来驱动。有序的收缩过程中，必然有些肌群收紧，有些松弛。即使是同一块肌群，上杆和下杆的用力方式也不一样。所以，采用整体性运动方式推杆仍然要考虑肌群产生力量和传递力量的特点，特别是适当放松肌肉，这样就可以利用肌群在意识的控制下能够自动调整的优点。要达到既保持整体性，又利用身体能够自动调整的目的，关键是把握动作结构的整体性与肌群的适度松弛，其外在的良好表现应该是维持整体的形状，但又不僵硬。特别是握杆时，可以想象自己手里在握着一只活着的小鸡，既不能太紧，也不能太松。

这样的推杆过程，眼睛要兼顾整体转动轴的稳定和杆头的上下幅度，送杆

的目标只能是瞄准线上延伸的想象目标，这里送杆的精准度相比眼睛直接盯着目标送杆必然要差一些。但是，由于眼睛参考着完全在视野中的瞄准线，并监控着身体整体机械地绕一个想象的轴线转动，也就能提高上下杆动作的精准度，总体效果相对也会不错。前文介绍的直线推杆法、弧线推杆法都是属于机械式的推杆法。也许这种机械式推杆瞄准和控制的方法让人觉得更可靠，现实中更多人偏向于采用这种方法。

五、自由式直线推杆法

自由式直线推杆法是综合了机械式推杆法和眼睛盯着洞口的自由式推杆法而形成的推杆方法。

1. 自由式直线推杆法的基本动作

（1）眼睛在球的正上方盯着事先确定的瞄准线，这条瞄准线可以是球面上印有的瞄准线，也可以是球后瞄准好的杆头的标记线。

（2）想象这条瞄准线向前和向后各有15厘米的延长线，特别是击球后15厘米的延长线（见图5-5-2），并尝试记住这些延长线，然后想象球被击打后的初速度。

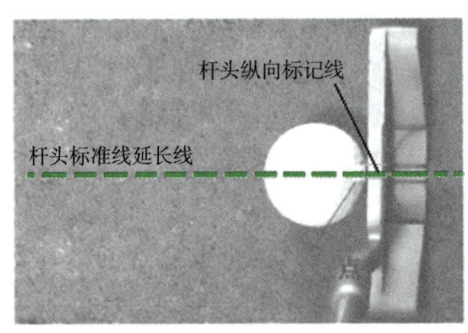

图5-5-2　想象延长线

（3）在推杆上杆、下杆和送杆过程中，在杆头标记线进入球位后15厘米和击球后开始送杆的15厘米范围内时，用最靠近杆头的手控制杆头标记线的整个线段在地面的投影保持在之前想象的延长线上，特别是要保持在击球之后的15厘米延长线上。

（4）推杆瞄准、上杆、下杆、送杆全过程都要保持躯干肌群、肩、肘以及腕关节肌群的收放自如。肩、臂、手部肌群根据杆头运动路线和击出球速的要求自动收缩和释放。

（5）自由式直线推杆法中唯一要保持等长收缩的是，右臂主导推杆中的控制右手腕屈的肌群。这是为了避免击球时球的反作用使右手腕伸展；否则，就会导致杆面开放、击球方向偏右和击打力量的损耗。

2. 自由式直线推杆法的基本原理

从几何原理角度讲，当杆头的标记线保持直线运动时，杆面不会发生左右偏转；由于身体肌群的记忆能力，经过一定的练习，在速度不快的情况下，躯干、手臂、手指肌群能协调地驱动杆头标记线在地面的投影保持一定长度的直线运动。

自由式直线推杆法综合了前文所述的自由式推杆法和机械式推杆法的优点，同时又规避了两者的不足。例如：将自由式推杆中"眼睛盯住停球目标点"改为"盯住球前后想象的瞄准线的延长线"，这样既保留了机械式推杆对杆头方向的直接控制，又改进了自由式推杆法上下杆准确度不足的问题。将肩轴、手臂、推杆整体的机械式绕转动轴线的转动改为躯干、手臂、手部肌群放松的自动协调驱动，这样既保留了自由式推杆利用身体肌群在意识引导下的自动协调能力，又降低了机械式推杆法对转动轴方位精准度的严格要求，以及对转动体整体性保持的严格要求。

为控制杆头成直线，更准确地说是控制杆头的标记线在地面的投影成直线，眼睛保持在球位上方是必要的。自由式直线推杆法中不再需要转动头部，而且最好是不要转动头部，这样更便于控制杆头的标记线在球位前后成直线运动。

3. 改进的自由式直线推杆法

在自由式直线推杆法的基础上还可以进一步简化，这里提供两种简化的方法。

（1）向球前方15厘米延长线推击送杆

在上杆、下杆和送杆过程中，控制杆头标记线经过瞄准位直接对准球前方15厘米延长线进行推击（见图5-5-3）。

因为球前方的延长线就是杆头标记线的延长线，虽然推击目标是球前方15厘米延长线，但杆头在下杆回到瞄准位再向之前确定的延长线推击之前一定会推击到球。而且，推击球前延长线实际就是送杆。用杆头上的标记线对准延长线进行推击不仅控制了推击点，还控制了送杆的方向，而且送杆的方向更准确。

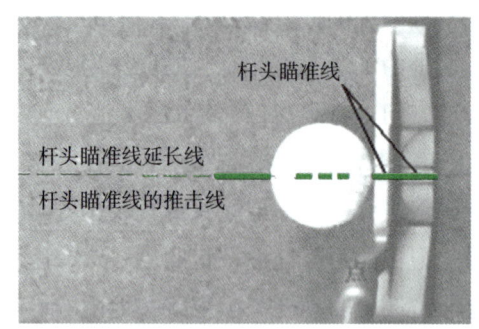

图 5-5-3　向球前 15 厘米推击送杆

虽然球前方延长线不是实际存在的线，而是根据球面上或杆头上标记线想象出来的，但由于延长线就在视线下且连接着实际存在的标记线，所以这条延长线容易想象和记忆。当然，对这条延长线的想象和记忆也是需要经过训练而形成的技能。

这种推击和球员日常生活中所见的护士给患者做肌肉注射的动作相似。杆头标记线就类似注射的长针头，球员利用杆头标记线推击，就像护士不仅要将长针头扎到瞄准的身体部位，还要按瞄准的方向扎入足够的深度。击球后的动作称为送杆，护士做肌肉注射进入皮肤后的动作就是送针。二者所不同的是，送针的深度有限，而送杆是要将杆头标记线穿过球位后还要保持方向延续至少 15 厘米。有的护士扎入前有几次用长针身瞄准、试扎的动作，有的球员在推击球前也有几次试推的动作，这些动作都有益于提高精准度。

实际击球中最容易犯的错误是推击时只控制杆头标记线推到推击线瞄准摆放的位置，或者仅仅通过这个推击线，而不是通过推击线后 15 厘米延长线后的位置。当然，正误动作产生的结果是完全不同的。尤其是在 1 码左右短推和下坡推时，球员常常会因担心送杆太多导致击球速度过快，而送杆不能到达 15 厘米延长线后的位置，最终造成推杆失误。

（2）先向后方瞄准再向球前 15 厘米推击送杆

首先，用杆头上的标记线瞄准目标，同时记住标记线摆放在地面上的位置开始上杆。下杆时，使杆头标记线沿记忆中的原摆放位置原路返回，进行推进,最后,用杆头上标记线的前端击球,并沿记忆中杆头标记线的延长线继续前行,直到自然收杆。

由于击球和后续的送杆方向是参考原来摆放在地面上时的杆头标记线位置,所以这种推杆法可以称为"向后瞄准送杆推杆法"。

由于杆头标记线的下杆过程是成直线(在地面的投影)回到并经过记忆中的原来瞄准线位置,因此杆面回落到瞄准位置时的偏转是最少的。而且,杆头标记线的端头在击球后的一段前行过程中,仍然瞄准并保持在记忆中的标记线的延长线上。这样,不仅击球点一定是球上被瞄准的点,而且杆头标记线在击球后的一段路程中也不易发生偏转。

这种推杆法结合击球后顺势增加击球时杆头标记线相对其末端向上转动的送杆方式,也会非常适合。

试比较上述两种简化的推杆法:前一种推杆法的送杆推击线是想象出来再记忆住的延长线,而且整个杆头标记线要沿延长线前行15厘米;后一种推杆法的送杆推击线是记忆中存在过的球面瞄准线或杆头标记线,而且送杆只需要保持运动中杆头标记线与记忆中的摆放线重合即可。所以,虽然两种方法都已非常简化、实用,但后者的送杆延长线更容易记忆,方向控制也更简单,而且后者由于需要察看与球后瞄准线是否完成重合,可以帮助球员限制击球后抬头追球的意识。

这种推杆送杆法还可以进一步简化:击球后的有效送杆距离只需控制在推杆摆放时杆头纵向瞄准线的长度即可,即如前图 5-5-3 中球前粗实线所示长度。从图 5-5-3 可以看到,这条想象的送杆延长线与杆头瞄准时的纵向瞄准线在一条直线上,且对称位于球的两侧。实际推杆时只需控制杆头上的瞄准线保持在记忆中的球前、球后两短线及其连线上运动,则杆头上的纵向瞄准线一定会将球击向杆头瞄准方向。

由于这种改进的推杆法利用了球前球后推击及送杆的对称性,而且控制的总长度并不长。这种改进的送杆法同样可适用于弧线推杆法。

4. 向后瞄准送杆推杆法的练习

采用自由式直线推杆法之前需要有一定的推杆经验积累。如果是初学者,需要经过一定的推杆练习和手感的培养,特别是要克服只对球面上瞄准线击打的习惯,这个日常生活中长期形成的习惯不容易改变。

向后瞄准送杆推杆法可进行两个基本的练习：

一是要练习对球后瞄准线的记忆。这是一条瞄准时杆头上的标记线。想象一下杆头标记线经过球中心后的延长线，要练习在瞄准时想象出这条线段。

二是要练习击球运动过程中的瞄准控制。练习主控手腕及其手的拇指食指把握住杆头上的标记线在击球开始前回到瞄准时的位置，并且在击球后15厘米范围延长线上运动过程中仍保持杆头标记线方向不发生左右偏转。由此形成主控手的动作记忆，也就是基本的手感。而且，这种手感还需要经常的练习才能维持。

在这样的基础上，肌群能够根据在球位前后15厘米成直线运动的习惯以及杆头击打球后的初速度要求，自动完成背胸肌群驱动以及肩、臂、靠近杆头的手腕、拇指食指肌群自动协调作用。

已经有较好的机械式推杆经验的球员，特别是机械式直线推杆法球员，改用自由式直线推杆法会比较容易，也可以使推球的命中率进一步提高，因为他们的肌群已经形成与自由式直线推杆法基本相同的自动调节记忆。

六、推杆启动前的屏住呼吸和启动开始时的放松调整

推杆是非常精细的动作，微小的干扰都可能导致推杆的失败，甚至包括呼吸。练习或观看过射击运动的人知道，射击运动员在瞄准之后扣动扳机过程中必须要屏住呼吸。很多推杆高手在推杆启动到完成的整个过程中也都是屏住呼吸的。

一般情况下，球员启动推杆上杆前，杆头放置在地面上。启动上杆时，杆头底部受地面支撑力不对称会造成地面对推杆底部摩擦力的不对称，另外，地面草的不均匀也可能造成对推杆底部阻碍的不均匀，这些都会造成推杆向后上杆时杆面的偏转（见图5-5-4）。为防止推杆启动时的偏转，有经验的球员在启动向后上杆之前，会二次微微上提杆头，然后才启动向后上杆。同时，这种二次微微上提的动作还可以缓释推杆瞄准时肌群的紧张僵硬，提高动作流畅度。

图5-5-4　地面草可能对推杆上杆的干扰

致 谢

1. 新浪博客高尔夫球频道最早创建了中国高尔夫球技术研讨平台，开辟了中国高尔夫球爱好者探索高尔夫球技术之路。

2. 美国TGM授权教练周易老师最早在新浪博客引进了美国TGM的高尔夫球理论。

3. 深圳大学高尔夫球队大黄蜂提供了本书主要挥杆动作图。

4. 深圳瑞创国际高尔夫球张威院长、云海谷高尔夫球会王文涛总经理、知名高尔夫球人物摄影师彭斌先生（军师）的指导。

5. 球友章小兵、李木利、李大山、龙卫华交流了很多宝贵挥杆经验。

6. 众多知名新浪高尔夫球博主及知名高尔夫球微信群主、群友（排名不分先后）：

黄药师、南唐斌主赵哥、风尘子杨平、小郁李珏、大米、十月十四、李文娟、在路上的人、别人家的长腿老师、孺子牛、李晓光golf、田勇刚、程鹏、刘俊峰2019十佳、黑皮2019十佳、湘女陶娟娟、观澜湖王良涛、联合体育贾宇、微软Jackc、双子座的鸡、科里奥利、高尔夫伯爵、厦门老杜、柏树岬、八路军、戴宁伟、纸老虎郑、老唐、马尼拉阿鹿、153洞、维青、老詹、路莹、平常心、沈颖宅女、余南阳、冰点、华谊高尔夫、高球峰、Voodoo@oneglass、金杆子陈炳中、陈曾华、明湖梁清波、刘玉贤、黄雪辉、黄英勇、大灰狼张定文、碧桂园莫斌、胡旭光、李大庆、盐田港郭永刚、李选民、童亚明、张明鸣、张林友、魏忠孝、周健、卫宇邦、江津、李国一、姜宴生、周鹏、魏全贵、刘穗生、陈小宁、邓子斌、李明、李光宏、李慧斌、高理阳、张宏建、肖景新、陈华、张青山、郑成寻、张舜华、林泽锋、屈婧、林悦宁、林梦禾、屈源、屈楚博、长沙韶百周畅、北海陈朝平、永州李武毅、唐建民、唐建中、李大庆、付慧香、深圳沙井曾寿稳、光明李芳勇、深圳中集赵庆生、程克清、湘江华融银行张向东、中海油乐钻、豪杰钟明山、罗湖高协幽兰、地大李亮、Prof 应晓建、云海谷袁铁坚、吕梅华、海极鲜阿伦、林超、罗国安、文世良、文善雄、刘昂、杨伟明、杨峻松、何永志、何寒春、王岳、张卫华、唐建民、唐建中、摩的师傅、哈哈老爹、大漠老虎、军虎、侯音万、他二叔、高球摄手、见九见七、胡友军、鲍新红、李庚成、汤斌、曹和平、谢博、白冰、李士琦、曹觅予、菅玉明、王瑞清、卓邦、欧大叔、李卫、李京生、伍陆、熊友平、JK 邓阿灵电科 99、怀烨枫、陈溢新、沙井曾寿稳、冠英刘、孔令恩、严福珍、刘靓靓、宋兰兰、莫广文、韶山湘哥、孙泽龙、龙岗公众易久耀、高球棠、刀哥、牧童星空、王凌、山川圣美、赛汗、阿涛、完美 perfect、湖南邮政阁哥、神棍、深圳醒记、米高网、西岸飞鹰、施斌、周医生、Kevin、张力、高尔夫菜鸟、藏越、人民解放军、快乐 18、杨欢庆、天天笑、海岛山居、Micheagoeia、老谈、彬哥、西南老姜、庆、王会江、长乐、龙卷风的风、足球队长、狼头、老洪、崔镇旭、赵芫、老友、钟鹏驰、一切一推、宗潇、预支夕阳、球场漫步、lotus、天津杜叔叔、蓝宝石王子、禾大状、超声波、青杨、蝴蝶 selina、汉斯、欲宽、踏雪无痕、高球行者、小倩、十一年破百、小爱、广老冒、李兴宾、一推哥、石安琪、赖贺斌、秋婷、一小 fair、lisa 超超、周畅、徒弟杨康、G 球快乐、Leo jian 大雄、悠然、虎哥、老王、钮钢、船长、蒋瑄、十年之后、麦克罗三、麦克罗七、瑞创国际李军、饶守林、夺冠林纯珠、林艺佳、Michael、老韩、RICHARD 杜、stronger 王、申凯、小老鼠、双子天涯浪人、斌仔、苏州小杨哥、王荣、文博之歌、善良、背景音乐、八阿哥、贺娟、裴雷、Kelly 惠文、ze 山川、大肖、林氏兄弟、土豆西红柿、golf-19、Annika-LV、辉哥、紫檀、天空、张剑威、海洋、勇往直前、深灰太狼、强子爸爸、LZ 强、祁国亮、妞妞、苏菲、红叶、雷木木、于凡文教练、平凡的老汪、祺瑞、绕学艺、侯伟英、自由鸟张楚伟、韩冰、刘银红律师、丹凤朝阳、香香徐弘、江少君、余翔律师、谢杨建筑 95.蔡永祥、兵哥、谢晓萍、杨勇、朱伟、汪洋、伍振兴、范伟强、马翎翔、Hansen 刘瀚、何春归、星佑、禹荣刚、肖正君、卞楚晨、曦琼 CC、海滔、王明跃、无畏、李敏、吴健、艾思祺、武卫、陈波工管 99、印象-何华、Lorraine、狂热、莉莉、吕育城、王鲁湘、Allisa、韩雪峰、米猪、金小平、潘勇、刘林伟、周籽邑-中信、流云、医疗美容陈思凝、GoosonGolf、陈焱 Flame、许东方、熊友平、罗霆、Simon、周

致 谢

绍林、汪建武、刘骏材料02、杨小溪贸经84、柳一岸、中信租赁黄荣、劉理政、李立、黄涌圣电气95、steven、雷神大卫、Tim Wu、傅跃龙、覃赤兵电机80、胡军、东海、Jully、陈善奇、球缘golf刘、宋朝晖、深圳黄辉平、肖向明、强哥刘、陈峻、赛得乌漆嘛黑、吕洞宾、梁大状、郭滨、强子、刘丹艳、天诺、萍ping、Sarah、PETER大叔、达镜沣、江晴艺、朱朱、大壮、冯（私募）、Answer王军、Elena杨婷、石头、大修、奋斗的蚂蚁、彩虹格格、刘剑钊、流涧、云海谷蒋孝英、金龙简福生、金融宜信赵全山、Olivia、恩铼富蔡庆锵、鑫晟装饰夏铭波、张海、吴发安、安盛信达赵建斌、海韵、逍遥土著、大胡子、淡泊明志许学、马马MAYor、马恒灏、蒋尚兵、直线轴承邢桂峰、村长袁智汉、小笨KAKA、小邓子、Richard李强、糖豆、庄少奇、海钓人李长山、顺哥刘顺生、风.罗建冬、鑫森祁佳、阿布老窦、海纳百川、星光、付平、老柳、麦茂盛、飞人、大督硅藻泥商广秀、屈洪涛、Andy、simon-x、Don杜、Angela梁恩绮、王艳玲、田东升、开心果、高尔夫#高庆彦、王艺斐、徐勇、福韵亚、Hong福、金斧子梁海舟、卯燕~宾利、tiger、袁学德、一心文化传播.棠、黄时锋、幸福的田媛、黄jeiwi、You（玺民）西蒙、朱金根、杜文贵、陈阳、Nick-JN、JASON TSANG、温程程、老硕童、普拉卡-庚鑫、陈巧萍、普哥、狂风、小欢、Kevin刘、一鸣、幸维、葛葛、侯如玉Mini、石头、吴磊，杨开锦、一品黄山、陈冰、粤翔国际叶翔、朗锐曾俊青、晓彬、粤港联通-锋少、说走咱就走、高坛名将张荣前、霞-Miya、李恩泽、武志强、苏武、黄鸿燕、彩城化工林常辉、Angela郑云、恒大棕榈岛燕子、王继军、王华、蔡华、天之鸟、纸箱包装袁三扁、林小兰、玻尿酸黄永元、LOUIS.俞颖、颐寿、谢斌、吴兴辉、魏捷、姚凤娟、黄渼珺、Rita、徐伟、不锈钢带彪哥、15哥吴成尚、瞿匀、美印龙印刷东游、马中建、林潮、工控机、冯彦、Wwjj温杰、jeff、方军华、安泰电子朱谦、张超、张永清、江山俊彩印潘勇、VanNess Fon、小花花、飘雪、Sun、Coco、酷高网冯金明、刘光辉、李仲海、温暖的阳光、方芳、猴哥、艾珍好彬彬、jason、Tenny Kam-甘建军、宏向高尔夫江淑钧、FAN.Z、冯燕、劉戦、平和健康、赵平、于涛、Kabbata、王馨、黔金王-英英、陈佳、恒顺名车钟沃光、吴荣墨、刘玉红律师、羅M莉I武N士、李欧mdrt、廖承裕、anna蒋洁、Cindy、温馥遥、微微一笑、波、车魔CEO叶警强、刘少林、覃波、wangwang、Eva.李佳、莱茵-李霞、王子琪、娇娇、杨荣武、肖爵、Eric、铭少、JC、张晴天、曾志军、韩文发、二哥國輝、海湾、连鹏强、王松和、海洋张周汉、ARMIN 同學、蓝梓豪、Wu Hao 吴昊、黄亮、鸿、齐哥、华捷影业张导、邓红、青山明月、郁婕.勐巴拉、方朝晖丨前、刘畅、赵卫东、朱三军、金小平、氢乐、白云、早晨、荣毅立、A 老马税务、朱嘉、linn、严海、郭锐、南方 GOLF、MR LlU、嘉慧、心水 413、Candice、方富城、Stevens 陈、常敬、WCM、张毅、蔡泳生、Tina 甜、益凡、糖果、Angel L、财神许德财、龙归故里、一号、李斐（一禾）、好龙猫、夏之雪制冰机、鹏程万里、冠杰唐英兰、9090 老易、Apple 选品女王、梁翠、晶品胶板—苏坤、李晓霞、飘飘、陈永、黄向勇、刘勇华、一明、黄博、Cy 炬凯鞋业、高鞋会、东曦、Angel、天安文雕装饰孙斌、预应力陈智荣、李民喆、Vina、金成、杨书丽、佳欣、若菲、胡莘、许炯、小寇、黄蓉、孙歌、张云龙、人工智能陆志俊、刘亚蓉、张雅西、David 曾园、天马行空、刘贤伦、月月儿、陈琼、张志伟、Albert Hu、想吧、迈维森科技老张、巴顿.Xu、四小姐、曦缘、瑞雪 Sherry 瑞景荟、艾斯威＆HONMA 马铭蔓、Jolin、中国 A 陈来运、汽车配件庄炎城、饶杰、王 2 当家、程建华、陈彦伊、亚進侯呈霖、万泽 wanda、小马哥、连引、Bonnie 余一霖、秦 Christina、Mini、红尘梵音、（盡武，一念）何剑、观澜湖地产杨宇、观澜湖 1966 Lily、胡安春、美穗同学、小徐、冰里的 EQ、木辛、L.Y、深圳中集孙春莲、刘素琴、恒阳、中顺高尔夫陈红斌、伊人、唐亮、陈剑明、Joey 惠、邓威、红酒 一手进口商、Candy Ng、专属@Alice 依依、小邓哥、王奕祥、高球陈小姐、星语□lily、龙哥、阿帮、刘波、Hellen、James、FLY、共享家园蔡红斌、链哥 John@Cras.io、安娜、丽丽（臧柳）、黄 MayMay、金沙江风、SYTAD丨三言堂、祁麟。

屈建平

2023 年元月